русское безрубежье

ГОСТИНАЯ

выходит с 1995 года

Годовой выпуск

2021

HC Publishing
Philadelphia, 2021

ISBN 978-0-9861106-7-2
ISSN 1076-691 X

Содержание

ЭССЕ

ЛИТЕРАТУРОВЕДЕНИЕ

ВОСПОМИНАНИЯ

РЕЦЕНЗИИ

ОДЕССКАЯ СТРАНИЦА

Вера ЗУБАРЕВА. Разговор с Пушкиным

Когда читаешь Пушкина, кажется, будто это написано сегодня и о сегодня. «Натяжка выражения, какое-то жеманство, вовсе неизвестное древним; мелочное остроумие заменило чувство… Сия лжеклассическая поэзия, образованная в передней и никогда не доходившая далее гостиной…» («О поэзии классической и романтической»). Это о французах, но как же отражает некоторые издержки современной русской поэзии!

Или о критике: «У нас есть критика? где ж она? Где наши Аддиссоны, Лагарпы, Шлегели, Sismondi? что мы разобрали? чьи литературные мнения сделались народными, на чьи критики можем мы сослаться, опереться?» («Возражения на статью Бестужева….») Звучит вполне современно. Или вот: «Состояние критики само по себе показывает степень образованности всей литературы вообще. Если приговоры журналов наших достаточны для нас, то из сего следует, что мы не имеем еще нужды ни в Шлегелях, ни даже в Лагарпах» («Опыт отражения некоторых нелитературных обвинений»).

А вот весьма злободневно о воспитании:

«Последние происшествия обнаружили много печальных истин. Недостаток просвещения и нравственности вовлек многих молодых людей в преступные заблуждения. Политические изменения, вынужденные у других народов силою обстоятельств и долговременным приготовлением, вдруг сделались у нас предметом замыслов и злонамеренных усилий. Лет 15 тому назад молодые люди занимались только военною службою, старались отличаться одною светской образованностию или шалостями; литература (в то время столь свободная) не имела никакого направления; воспитание ни в чем не отклонялось от первоначальных начертаний. 10 лет спустя мы увидели либеральные идеи необходимой вывеской хорошего воспитания, разговор исключительно политический; литературу (подавленную самой своенравною цензурою), превратившуюся в рукописные пасквили на правительство и возмутительные песни; наконец, и тайные общества, заговоры, замыслы более или менее кровавые и безумные.»

«Не одно влияние чужеземного идеологизма пагубно для нашего отечества; воспитание, или, лучше сказать, отсутствие воспитания есть корень всякого зла.»

«История в первые годы учения должна быть голым хронологическим рассказом происшествий, безо всяких нравственных или политических рассуждений. К чему давать младенствующим умам направление одностороннее, всегда непрочное? Но в окончательном курсе преподавание истории (особенно новейшей) должно будет совершенно измениться. Можно будет с хладнокровием показать разницу духа народов, источника нужд и требований государственных;

не хитрить; не искажать республиканских рассуждений…»

«Россия слишком мало известна русским; сверх ее истории, ее статистика, ее законодательство требует особенных кафедр. Изучение России должно будет преимущественно занять в окончательные годы умы молодых дворян, готовящихся служить отечеству верою и правдою, имея целию искренно и усердно соединиться с правительством в великом подвиге улучшения государственных постановлений, а не препятствовать ему, безумно упорствуя в тайном недоброжелательстве.»

(«О народном воспитании»)

С Пушкиным просто, хотя и не очень легко. Просто, потому что он современен и говорит на одном с нами языке. Нелегко, потому что зрит в корень. И нас учит тому же.

РУССКОЕ БЕЗРУБЕЖЬЕ

Лауреаты Русского Безрубежья - 2021

Термин «русское зарубежье» сегодня уже не актуален, поскольку он не отражает ситуации, сложившейся в России и русской диаспоре постперестроечного периода. Интернет способствовал поначалу преодолению, а потом и стиранию границ между общающимися литераторами, художниками, учёными и просто друзьями и близкими. Стиранию не различий, а именно насильно созданных границ. Означает ли это конец идеологий и установление единого, монолитного интеллектуального и духовного пространства? Разумеется, нет. Идеологические различия были и будут, и политики не перестанут ими жонглировать. Будут и принципиальные разногласия во взглядах на многие вещи, включая литературу и искусство, религию и быт и т.д., и т.п. Если взять только пространство России, то оно в полной мере отразит ту многогранную и противоречивую картину мнений и борений, которая также свойственна и русской диаспоре.

Безрубежье это не слияние и даже не объединение интеллектуальных пространств, а возможность беспрепятственно двигаться по их полю, вступать в диалог. Радио, телевидение, Интернет-трансляции, литературные сайты, фейсбук, ЖЖ — всё приспособлено сегодня для того, чтобы, не оформляя визу и не покупая авиабилета, выходить в сферу творческой активности. Не путать с глобализацией, которая направлена на стирание культурных особенностей и установление диктатуры единообразия.

Прошло то время, когда, будучи ещё на том берегу, мы тайком читали пожелтевший номер «Нового русского слова» или до треска в ушах вслушивались в «Голос Америки». Сегодня мы публикуем и публикуемся, обсуждаем, комментируем, спорим на страницах журналов тонких и толстых, сетевых и бумажных, выходящих чуть ли не во всех уголках земли, где есть русская диаспора.

Премия «Русское Безрубежье» присуждается ежегодно писателям, критикам и литературоведам не за публикации в «Гостиной» и не за отдельные произведения или проекты, а за вклад в русскую литературу.

В этом году лауреатами премии стали:

Олеся Николаева (Россия)
Владимир Гандельсман (США)

Поздравляем лауреатов и желаем им дальнейших успехов, здоровья и осуществления задуманного!

Олеся НИКОЛАЕВА. Уроки русского

ТУФЛИ

А неважно, ты щедр ли, ты скуп ли,
всё равно — как себе не купить
из сафьяна летучие туфли,
чтобы в них над землёю парить?

Чтоб ничто не давило, не жало,
не томило, но в тёмной груди
всё запело бы, затанцевало,
словно целая жизнь впереди.

Чтобы чаша со смертной тоскою
расплескалась в руке молодой
над зелёной волною морскою
и над тучей кудрявой седой.

И тогда на утёс, на уступ ли
положить, заряжая, как сон,
лунным светом старинные туфли,
позапрошлого века фасон.

УРОКИ РУССКОГО

> *«Когда случилось петь Офелии…»*
> Борис Пастернак

Когда случилось петь Цветаевой —
в конце, увязнув в гуще ила,
она о той себе, изваянной
из пены, — думать позабыла.

Когда случилось петь Ахматовой —
под занавес, среди надгробий,
она гляделась в сумрак матовый,
зеркальных сторонясь подобий.

И даже память меркла, таяла
в глуби лилового оттенка:
где громогласная Цветаева?
Где легконогая Горенко?

Живи такой, какой не хочется,
страшись, что в небе отразится,
как Муза по земле волочится,
как ковыляет Царь-Девица…

Зачем, когда — не завораживать,
не петь всей грудью, но отныне
скрывать одышку, загораживать
лирическою героиней?

И ты, тоска, тоска вселенская,
признайся: мир тебя рисует,
как вечно—женственное, женское
по вечной юности тоскует.

НЕМЦЫ

С поля боя, где наш надрывается пулемёт,
немец немца раненого несёт.
То на спину взвалит, то волоком по земле, —
в пятнах крови, в глине, в грязи, в золе.
Укрывает его за кустом, где лопух и сныть,
прикрывает собою — и этого не забыть.

Пулемет строчит по ним с воплем: враги! враги!
А над ними Ангел чертит свои круги,
Словно выше правды земной — читается между строк —
верность, братство, помощь, выручка, дружба, Бог!
И хотя ничто на земле уже не спасёт,
немец по небу немца раненого несёт.
ЖИЗНЬ

Тот любит бурю и грозу,
чтоб закрутилась жизнь воронкой,
и, брызнув, капля на глазу
сияла радужною пленкой.

А этот любит тишь, покой,
отмыты туч густые пятна,
и жизнь, как галька под рукой,
и осязаема, и внятна.

Но кто в лицо из куража
взглянул ей — смотрит, как страдалец.

«Что — Бог там, смерть?»
А он, дрожа,
к губам прикладывает палец.

КАРАНТИН

Сиднем сиди, повторяй, как мантру: я жить хочу!
Измеряй давление, пульс, температуру, в глазах чёрные точки,
содержание кислорода в крови, адреналин, стул, мочу,
исследуй собственные кишки, мозги, печень и почки.

Тихо сходи с ума, дыши сквозь ткань, сквозь стекло.
Дверной звонок отключи, выруби телефонный зуммер.
А непрошенный кто нагрянет, скажи:
— Я — в домике! Повезло.
Но никому не рассказывай, что я умер.

ПРИВИВКА

Словно к персику — сливу и к груше — миндаль,
или к сорту живучему — осыпь,
мне тут что-то привили во всю вертикаль,
и теперь я — гибридная особь!
Что там вырастет, как отзовется нутро
иль забродит, как дух винокурен,
или выпустит ветку из уха?
Хитро
наблюдает за нами Мичурин.

Или ягода волчья попрет из ноздрей,
плющ обвяжет вокруг поясницу,
по плечам разрастется резной сельдерей
или гриб обустроит грибницу?

И, конечно, все это незримо для глаз
И хрусталик темнит без усилья,
но — то скрипнет под тяжестью костный каркас,
то провиснут в тоске сухожилья.

То ли разум погас, то ль природа больна,
если можно с ней буром и ломом,
иль под знаком селекции нынче она
сметена под откос с буреломом?

А о том, как у мира менялось лицо —
словно лысый затылок там вышит,
Как пололи, равняли всех заподлицо,
Ангел времени в Книгу запишет.

ЯБЛОКО РАЗДОРА

Парис кидает яблоко Афродите,
А не мудрой Афине и не хозяйственной Гере.
Ибо томительна жизнь с заботой о жите,
И скучна рассудительность высоколобой дщери.

Парис выбирает любовь, ибо юн и пылок,
А не военные почести и не соблазны власти.
И небесный флейтист дует ему в затылок,
И в сердце колотит луч барабанной палочкой страсти

И на миру принимает смерть. Аид из своей утробы
Издает траурный вой. А наверху — рутина.
«Так ли Елена прекрасна собою, чтобы?...» —
Пожимает плечами Гера, губы кривит Афина.

* * *
Начиная дело с нуля,
что к чему там, пойди пойми ж.
Обезвоженная земля
шелестит, словно сушь и мышь.

Или надо начать с конца,
задающего цель, масштаб
и фигур, и лепки лица,
и ступни, шагнувшей в ухаб,

Вплоть до пуговиц на пальто,
так что их почувствуешь вес.
Если пишешь картину, то
хорошо бы начать с небес.

Напоить себя — до глубин,
погрузить себя — с головой
в этот легкий аквамарин
вперемешку с охрой живой.

И спускаться вниз, по углам

высветляя плоть черноты.
Остальное — мир себя сам
пририсует для полноты.

ВОИН

На путях непролазных, дорогах кривых
там, где страхом туманится взгляд,
каждый — воин единственный в стане живых,
каждый — раненный жизнью солдат.

Он идет по наитью, надеясь: не лжёт
сердце и, обходя полынью,
как открытую рану в груди, бережёт
он военную тайну свою.

Ибо жизнь — эта битва: следить свысока
мировой оголтелый бедлам,
тут военная хитрость — не брать языка,
 партизаня по вражьи тылам.

Но вести затяжные, как ливни, бои
с сонмом ангелов падших, едва
отбивая у вестников смерти свои
силы, помыслы, чувства, слова

А не то, словно в царстве теней, наяву
сын отца не узнает, и мать,
как чужая старуха, не веря родству,
просто мимо пройдет помирать.

РЕЖИССЁР

Резо Габриадзе

Вокруг полно капканов, сеток,
и появляется ловец.
Резо — король марионеток,
творец, отец!

И логика его понятна:
видны из закулисной тьмы
подвижные цветные пятна,
а это — мы.

Он прикрепляет на треножник
послушный лист,
на то он — режиссер, художник
и сценарист.

Он нам выписывает роли,
сшивает диалог из фраз,
И в новосозданной юдоли
Он хочет драмы напоказ.

Рисует лица, ставит метки
и чертит стрелки: кто — куда,
ведь мы — его марионетки,
мы куклы — да!

И если не сорвать спектакля,
торчать начнут из головы
иголки, пенопласт и пакля
с пучком травы.

ВЫБОР

Нет, не расскажет он — зевоту
изобразит в тоске хмельной,
как он женился по расчету
на старой карлице хромой.

Как он шпынял ее и тыкал
в ее уродство, сеял страх,
как горечь пил, как горе мыкал
и как остался на бобах.

Он не расскажет… Но в разломах,
в провалах — тёмная вода.
За этот грех, за этот промах
кровь стынет сгустками стыда.

…Всего-то у развилки в поле —
прельщенье, ложный поворот.
Ан нет — лукавый выбор воли
дух травит и по телу бьет.

СВЕТ

Жизнь наполнялась светом, жизнь насыщалась цветом
пушкинскою зимою и коктебельским летом.
Бабочкою—царицей, ласточкою-зарницей
лился свет невечерний, таял за роговицей.

Облаком над рекою и бессмертной строкою
свет вливался, струился, пойманный глубиною.
Следом за кротким взглядом, вместе с закатным садом
и с небесными глаголом, с молнией, звездопадом.

Носит в себе влюбленный этот мир потаенный,
весь золотой с изнанки, как орешек каленый.
Ядрышко там из света коктебельского лета,
детского восхищенья, вечного возвращенья.

Владимир ГАНДЕЛЬСМАН. Должен снег лететь

* * *

Чёрно-красная ночь Украины,
деревья в руины
обратились, пока добрели
в эти дебри раввины.
Рембрандт выгреб угли,
и на миг загорелись морщины
предыстории — старцев, их стад —
с аравийской пустыни
переписанной в сад.

Паровозный ли окрик,
холодный ли погреб —
по ступеням — на ощупь и вниз —
капель мокрых
просыпанный рис,
там сметана, там масло, там шорох...
Утра влажно-зелёный стручок,
или полдень дрожит на рессорах,
или вечера холодок.

Там подсолнух — затылок шершавый,
зелёный и ржавый,
сонно-белый, когда поперёк
он разломлен коряво,
ночь, звезды огонёк
пересёк небеса за Полтавой,
да урчащий перрон,
где украинский говор картавой
буквой «р» засорён.

* * *

Это степь, и сухое пространство, как луковица сухое,
с шелухой, осыпающейся на пастбище зноя,
это жирные шпалы, кишечник депо, это мельком
занавески на крайнем домишке, кривая скамейка,
и детей худоба — только рёбра и лица в разводах
перламутровой грязи, и курицы на огородах,
вроде серых, кудахчущих, бегающих подушек,
это солнечный слепень сыпучих, живучих и душных,
обезумевших метров земли, где стрекозы и мухи,
и на ящериц смахивающие гнездятся старухи.
Ничего нет грустнее кирпичных заводов предместий,

известковых окраин из досок белёсых и жести.
Как здесь люди живут? как? (особенно после обеда)
пахнут щами? ложатся в песок? как даётся им эта
полужизнь? почему они не умирают
от прохлады и влажности мысли о море, только пот утирают?
Это попросту взгляд непричастных, поскольку проезжих,
глаз снаружи, а жизнь расточается внутрь, и нежных
и невидимых сил этот взгляд не вбирает, и всё же —
это степь, и сухого пространства горячая кожа,
загорелые, масляные, вдыхаемые детьми руки
слесарей, машинистов, обходчиков полые стуки
по коленным чашечкам поезда, его крупные мышцы,
это пыльной и низкорослой листвы шебуршащие мыши,
это всё, что изжаждалось пить, как каторжанин
из хрустящего на зубах Экибастуза и Джезказгана,
он ручьём захлебнётся, он вылижет его русло,
он три дня будет пить, чтоб не так было грустно
умирать, это бредящая ливнем окрестность,
чтобы впадину рта напоить и воскреснуть, воскреснуть.

В БОЛЬНИЦЕ

1.
Долго в приёмных покоях,
в этих забоях,
люди надежду питают.
Там их пытают.
В этих предбанниках—
перебранниках
или в платных палатах,
в белых халатах,
приватно.
Время последней жатвы.
Значит, надо дожать,
чтоб неповадно
было дышать.
Ходят с косами люди,
ищут колосья люто.
Все молодые, эх, голытьба.
Молодость — молотьба.
Что ты такое, псих?
Лёгкий в психике свих.
Бойню всем нюхом чуя,
ночью кричу я.

2.
После укола у-
треннего, что проторён
солнцем к кровати, я у-
миротворён.
Я в окно смотрю,
за окном монтрё
моих dreams
в преломлении призм
и дрём.
На стремянке монтёр
под наклоном,
а над ним костёр
разгорается клёна.
То не с поля везут снопы,
не земля родит,
то по небу стопы
света ходят.
Что есть дар не земной,
то и лютый люд не отсудит,
то и будет со мной,
пребудет.

* * *

Странно, что и здесь жизнь,
что и здесь
кладбищ сухая весть
дрожит на ветру
и трепещет жесть,

странно, что и здесь дверь,
что и здесь
приоткрыта дверь
в комнатную нору,
где человек есть,

что его насквозь жаль,
что до чужих слёз
жалости ему нет
дела, что и со мной врозь
его печаль,

что на солнце крест белёс так,
что глаза слепит,

и, шелушась,
краска с него летит
в степь,

туда, где мак
дик,
где от любых влаг отвык
почвы слух,
треснувший, как крик

боли вразрез
жизни, которая здесь
привилась вкось,
уронив лишь
в виноградную гроздь

зелёный вес
запертого дождя,
странно, что и здесь жизнь,
что и здесь
теплится, как дитя,

этот со стороны
быт невыносим, чужд —
что мне до их нужд? —
другой страны
тяжёл вид,

тяжелее вдвойне
тем, что вдруг
не найду мне
близких, что их совсем,
возвратясь, не найду,

тем, что их вижу во сне,
словно смерть
репетирую их,
расположенных вне
осязаемости моих

глаз, тяжелей
тем, что и здесь, твержу,
жизнь, и здесь,
тем, что её пишу

вскользь, с ней
не примиряясь весь.

* * *

Этой женщины трудные очертанья,
есть фигура и некая угловатость...
Как единственно зренье, сестра, — это больше, чем радость —
это радость, и горе, и бережных сил испытанье.

Осень, женщина в створе дверей у стола,
над рукой голубая и дымчатая ваза,
под рукой леденящей клеёнки четыре угла,

и, собой потрясённые, расположились тела —
их смертельная ясность, и осени рыжая фраза.

Как всё замерло — как в ожиданьи письма,
не поддавшись восторгу с его раздражённой изнанкой,
поздравительный запах открыток, бинокль, валерьянка
в том шкафу, в стылой комнате, полной собраний чужого ума.

До свидания. На ослепительном фоне окна
я обмолвил тебя и подумал, топчась в коридоре:
если это похоже на что-нибудь — только лишь на
драматичность семьи, её радость и горе.

* * *

медлит буксир на реке
стройка и дым вдалеке
осень на волоске
сердце болит в мотыльке

дом у реки ни огня
дверь приоткрыта в меня
там причитает родня
комнаты гул западня

* * *

Ты тяжёлую дверь отворил,
а за ней не свобода, а гнёт,
что-то в прошлом отец натворил,
что тебя искупление жжёт,

ты увидел, как, в кресле дремля,
над газетой он дышит с трудом,
как его накопила Земля,
так копил он для жительства дом,

в этом доме сопрели углы
от согрева кошачьих ковров,
и приметы тебе тяжелы,
и прекрасен, однако же, кров,

и к нему твоя страсть привилась
с тем напором пороков живых,
что и ловкая кошкина страсть
нюшит возле подмышек твоих,

ты в любви был зачат среди дней
небезгрешных уже потому,
что в тебя перелили вину
забывания сном потемней,

задремания, в кресло осев,
в те часы, как небесная синь
расправляет себя меж дерев
для бездомных совсем благостынь.

* * *
вроде кладбища
кругом серый камень
голос лающий
и бегущий за облаками

и приводят к нему
умирать кто должен
к камню этому
до которого дожил

вдруг отца ведут
страх предстал глазам
закричал я тут
как будто умер сам

и по камню песок
белым бегом рябит
ни один предмет

ни о чём не говорит
только солнце в висок
жмёт лучом своим
и бежит под ним
по камню песок

* * *

Развеселись, теперь развеселись,
не снизу вверх смотри, не сверху вниз,
перед собой смотри, и между складок
горчичных штор вдруг высветится жизнь
твоей семьи, пришедшая в упадок.

Там стар старик и женщина стара,
то царство, что возвысилось вчера,
сегодня пало, холодом озноба
охвачен дом, поэтому пора
развеселиться... Господи, ещё бы...

Танцуй на пепелище, потому
что нет ни воплощения ему
другого, ни другого завершенья —
лишь танец, адресованный Тому,
Кто нас избрал танцующей мишенью.

* * *

Ребёнок спит, подложив под щёку
руку, другой обняв
куклу, ему не снится совесть,
он глубоко прав.

Так глубоко, как на пустыре
снег, — ни фабрик вблизи,
ни чёрных фигур во дворе
по колено в грязи.

Снег на пустыре один,
как ребёнок, спит,
он ослепительно состоит
из самого себя.

* * *

Должен снег лететь
и кондитерская на углу гореть,
мать ребёнка должна тянуть
за руку, должен ветер дуть,
и калоши глянцевые блестеть,

продавщицы розовые в чепцах
кружевных должны поднимать
хруст слоёных изделий в щипцах,
и ребёнок, влюблённый в мать,
должен гибнуть в слезах,

и старик, что бредёт домой,
должен вспомнить, как — боже мой! —
как сюда он любил
заходить, как он кофе пил,
чёрный кофе двойной,

«Больше, — шепчет, — лишь смерть одна,
потому что должна
этот шорох и запах смыть...» —
и глухая должна стена
тень его укрупнить,

и тогда снегопад густой
всё укроет собой,
и точильного камня жрец
сотворит во мгле под конец
дикий танец с искрой.

* * *

Троллейбус, что ли, крив,
раздрызган и знобящ,
что едешь, полужив,
завёртываясь в плащ,

дрожишь, облокотясь
на отсвет свой в окне,
без тела-то сейчас
ему теплей, чем мне.

Да, я бы мог не жить,
не видеть вообще,

и слов не говорить,
и не дрожать в плаще,

но если это Бог
мне зябкий подал знак,
то как Он одинок,
Собой расщедрясь так.

Виктор ЕСИПОВ. «Я очарован письмом Пушкина …»
(Пушкин под Высочайшей цензурой)

8 сентября 1826 года Пушкин по вызову Николая I прибыл в Кремль прямо из Михайловского, где отбывал ссылку, которой был «удостоен» предыдущим императором, прибыл в сопровождении фельдъегеря. Здесь, в Чудовом монастыре, он встретился с царём. Эта встреча легла в основание будущих отношений поэта с императором Николаем I, более обстоятельно и всесторонне рассмотренная в нашей книге «Пушкин и Николай I. Исследование и материалы».

Во время упомянутой встречи Николай I предложил стать цензором Пушкина, вероятно, руководствуясь намерением иметь постоянный контроль за деятельностью опального поэта, которого он решил немедленно освободить.

О чем говорили поэт и царь, доподлинно неизвестно, потому что встреча происходила без свидетелей. В разное время о разговоре этом размышляли и анализировали имеющиеся о нем косвенные свидетельства П. Е. Щеголев, М. А. Цявловский, С. М. Бонди, Д. Д. Благой, Н. Я. Эйдельман, В. Э. Вацуро, В. С. Непомнящий и др. известные пушкинисты.

Наиболее достоверным, на наш взгляд, источником сведений о результатах разговора Пушкина с царем служит письмо П. А. Вяземского к А. И. Тургеневу от 19 сентября 1826 года: «Пушкин здесь и на свободе <…> Государь посылал за ним фельдъегеря в деревню, принял его у себя в кабинете, говорил с ним умно и ласково и поздравил его с волею <…> Государь обещал сам быть его цензором».

Не вызывает сомнения, что сведения эти были получены Вяземским от самого поэта.

Сообщение Вяземского полностью подтверждается письмом А. Х. Бенекдорфа от 30 сентября 1826 года Пушкину, открывающим их многолетнюю переписку. Письмо было написано по поручению Николая I через три недели после конфиденциальной аудиенции у него ссыльного поэта.

В упомянутом письме официально подтверждалась устная договоренность между императором и поэтом, достигнутая во время их личной встречи, касающаяся цензуры: царь в вежливой форме обязывал Пушкина знакомить его со всеми новыми произведениями и при этом брал на себя функции цензора.

В том же письме Николай I обозначил свои критерии при оценке творчества Пушкина: «…употребите отличные способности ваши на передание потомству славы нашего Отечества, передав вместе бессмертию имя ваше».

То есть, по мнению императора, только воспевание славы

Отечества гарантирует поэту бессмертие. При этом Отечество, конечно, представлялось

ему тождественным системе управления Россией, системе власти, которая существовала в это время. Пушкин же имел отличный от императорского взгляд на свое творчество (и на искусство вообще). В частности, был убежден, что будущее бессмертие его заслужено тем, что он пробуждать своим творчеством «чувства добрые» и был «любезен» народу. Позднее он выскажет это в своем итоговом «Памятнике»:

И долго буду тем любезен я народу,
Что чувства добрые я лирой пробуждал,
Что в мой жестокий век восславил я Свободу
И милость к падшим призывал.

Это концептуальное противоречие между императором и поэтом при взгляде на искусство будет сохраняться на всём протяжении их личных отношений, возникших 8 сентября 1826 года и длившихся вплоть до трагической смерти поэта.

———————

Николай I произвел на Пушкина самое благоприятное впечатление, что через несколько месяцев вдохновило его на «Стансы» (22 декабря 1826 — первая редакция), где острота восприятия в обществе недавно свершившейся казни декабристов снималась сопоставлением с казнями стрельцов в начале петровского царствования, а царю предлагалось брать пример с Петра I.

Нужно сказать, что царь в начале своего правления оправдывал пушкинские надежды. Впервые в России был разработан и 10 июня 1826 года введен в действие Цензурный устав, регламентирующий отношения издателей, писателей и цензуры. В апреле 1826 года было создано II Отделение Собственной Е. И. В. канцелярии под руководством М. М. Сперанского, которое подготовило к 1830 году Полное собрание законов Российской империи и Свод законов Российской империи. 6 декабря 1826 года был учрежден секретный комитет («комитет 6 декабря»), задачей которого стала разработка социальных реформ государственного устройства, в том числе отмена крепостного права. Следует добавить к этому успешные действия русской армии в русско-персидской войне 1826—1828 годов, в результате которой Россия закрепилась в Закавказье, присоединив к себе Восточную Армению. И столь же успешную русско-турецкую войну 1827-1829 годов, закончившуюся присоединением к России Анапы и Поти, а также подтверждением автономных прав Сербии, Молдавского и Валашского княжеств.

Таким образом, пушкинские строки в стихотворении 1828 года

«Друзьям», как и «Стансы» связанном с Николаем I:

> Россию вновь он оживил
> Войной, надеждами, трудами —

имели под собой реальные основания.

Но первым пушкинским произведением, с которым императору предстояло ознакомиться, стала трагедия «Борис Годунов» в редакции 1825 года. Причиной тому послужили известные обстоятельства: оказавшись в Москве после долгой ссылки, Пушкин встречается с друзьями и, конечно, читает им привезенного из Михайловского «Бориса Годунова» — то у Вяземского, то у Веневитинова и т.д., что становится известно Бенкендорфу через его агентуру. И письмом от 22 ноября 1826 года Бенкендорф ставит это Пушкину на вид, рассматривая как нарушение поэтом обещания представлять все вновь написанное на просмотр Николаю I.

Пушкин оправдывается письмом от 29 ноября 1826 года и немедленно представляет трагедию для прочтения её царём. Однако царь, по-видимому, не вошёл еще в новую для него роль цензора, поэтому он поручает Бекендорфу найти для прочтения трагедии «верного человека» из литераторов, который бы сделал для него подробные выписки и подготовил отзыв для Пушкина.

При этом Пушкин не мог знать тогда и, вероятнее всего, так и не узнал до своей кончины, какое впечатление произвело это его «оправдательное» письмо от 29 ноября 1826 года на императора. И мы бы об этом, возможно, никогда не узнали, если бы не «Выписки из писем графа А. Х. Бенкендорфа к императору Николаю I о Пушкине», найденные и опубликованные в 1903 году заведующим императорской библиотеки Р. А. Гриммом. Так вот, как следует из этих выписок, Николай I написал Бенкендорфу следующее: «Я очарован письмом Пушкина, и мне очень любопытно прочесть его сочинение».

Что касается поиска «верного» человека, Бенкендорф остановил свой выбор на своём внештатном сотруднике Ф. В. Булгарине, который и подготовил отзыв о пушкинской трагедии для Николая I. И как бы ни был царь «очарован» упомянутым письмом Пушкина, его отзыв о трагедии не принес радости ее автору: в письме от 14 декабря 1826 вместе с рядом пометок в тексте трагедии Пушкину было предложено переделать ее в «историческую повесть или роман, на подобие Валтера Скота» (13, 313).

В ответном письме от 3 января 1827 года Пушкин выражает формальное согласие с критикой высочайшего читателя, но по сути ответ его тверд: «Жалею, что я не в силах уже переделать мною однажды написанное» (13, 317).

Трагедия пролежит у Пушкина еще около четырёх лет, но будет, наконец, дозволена к печати в конце апреля 1830 года в связи с предстоящей женитьбой поэта. При этом публикация «Бориса Годунова» будет дозволена Пушкину без каких-либо поправок и без общей цензуры «под его личную ответственность». Это свидетельствовало об укреплении доверия к Пушкину со стороны Николая I и обретении поэтом определенного статуса в качестве приближенного к царю человека.

В конце того же года «Борис Годунов» был издан, и письмом от 9 января 1831 года Бенкендорф, по просьбе царя, извещал Пушкина о том, что трагедию тот читал «с особым удовольствием».

———————

Но вернемся к 1826 году. Как уже упомянуто, первый вариант «Стансов», обращённых к царю, был написан 22 декабря 1826 года. А на прочтение царю стихи поступили вместе с несколькими другими произведениями лишь в середине 1827 года, в письме от 22 августа Бенкендорфа сообщал заключение царя по всем присланным текстам:

«Представленные вами новые стихотворения ваши Государь Император изволил прочесть с особенным вниманием. Возвращая вам оные, я имею обязанность изъяснить следующее заключение.

1) Ангел, к напечатанию дозволяется;

2) Стансы, а равно 3) и Третия глава Евгения Онегина тоже.

4) Графа Нулина Государь Император изволил прочесть с большим удовольствием и отметить своеручно два места, кои Его Величество желает видеть измененными; а именно следующие два стиха: Порою с барином шалит и Коснуться хочет одеяла; впрочем, прелестная пиеса сия позволяется напечатать.

5) Фауст и Мефистофель позволено напечатать, за исключением следующего места: Да модная болезнь: она Недавно вам подарена.

6) Песни о Стеньке Разине, при всем поэтическом своем достоинстве, по содержанию своему не приличны к напечатанию. Сверх того, церковь проклинает Разина, равно как и Пугачева» (13, 335—336).

Как видно из замечаний, царь беспокоится о нравственности («Граф Нулин») и о политической целесообразности («Песни о Стеньке Разине»).

А упомянутое уже стихотворение «Друзьям», переданное Пушкиным для прочтения царю в феврале 1828 года вызвало удовлетворение высочайшего цензора, но не было дозволено к публикации. Видимо, «рабы и льстецы», «приближенные к престолу», отмеченные в стихотворении, представлялись царю неполиткорректным, выражаясь сегодняшним языком, высказыванием для публичного прочтения.

К 1826 году относится и написание Пушкиным по предложению царя «Записка о народном воспитании». 23 декабря 1826 года Бенкендорф сообщает Пушкину мнение царя о его записке:

«Его Величество при сем заметить изволил, что принятое Вами правило, будто бы просвещение и гений служат исключительным основанием совершенству, есть правило опасное для общего спокойствия, завлекшее Вас самих на край пропасти и повергшее в оную толикое число молодых людей. Нравственность, прилежное служение, усердие предпочесть должно просвещению неопытному, безнравственному и бесполезному. На сих-то началах должно быть основано благонаправленное воспитание. Впрочем, рассуждения Ваши заключают в себе много полезных истин» (13, 314—315).

При сопоставлении этой сентенции со стихотворениями «Стансы» и «Друзьям», написанным после упомянутого письма, явно различима полемическая по отношению к высказанному царём направленность отдельных строк.

В «Стансах»:

Но правдой он привлек сердца,
Но нравы укротил наукой;

Самодержавною рукой
Он смело сеял просвещенье…

В стихотворении «Друзьям»:

Он скажет: презирай народ,
Глуши природы голос нежный,
Он скажет: просвещенья плод —
Разврат и некий дух мятежный!

Таким образом, Пушкин продолжает утверждать свою мысль о необходимости просвещения в государстве, что будет делать и в дальнейшем.

———————

Эта скрытая полемика Пушкина с царём не помешала последнему встать на сторону поэта во время его острого противостояния с Булгариным в 1830 году.

Конфликт начался после публикации в ноябре 1829 года в трех номерах журнала «Сын Отечества» романа Булгарина «Дмитрий Самозванец», в котором Пушкин обнаружил прямые заимствования из своей трагедии «Борис Годунов».

Пушкину стало ясно, кто рецензировал в 1826 году «Бориса Годунова» по заданию Бенкендорфа и чью формулировку переделать трагедию в «историческую повесть или роман на подобие Валтера Скота» (13, 313) использовал царь при оценке пушкинской трагедии.

Далее последовал «обмен ударами» в печати, в частности, Дельвиг в «Литературной газете» подверг сокрушительной критике роман Булгарина в анонимной статье, Булгарин, решив, что автор критики Пушкин, обрушился с нападками на главу VII «Евгения Онегина», только что вышедшую в свет. И тут в конфликтную ситуацию вмешался Николай I.

22 марта 1830 г. он пишет Бенкендорфу: «Я забыл вам сказать, любезный друг, что в сегодняшнем номере "Пчелы" находится опять несправедливейшая и пошлейшая статья, направленная против Пушкина. К этой статье, наверное, будет продолжение: поэтому предлагаю вам призвать Булгарина и запретить ему отныне печатать какие бы то ни было критики на литературные произведения; и если возможно, запретите его журнал».

Бенкендорф пытается защищать своего подопечного:

«Прилагаю при сем статью против Дмитрия Самозванца, чтобы Ваше Величество видели, как нападают на Булгарина. Если бы Ваше Величество прочли это сочинение, то Вы нашли бы в нем очень много интересного и в особенности монархического, а также победу легитимизма. Я бы хотел, чтобы авторы, нападающие на это сочинение, писали в том же духе, так как сочинение — это совесть писателя (курсив Бенкендорфа. — В.Е.)».

Но царь не принимает его оправданий, продолжает поддерживать Пушкина и пишет на том же листке:

«Я внимательно прочел критику на Самозванца и должен вам сознаться, что так как я не мог пока прочесть более двух томов и только сегодня начал третий, то про себя или в себе размышлял точно так же (как в критике. — В.Е.). История эта сама по себе достаточно омерзительна, чтобы не украшать ее легендами отвратительными и ненужными для интереса главного события. А потому, с этой стороны критика, мне кажется, справедлива.

Напротив того, в критике на Онегина только факты и очень мало смысла (курсив Николая I. — В.Е.)».

Таким образом, царь уничижительно отзывается о романе Булгарина, признает критику в его адрес справедливой и, наоборот, критику седьмой главы «Евгения Онегина» признает несостоятельной.

Правда, в конце императорского текста содержится некоторая уступка оппоненту, продиктованная чувством патриотизма, понимание которого у Николая I и Бенкендорфа идентично: «...хотя я совсем не извиняю автора, который сделал бы гораздо лучше, если бы не предавался исключительно этому весьма забавному роду литературы, но гораздо менее благородному, нежели его Полтава».

«Полтаву» Николай I ставил выше «Онегина», представляющего собой, по его мнению, «забавный род литературы», потому что она полностью соответствовала его критериям: прославляла Россию...

В конце ноября 1831 года незатухающий конфликт с Булгариным вновь вышел на высший уровень. Причиной послужило пушкинское стихотворение «Моя родословная», написанное в ответ на оскорбительный булгаринский «Анекдот», опубликованный в «Северной пчеле» 11 марта 1830 года, в котором сообщалось, что чернокожий предок одного «литератора, претендующего на благородное происхождение», был куплен русским матросом за бутылку рома.

24 ноября 1831 года Пушкин написал Бенкендорфу письмо с признанием, что собирался напечатать стихотворение «Моя родословная» в «Литературной газете», но издатель газеты Дельвиг отсоветовал это делать.

Бенкендорф ответил Пушкину письмом от 10 декабря 1831 года, в котором дословно воспроизвел мнение царя о происходящем конфликте:

«Вы можете сказать от моего имени Пушкину, что я всецело согласен с мнением его покойного друга Дельвига. Столь низкие и подлые оскорбления, как те, которыми его угостили, бесчестят того, кто их произносит, а не того, к кому они обращены. Единственное оружие против них — презрение. Вот как я поступил бы на его месте. — Что касается его стихов, то я нахожу, что в них много остроумия, но более всего желчи. Для чести его пера и особенно его ума будет лучше, если он не станет распространять их (курсив Бенкендорфа или Николая I. — В. Е.)» (14, 247, франц.)

———————

В августе 1831 года Николай I, находящийся в это время, как и Пушкин, в Царском Селе, интересуется его стихотворением «Клеветникам России», и посылает за ними к Жуковскому. Жуковский сообщает об этом Пушкину в письме от второй половины (не ранее 16) августа 1831 года и советует ему переписать их также и для императрицы. Значит, слух об этих стихах распространился среди патриотически настроенной публики по Царскому Селу, где находятся в это время и двор, и Пушкин, и Жуковский.

Как известно, Вяземский назвал патриотические стихи Жуковского и Пушкина, вошедшие в брошюру «На взятие Варшавы», вышедшую 11—13 сентября 1831 года, «шинельной поэзией» (14, 261), и действительно, пушкинская позиция по поводу Польского восстания 1830 — 1831 годов далека от позиции его либеральных друзей и близка к официальной. Но не в связи с близостью ко двору и желанием соответствовать политической линии власти, — пушкинские взгляды по польскому вопросу сформировались еще задолго до Польского восстания и проистекали из его собственной концепции истории России.

С одной стороны, он желал и надеялся, что «славянские ручьи», в том числе польский, «сольются в русском море» и его беспокоило, что в противном случае «море» может «иссякнуть» («Клеветникам России»). Был в этом, выражаясь современным языком, государственником и даже, по определению Георгия Федотова, не только певцом свободы, но и «певцом империи».

А с другой стороны, «жадно слушал» мечтания польского гения Адама Мицкевича о временах «когда народы, распри позабыв,/ В единую семью соединятся» («Он между нами жил…»)…

В это же время (конец июля — август 1831 года) Пушкин, по-видимому, передал Николаю I на прочтение две главы «Евгения Онегина»: «Путешествие Онегина» («Странствия»), убрав все политические места, и ставшую впоследствии восьмой главу «Большой свет». Царь забраковал в «Путешествии Онегина» всё, кроме отрывков, опубликованных при полном издании романа в марте 1833 года в виде приложения.

В данном случае Пушкин полностью согласился с мнением высочайшего цензора, и «Путешествие Онегина» так и печатается с тех пор в редакции, одобренной царём.

Иначе обстояло дело с поэмой «Медный Всадник», которую Пушкин собирался в конце 1833 года напечатать в журнале А. Ф. Смирдина «Библиотека для чтения» при условии, что издатель будет представлять пушкинские произведения в обычную цензуру. Для решения этого вопроса он обратился к Бенкендорфу письмом от 6 декабря.

А утром 12 декабря получил рукопись «Медного всадника» с замечаниями царя. В частности, царю не понравилось слово «кумир», относящееся к бронзовому Петру, и следующая строфа:

И перед младшею столицей
Померкла старая Москва,
Как перед новою царицей
Порфироносная вдова —

«…всё это делает мне большую разницу» — замечает Пушкин 14 декабря в Дневнике, и «Медный всадник» так и останется ненапечатанным при его жизни.

В это же время царь изъявляет желание ознакомиться с рукописью «Истории Пугачёва», с которой Пушкин недавно вернулся в Петербург из Болдино после поездки в Нижний Новгород, Казань, Симбирск, Оренбург, Уральск — по местам бесчинства бунтовщиков.

Царь одобрил рукопись и в начале марта 1834 года Пушкин получает от царя ссуду на её издание в размере 20 тыс. руб. и разрешение печать в государственной типографии, что намного дешевле. При подписании разрешения на ссуду царь исправляет название пушкинского труда на «Историю Пугачёвского бунта».

Пушкин надеется поправить этим изданием свои денежные дела, но его надежда не оправдывается. Книга продаётся плохо и больше трети тиража в 3 тыс. экземпляров остаётся нераспроданной.

Поскольку материальное положение Пушкина продолжает ухудшаться, в июле-августе 1835 года он оформляет новую ссуду от царя на 30 тыс. руб., а в январе 1836 года разрешение на издание собственного квартального журнала «Современник», с выходом которого так же надеется поправить свои материальные дела. Выход «Современника» стал, как известно, значительным событием в истории русской литературы.

О собственном издании поэт мечтал еще в пору Михайловской ссылки и делился этим в переписке с друзьями. С предложением издавать свой журнал Пушкин несколько раз обращался к Николаю I, но получал отказ. И вот его мечта осуществилась, но, к сожалению, лишь за год до смерти.

11 апреля 1836 года вышел в свет первый том «Современника». Он открывался стихотворением Пушкина «Пир Петра Первого», напечатанным без подписи, где Николаю I (напоминанием о судьбе сосланных декабристов) ставится в пример способность великого предка с «подданным мириться; / Виноватому вину, отпуская, веселиться».

———————

Подводя итоги нашему обзору, отметим, что вопреки принятому в советском пушкиноведении взгляду на фигуру императора Николая I, он знал и ценил творчество первого национального поэта. Но при этом руководствовался своим вкусом и своими соображениями: «Полтаву» ценил выше «Евгения Онегина»; стихотворение «Клеветникам России» жаждал немедленно прочесть, как ни одно другое его стихотворение; состав строф в «Путешествии Онегина», определившийся в результате сокращений, предложенных им, был принят Пушкиным и остаётся неизменным с 1833 года; «Медный Всадник» в связи с несогласием Пушкина с его замечаниями остался при жизни поэта ненапечатанным, как и «Песни о Стеньке Разине», не допущенные им к публикации; в конфликте Пушкина с Булгариным был на стороне поэта, несмотря на противодействие Бенкендорфа; помог Пушкину при издании «Истории Пугачёвского бунта».

Приведенным перечнем императорских решений в качестве цензора Пушкина опровергается утверждение одного из ведущих советских пушкиноведов П. Е. Щеголева, что Пушкин-поэт для царя «не существовал» и не мог существовать.

Кроме того, Николай I был вдумчивым читателем и почитателем творчества Пушкина, так, например, знал, по-видимому, наизусть предсмертное наставление Бориса Годунова сыну Феодору, что установил в своё время П. М. Бицилли.

Бицилли в своей работе «Пушкин и Николай I» сопоставил наставление Годунова с Завещанием, написанным летом 1935 года, которое Николай I оставил великому князю Александру при своём отъезде в Европу для встречи с прусским королём. Бицилли нашел между ними удивительное сходство, вплоть до отдельных текстологических совпадений.

Так, он отметил следующее: «Влияние образца сказалось в Завещании не только на выборе предметов, насчет которых даются наставления, но и на способах выражения. Николай I знал, как видно, монолог наизусть — нельзя же предположить, что он заглядывал в "Бориса Годунова", когда писал свое "наставление"».

Таким образом, император Николай I в качестве читателя и цензора великого поэта предстаёт личностью более разносторонней и глубокой, нежели принято было считать в течение длительного времени.

При этом нельзя забывать, что отношения между ним и Пушкиным в условиях существовавшего монархического строя были отношениями суверена со своим подданным.

Вера ЗУБАРЕВА. Он прискакал. Литературные мечтания

1.

Вот так всегда — славишь, благословляешь,
а потом оказывается, Он что-то не докрутил,
оставил мелкие недоделки в организме.
Поправить их не удастся никому.
Всё в тебе развинчивается и льётся
на голову твоих несчастных домочадцев,
живущих, как правило, этажом ниже
в своей счастливой житейской суете.
А тебе уже велено смотреть поверх,
пока мешок с мирской пылью
не станет пустым, и твой дирижабль
не отправится в то, безвоздушное, плавание.

2.

А ты надеялся, читал «Онегина»,
думал, всё это тебя не коснётся,
думал, прописался на этих страницах
на веки вечные как лондонский денди.
Понял теперь, что ты — тот «дядя»,
герой романа, который не в стихах,
а в самой что ни на есть занудной прозе?
Вот и хорошо. Лежи и созерцай
свой потолок (в прямом и переносном),
пока Онегин мчится на почтовых.

3.

Вот тебе немного литературоведения.
Жизнь начинается в авантюрном жанре.
Затем — к середине — уже в готическом.
К концу — в ненавистном тебе реализме,
когда посмотришь правде в глаза.
Но поздно: тебя уж выдвигают на премию
большой книги жизни после жизни
такие же виды видавшие дяди
не самых, но всё ж-таки честных правил
из мира, где каждый не в шутку занемог.

4.

Надежда всегда умирает последней,
а вера — никогда. Она появляется
после того, как уходит надежда.
И это почти что уже приговор.

5.

Нет ничего страшнее зрелища,
когда книга умирает у тебя на глазах,
с каждой страницей всё тише дыхание…
Агония слов, перестаёшь листать…
Где-то уже запускают дефибриллятор
самой могущественной марки «пиар».
Работает аппарат искусственного дыхания.
Очень серьёзный, крутой аппарат.
Он и раскручивает и раздувает
жалкие, склеенные страницы.
Сидишь и думаешь: боже мой…

6.

Мир катится к концу толстых журналов.
Каюк толстякам. Радуйся, Суок!
Прыгай на канате над бедным дядей,
слагай стишки под куполом небес.

7.

Кому достанется дядино наследство?
Мчится на почтовых заграничный Евгений,
московский Гарольд, пародия на всё,
что так успешно читается по сей день.
Запад полон заманчивых приключений,
не то, что скучная русская деревенька,
где вместо «Искусства любви» Назона
(востребованного, заметим, во все времена),
письмо какой-то непросвещённой Татьяны,
непопулярной и непереводимой,
с какой-то невнятной деревенской историей.
То ли дело госпожа Бовари!
Онегин даже слегка обижен —
нет, не такого он ждал от жизни.

Ему бы в ту, что на полке книжной,
а в этом романе он явно лишний.

8.

Всё, что ни делается, делается с умыслом.
Сколько бы роман ни разнимали на части,
ни разглядывали детали в микроскоп,
всё, что отыщут — холестерин у дяди
и жирные пятна в уголках страниц.
Может быть, дело всё в переводе,
может, в переводчиках,
может, в Пушкине.
Скорее всего, в самой литературе.
Никак не выстроить её в ряд
с тем, что на полках в доме у Онегина
и под подушкой у мировой литературы.
А то бы всё перевелось и сложилось
и стал бы «Онегин» романом нравов,
а Достоевский автором детектива,
и только Чехов остался бы не у дел.

9.

В царстве гламура сплетаются амуры.
Скачет галопом вдоль русской литературы
Онегин, выискивая свой сюжет.
Сюжет не даётся. Сюжета нет.
Есть скрипки полозьев — зимняя партитура
для солнца над россыпью снега. И свет.

10.

Чем забавлять умирающего дядю?
Разве что россказнями о бессмертной душе.
Но если вдуматься, то кому она нужна
Там, где Он бессмертнее всех бессмертных?

11.

Кто там в белом венчике из роз?
Голем-авангард с кривыми формами.
Он размазывает краски по полотнам,
Блямкает по клавишам, блеет стишки…

И падает в обморок гувернантка гармония —
Утопия о Творце и бессмертной душе.

12.

Дядя уже почивает на столе
вместе со стопками толстых журналов.
Их усадьбы давно разорились.
Самую главную купил Лопахин
и рубит для дачников её сад.
Дачник приходит мессией в литературу.
Вот и сбылись прогнозы Лопахина.
Сад наконец-то востребован массами,
приносит доходы, собирает подписчиков.
Петька Трофимов
выкрикивает лозунги.
Треплев ратует за новые формы.
А сёстры по—прежнему мечтают о Москве.

13.

Москва, конечно, уже другая.
Но сёстры мечтают — они не знают.
И Соня дядю Ваню утешает,
Рассказывает ему о небе в алмазах.
Их сметает помелом Маргарита,
Прячет в стулья тёща Воробьянинова.

Вот и всё.
Онегин прискакал.

Вячеслав ЛЮТЫЙ. Неотвратимость бытия.
Внешнее и затаенное в поэзии Дмитрия Мизгулина

...Где вместе — небо и земля
В морозной мгле слились.

Дмитрий Мизгулин

Сегодня лирический герой, как правило, является фигурой по преимуществу внешней — или же сфокусированной на построение облика внутреннего человека, на «угадывание» личных душевных движений. Конечно, такая градация во многом условна, однако у нее есть видимые примеры и одна характерная особенность.

Alter ego автора, однажды показавшегося на люди в окружении земных предметов и коллизий, впоследствии крайне редко высвечивается в качестве живого микрокосмоса, вовлекающего читателя в свои нескончаемые глубины. Происходит некое самоопределение поэта: либо он становится частью узнаваемого окружающего мира на всю оставшуюся творческую жизнь, либо существование его приобретает драматически замкнутую форму — и всякий, привороженный голосом певца, уже не ждет от него ясных слов и художественно внятных, прозрачных в своей конкретике сюжетов. Подчеркнем, что речь здесь идет именно о творческом облике, а не о социальном портрете литератора.

Названные характеристики практически никогда не перетекают одна в другую. Более того, обычно поэты интуитивно выбирают форму своего лирического воплощения, стремясь к определенности личных художественных примет. Эта — на первый взгляд, довольно странная, но, тем не менее, очевидная — поляризация в «стане стихотворцев» нашего времени почти не знает промежуточных положений. Взаимное проникновение обозначенных интонаций и смыслов попадается на глаза редко и тревожит слух, скорее, как феномен, а не привычное обыкновение.

В пределе тут сталкиваются и едва ли не враждуют публицистика и эскапизм, не склонный вступать, практически, ни в какие отношения с социумом. И то, и другое для поэзии — тенденции разрушительные, и главная речь должна идти о чувстве меры, с которым глубокий человек не отворачивается от мира, но стремится сделать его лучше и добрее. Именно на такой промежуточной художественной и личностной территории перед нами возникают стихи Дмитрия Мизгулина — автора, способного удивительно точно обозначить дыхание нашей больной эпохи и движение чувств современника.

У Мизгулина реальное пространство дано в довольно беглых

приметах. Они не поддержаны отчетливой, запоминающейся образностью. Притом, что поэт легко и свободно умеет показать действительность — примелькавшуюся и стертую в своих чертах. И создается впечатление, что лирический герой воспринимает окружающую среду именно так потому, что она для него — не главная. Вся художественная самобытность текстов автора выходит на первый план в местах соединения реального с над-реальным, земного — с Небесным. В подобном контексте Дмитрия Мизгулина можно назвать духовным поэтом, несмотря на то, что он скуп на соответствующие «высокие» слова. Его сентенции метафизического характера кто-то может отнести к резонерству, но продуманность распределения акцентной образности в стихах и сам способ показа реального пространства подтверждают сосредоточенные слова автора и не позволяют определять их как плоды расчётливого или безутешного ума.

В объёмном собрании стихотворений Дмитрия Мизгулина одна из поэтических тетрадей называется «Русские печальные слова». Это заглавие как нельзя лучше подчеркивает интонацию и скрытый смысл многих его строк. Русская душа почти всегда не удовлетворена наличным бытием, устремляясь потаенной глубиной своей в царство любви, справедливости и высшей правды. Земной окоем никак не совпадает с очертаниями горнего светлого мира, и потому затаенная печаль стала неизбывной приметой русского человека.

> И так спокойно было на душе,
> Как будто жизнь еще не начиналась.

Человеческая судьба представляется нередко смутной и противоречивой, в ней нет ясности и зримой последовательности картин и поступков. Тогда как до начала физической жизни душа пребывает в неведомом космосе в состоянии внутреннего умиротворения и согласия с близким и далеким и с самою собой. Зыбкость земного распорядка видна у Мизгулина даже в спокойных, на первый взгляд, эскизах природы:

> Лодка, Церковь у погоста.
> Темная река.
> Чайки кружат над водою,
> И с тревогою немою
> Мчатся облака.

Хотя со здешней тревогой перекликается и Небесная, которая явлена нам через природные детали. Довольно часто «схваченные» глазом поэта подробности социума и быта кажутся чрезмерными в своем количестве. Но почти никогда природа не оказывается в его лирике мимолетным видением или только осязаемой вереницей предметов и ситуаций, которые по отдельности как будто могут утратить собственную многомерность и значимость. Сиюминутное человеческое по метафизическому «весу» уступает природному уже потому, что природа в каждом новом ее состоянии закономерна, а не своевольна: она послушна воле Творца. Ее мнимая «самостоятельность» смущает людей, настораживает — но почти никогда не приводит к взаимопониманию. Самонадеянный человек не способен уловить связь дерева и облака с непостижимой Мировой Волей, и загадочное «бессмертие природы» его «пугает иногда». Впрочем, становясь однажды прахом, он соединяется с природным миром, но понимание всех последующих событий отрезано от него смертной чертой.

…Человек состоит из воды,
А когда-нибудь станет землею.

Жизнь промчится — исполнится срок.
Будет имя твое позабыто.
И развеются прах и песок
И из мрамора, и из гранита.

На фоне печали и суеты неуловимо возникает смысл возврата тела человеческого в землю, изначальное предназначение быть ее частью. Эта негромкая, но очень глубокая связь может быть истолкована символически: добрых людей больше, чем злых, потому-то земля и держится, не пропадает — ее укрепляет добрый прах. У Мизгулина подобный пунктир отодвинут от прямого наблюдения никчемной социальной лихорадкой, которая вполне наглядна и безысходна.

…И лежит наш скорбный путь
Среди шума, среди гама
Мимо Бога, мимо Храма.
. . . .
В переполненной мглою душе
Места нет для покоя и Бога.

Визуальный «лист реальности», со всеми ее приметами и деталями, словно проколот запредельными смыслами — достаточно редкими, которые, однако, позволяют увидеть сквозь образовавшиеся в бессмысленном существовании «дыры» невероятно яркий, ослепительный свет подлинного бытия. С ним связан непонятно как возникающий рефлекс Спасения, поначалу заставляющий человека притекать к главному — простому и ясному:

Рассеян ум. Бессилен разум.
И только трудится душа,
Слова простые раз за разом
Нанизывая не спеша.

Мироощущение Мизгулина пронизано чувством надвигающейся на современную цивилизацию катастрофы. И кажется, что грозный гул тотальной беды слышит только он. Даже природа, как будто, невозмутима и не содержит отчетливых, роковых знаков, в которых «...Неотвратимость бытия // И час расплаты». Особенно остро хрупкость настоящего времени воспринимается им на безоглядных ярмарках тщеславия и самоуверенности:

Очнешься от шумных застолий,
Где праздная чаша горчит —
Услышишь, как в стынущем поле
Полуночи птица кричит.
<…>
Я в этом веселии лишний
И, мучась опять и опять,
За что нас карает Всевышний —
Стараюсь в смятенье понять,

Коль скоро глухие метели
Закружат чужие слова,
И скоро нас в прах перемелют
Эпохи иной жернова.

Предзнаменование — особая сторона взгляда на мир у Дмитрия Мизгулина. Он способен различить тоскливую тревогу, когда «...стонет под ветром, и стынет // До срока разбуженный лес». Будто собрат лирического героя, стынущий лес воспринимает невидимые вибрации большой надмирной жизни. Но его движения и звуки еще не выглядят окончательными знамениями, тогда как поэт с сердечной болью вбирает в себя весь объем дисгармонии, разрушающей родной для него мир.

Если говорить о стиле мизгулинских стихотворений, то он не преобладает над художественным смыслом: это качество поэтического высказывания автора оказывается в тени собственно содержания его строки. Там же, где форма неожиданно являет себя тем или иным образом, стихи обретают дополнительную выразительность, которая обогащает смысл еще и ярким изображением:

И ты, как будто наяву,
Опять с крыльца ко мне спустилась.

Упало яблоко в траву
И покатилось...

И все-таки сюжеты Мизгулина по преимуществу умозрительны: некая философема почти всегда прячется в ткани его художественной речи. Цвет в его стихах появляется редко: они, скорее, рисунок или графика, нежели пример живописи. И это, в свою очередь, склоняет лирический рассказ к движению мысли, а не к перемене картин.

Стоит обратить внимание на разность ритма, который сопутствует внутреннему и внешнему развитию сюжета. Чехарда реалий внешнего мира болезненна и мимолетна, тогда как сердце и ум способствуют вызреванию главных слов и отношений как-то мерно, не торопясь, с ощутимой долей усталости и печали.

Заметим, что по ряду деталей в контексте лирики автора, родившегося в Мурманске, он предстает, скорее, деревенским жителем, перебравшимся однажды в город. В этом случае вытеснение «медлительного» ритма природной среды учащенным течением городского существования закономерно, однако затаенная верность души прежнему, глубокому и спокойному дыханию могут многое сказать о психологическом и мировоззренческом устройстве лирического героя.

Когда-то он чувствовал себя частью леса, реки, луга и упивался свободой и гармонией жизни. Сегодня все — не так: окружающая цивилизация мегаполиса темна и лукава, ей ничего не стоит перемолоть человеческую судьбу. Более того — порой кажется, что в этом ее адепты находят элементы удовольствия и азарта. Вот почему лирический герой Мизгулина так обреченно относится к проекциям текущего дня на завтра. Все урбанистические пути уводят его от Бога и от храма. И в какой-то момент они оборвутся на краю пропасти — житейской, апокалипсической, метафизической...

Скажи, кого винить, когда
Внезапно кончилась дорога?

....
...И тревожится душа
В ожидании развязки.

....
Кровавый туман над притихшей Россией клубится,
И Гришка Отрепьев уже ничего не боится.

Поэт пытается соединить сокровенный смысл происходящего с поступками и словами, тем самым стремясь хоть в малой мере вживить крупинки истинного понимания вещей в безотрадную современность. Такой отчаянный психологический разрыв между внешним и внутренним мирами оказывается факсимильным отпечатком лирики

Дмитрия Мизгулина. А его желание сшить разорванные края зримого и осязаемого уклада, излечить душевные болезни жестокого века становится явлением во многом уникальным. Эти шаги — наверное, идеалистические — не приведут к значимым результатам, но поступать иначе, перекраивать себя поэт не может и не хочет, какую бы цену судьба ни назначила ему за принятое решение.

У Мизгулина очень много стихотворений дневникового характера. В своде его лирики они играют, пожалуй, не самостоятельную роль, а служат периодически возникающей иллюстрацией незначительности и без-óбразности суеты, которая пытается выглядеть весомой и запоминающейся. В реалиях внешнего мира автор принципиально не ищет образности. Скорее, это диктуемое выморочной средой отсутствие ясного и яркого образа он вынужденно преодолевает. Так формируется облик сжимающегося с каждой прожитой минутой житейского поля, под метафизической поверхностью которого складываются неведомые силы, готовые однажды кардинально изменить мир.

Поэт чувствует драматические перемены, но старается отдалить их, как бы уговаривая Всевышнего быть снисходительным к исстрадавшемуся русскому человеку. Как правило, подобные слова заключают стихотворение, в котором тесно переплетаются «надежда и сомненье», а Небо закономерно и естественно видится непререкаемой инстанцией. Смысловой вес определений и предметов здесь на порядок больше, чем прежде, еще и потому, что главные вопрошания лирического героя обращены к Создателю, а не к современникам и не к сиюминутному содержанию жизни.

Тяжелеют осенние воды,
Догорают рябины огни...
Но во мраке ноябрьской природы
Вдруг наступят особые дни —

И развеется мрак постепенно,
Рябь по водам пойдет не спеша.
И, как солнечный отсвет, нетленно
Встрепенется — и вспыхнет душа.
....
В поднебесье тускло тлеют звезды,
В темноте круги сужает бес.
Но поверь, что никогда не поздно
Будет достучаться до Небес.

....

Метель утрат восторг души остудит,
Застынет в реках черная вода...

Но все-таки Господь веселых любит,
А верных не оставит никогда.

И пусть кружат во мгле миры и меры,
В кромешном мраке исчезает путь,
Держись поближе Православной веры —
А там Господь подхватит как-нибудь.

Психологически стихи Дмитрия Мизгулина оказываются очень русскими: черты характера, «выглядывающие» то из одной авторской оговорки, то из другой, вполне самобытны. И потому лирическая речь поэта есть некое свидетельство русского человека, говорящего в присутствии своего брата и сестры, родителей и детей, друзей и редких единомышленников. Чувство Родины, сквозное для разных эпох, для разных людей и разных художников бережно хранится автором. Более того, творчество Мизгулина неявно подразумевает, что русский художник, утративший это драгоценное ощущение, одновременно теряет и свое вдохновенное призвание. Образ Тургенева, которого измучила тоска по России, тут очень показателен.

Мой Бог! Помогут разве воды,
Когда встают из забытья
Печальный лик родной природы
И смысл загадочный ея?..

Подчеркнем, что черты Родины представлены «золоченым сентябрьским лесом» или «утренней тихой рекой», которая катит волны в далекий океан. Он созвучен дали дальней и прогрессу, но значительно шире фальшивой вселенной современной цивилизации. Река заледенеет, изменит русло, однако глубинное течение ее останется прежним — станет другим только все внешнее: «Под громадой застывшего льда // Будет вечно струиться вода». Здесь — абрис смыслового портрета не только автора, но и русского человека как такового.

Поэт погружен в сумеречную жизнь бездушного города, предчувствия изнуряют сердце, но надежда на Промысел и на чудо не оставляют его. Во многом потому, что он затаенно верит: с Россией будет именно то, что мы о ней думаем.

А за окном — пурга, пурга,
Тоска погасших звезд,
И нет ни друга, ни врага,
И город — как погост.

Светлеет мрак полночных туч,

Недолго жить ночи:
Соединится солнца луч
С мерцанием свечи.

Удрученный безрадостной действительностью поэт все-таки протирает замутненное окошко в золотой, осененный Именем Бога мир. В этом узнается большой душевный труд, позволяющий автору не соскользнуть в бездну, покорно обживая мрачное пространство «погасших звезд».

В стихах Дмитрия Мизгулина лирический герой постоянно теряет что-то очень важное, оглядываясь назад или прозревая — но в пустой след. Порой его интуиция, увы, просыпается слишком поздно — и вместо новой реальности он получает лишь горькое понимание того, что новая реальность могла быть. Тяжесть, продиктованная внешними обстоятельствами, ложится на его плечи, соединяясь с укором запоздало спохватившегося ума. Он исправляет вчерашние промахи, неверный выбор, потери, и в том — его жестокая планида и объяснение многих поступков. А еще — живая душа, не делимая до конца на правильное и ошибочное:

И чаще вспоминаешь невпопад
Тот день и час, на время позабытый,
Тот удивленный, тихий женский взгляд,
Какой-то беспокойный и открытый...
<...>
И безвозвратно миновали дни,
И этот миг, потерянный тобою,
Когда, казалось, руку протяни —
И встретишься с единственной судьбою.

Дмитрий Мизгулин — полная скрытого драматизма и внутренних противоречий фигура современного русского человека, живущего на «шатком стыке тьмы и света». Часть нового рационального века и, одновременно, наследник человеколюбивой традиции высокой русской литературы, он старается соединить разорванную в конце прошлого столетия нить времен. Его лирика, классическая по форме и художественным средствам, в своем сюжетном пространстве говорит о новой эпохе и прислушивается к сердцу простого человека. А сам он свидетельствует и горюет о нынешних смутных днях и годах, которым однажды, все-таки, придет конец.

Но пока «...небо и земля в морозной мгле слились...»

Дмитрий МИЗГУЛИН. Я давно не летаю во сне

* * *

В жизни — всё идет по плану —
Поздно ляжешь. Встанешь — рано.
В баню утром в выходной.
Телевизор. Гости. Дети.
Сорок лет на белом свете
Пролетели. Пронеслись.
Это — жизнь.

Дни летят неотвратимо.
Что-то в цель. А что-то — мимо.
Едем с ярмарки. Как будто
И не вечер. И не утро.
Лошадей неспешный бег —
Выпал снег.

В суете и круговерти
Чаще думаешь о смерти.
Утром чувствуешь усталость.
Сколько там еще осталось?
По ночам тревожно спится.
Сердце. Печень. Поясница...
Едем дальше, не спеша,

А душа?

* * *

Как ветер звоном однотонным
Гудит—поет в стволы ружья.
И. Бунин

Осенью поеду на охоту.
За окном вагона — ночь, темно.
И о чем когда-то думал кто-то,
Именуя это место — Дно?
Холодно. Туманно. Сыровато.
Стынет воздух в синей тишине.
Здесь отрекся русский император,
И помчалось лихо по стране...
Здесь теперь, конечно, все иначе.
Дом — без крыши. Церковь — без креста.
Но все так же птицы горько плачут,

Оставляя милые места.
Вот летят, летят нестройным клином
И курлычут горько журавли...
Господи, ужели нас не минет
Участь этой горестной земли?
Много есть похожего на свете,
Но судьба у каждого своя.
И осенний, однозвучный ветер
Все гудит-поет в стволы ружья.
Как же от беды нам уберечься?
Как же нам родных не растерять?
И ужели надобно отречься,
Чтоб из пепла праведным восстать?..

* * *

Я давно не летаю во сне,
Да и спится не очень-то мне.
В беспросветной ночной тишине
Не приходят видения мне.
(Так, как раньше, в немых облаках.
Словно кто-то носил на руках…)

Сколько было по жизни всего —
А не снится почти ничего, —
Только санки под горку летят,
Только мамы встревоженный взгляд.

Только тёплые руки отца
Да полярная ночь без конца.
Сколько было по жизни всего,
А не нужно уже ничего…

Светят звёзды, мерцает луна,
И полоска рассвета видна.
Тает ночь, ускользая, как тень,
Начинается сумрачный день…
Я во сне не летаю. Боюсь,
Что на землю уже не вернусь…

* * *

Востру́бят ангелы — пора.
И никуда уже не деться.
Как будто кто-то со двора
Тебя домой зовёт — как в детстве.

Как будто ветер прокричал
Перед последнею разлукой,
Но в прошлом всё — вокзал, причал
И счастье вперемешку с му́кой.

И полетит душа, легка,
Туда, где обитают души,
За грозовые облака,
Вослед за лайнером воздушным.

Растает боль, исчезнет страх
И груз земного притяженья,
Ослепит солнце в небесах,
Но ты останови мгновенье.

И на секунду оглянись —
Быть может, это всё приснилось:
И это небо, эта высь,
Как бы нечаянная милость.

Земные дни во мгле верша,
О небе думает душа.

* * *

Молюсь исправно Богу. Но
Не вяжутся слова молитвы.
Душа — как будто поле битвы,
В ней всё огнём опалено.

Горит в ночи моя свеча.
Казалось бы — читай, внимая,
Но, вещих слов не понимая,
Бросаю книгу сгоряча.

Но слышу — я ещё не глух! —
Как тень звезды скользит по крыше.
Господь, верни мне скорбный слух,
Чтоб сам себя я смог услышать.

* * *

В урочный час, намеченный судьбой,
Созвездия снежинками кружили...
Зачем, скажи, мы встретились с тобой?
Но всё же хорошо, что вместе были.

Мир погрузился в сумрачную мглу,
Но две звезды погасшие шептались.
Из—за чего расстались — не пойму.
Но всё же хорошо, что мы расстались...

Сомнениями душу не тревожь.
Остынувшее сердце не обманешь.
А если в жизни что-то и поймёшь,
То всё равно счастливее не станешь.

Приемли всё, что ниспослал Господь.
И что бы в этой жизни ни случилось
И ясный день прими, и непогодь
И жизнь, как бы нечаянную милость.

* * *

Дни нашей жизни коротки.
А ночи? Ночи бесконечны.
Туман над берегом реки,
А в небе — путь блистает млечный.

А в небе — полная луна.
Молчит листва. Собака дремлет.
Покой вокруг. И тишина
Насквозь пронизывает землю.

Склонюсь к воде — волна легка.
Звезда в руках засеребрится,
И жизнь, как лунная река,
Сквозь пальцы медленно струится.

* * *

Ты не беспокойся.
Время — лучший врач.
Заходи — не бойся,
Уходя — не плачь...

Что там скажут люди —
Никому не верь,
Сердце не остудит
Снегопад потерь.

Лишнее отстанет,
Сгинет не спеша,
Сердце не обманет,
Не предаст душа.

Путь блистает млечный,
В жилах стынет кровь,
Всё пройдёт, но вечны
Вера и Любовь.

И не беспокойся —
Время — лучший врач.
Заходи — не бойся,
Уходи — не плачь.

* * *

Без мифов живём и без песен —
Толпа настороженных лиц…
Наш мир до безумия тесен.
Мы сжаты флажками границ.

Заборы, заборы, заборы
Весь мир — бесконечный забор!
И всё превращается в споры,
О чём бы ни шёл разговор.

В утробе, в квартире, в машине.
Что толку роптать на судьбу.
И кончится жизнь — в домовине,
А проще, по-русски — в гробу.

Соседи теперь уже рядом
Прилежно
и тихо лежат.
Ограды, ограды, ограды.
Весь мир состоит из оград.
Заборов, оград постоянство
Повсюду — межа на меже.
Лишь небо дарует пространство
Зажатой по жизни душе.

Ефим БЕРШИН. Пространство для любви и для молитвы

* * *

Меня прислали сказать вам, что он не придет,
Но мне самому не сказали, что он не придет.
Он не придет, — хожу я и всем говорю,
не замечая, что дело движется к октябрю.

Не замечая, что дело движется к холодам.
Осень искрит, как улей, как Нотр-Дам.
Месяц серебряным ухом в стойле небес прядет.
Он не придет, — говорю я. — Он не придет.

Скверы, трамваи, бюсты, реклама вин.
Мы — словно две собаки. Холодно нам двоим.
Он не придет, — хожу я и говорю,
не замечая, что дело движется к октябрю.

Стынет трубач в подъезде. Спит виолончелист.
Снова врастает в ветку желтый опавший лист.
Музыка заблудилась. Кто не придет? К кому?
Ум уже неподвластен собственному уму.

Он не придет, — заклинаю. — Он не придет.
Кто-то шуршит над ухом, словно меня крадет.
 Тени ворон. Аптека. Сходка ночных воров.
Лай поцелуев из проходных дворов.

* * *

И скрежет дальних поездов,
и мост, влюбленный в оба берега,
и ревность берегов, и снов
необъяснимая истерика,

и бюст на вымокшем углу
и светофор на повороте,
и осторожный поцелуй
в пристанционной подворотне.

Вертлявая, как сучий хвост,
любовь, отмеренная в граммах.
Переселенные на холст
прекрасные уроды в рамах.

И можно жить, и петь, и пить,
в старинном доме на Фонтанке,
куда Вергилий мог бы Данте
кругами времени водить.

Гуляй, родная сторона!
Назавтра обещали пятницу.
Меня зарежут, словно пьяницу,
укравшего бутыль вина.

И загудит страна осенняя,
вымаливая у Отца
то ли чудесного спасения,
то ли прекрасного конца.

И снова будет жизнь расколота
на две большие половины.
Гомер. Бессонница. И комната
где тускло дремлет пианино

и где холодная, как мачеха,
в углу горбатится кровать.
А за окном гуляют мальчики,
готовясь жить и убивать.

* * *

Сырое одиночество огней.
Промокший бюст народного артиста.
Летит квадрига клодтовских коней
сквозь мелкий дождь, как колесница Тита,

с Большого — в направлении Кремля
над стройкой, подпираемой кружалом,
над сквером, где трезвонят тополя
набатом перед будущим пожаром.

По улицам горбатым и косым,
неудержимо следуя прогрессу,
летит сквозь дождь Веспасианов сын,
влюбленный в иудейскую принцессу.

Уже давно распяли на заре
юродивого юного раввина.
И напряженно дремлет на золе
сожженная российская равнина.

И с Храма, заслонившего пустырь,
смывает дождь остатки позолоты.
Молчит Христос. Безмолвствует Псалтирь.
Не спят в Кремле кремлевские зелоты.

И поутру, покинув Мавзолей,
всесильный Ирод на всеобщем рынке
недоуменно бродит средь людей
и милостыню просит на Ордынке.

А люди, вырываясь из оков,
копают в рост ненужные окопы.
И, заглушая сорок сороков,
заводит Бах тревожные синкопы.

А дождь идет, холодный, проливной,
глухим напоминанием о Боге.
Я молча дирижирую луной
и больше не мечтаю о свободе.

Покуда мы свободою горим,
горят костры, смещаются границы.
Тоскует Русь.
Изнемогает Рим.
И Ирода украли из гробницы.

* * *

Да что страна, ее леса и недра,
когда с какой ни глянешь стороны —
страна всего лишь продолженье неба,
как небо — продолжение страны.

И только снег, летящий мимо, мимо
чужих домов, где мог бы жить и я,
напоминает о единстве мира,
единстве быта и небытия.

Ведь в сумерках, лишенных дара речи,
так поступь снега сказочно легка,
что от покатых крыш Замоскворечья
почти неотличимы облака.

И кем бы мы не стали, обессилев, —
вечерней тенью, облаком, золой —

когда-нибудь небесная Россия
соединится с русскою землей.

* * *

Запятые птицами упорхнут
с пожелтевших страниц, едва
полевая гроза просвистит, как кнут,
перемешивая слова.

Потому что в начале был звук в ночи,
а не слово, не жест, не мысль.
Жизнь рождалась, как яростный треск в печи,
из которой бежала мышь.

И останется только этот треск,
эта мышь из пещной норы.
Ну, а я, дорогая, всего лишь текст,
недописанный до поры.

А еще — собака. Я весь, как есть,
слышу все, чем живет навоз.
Оттого и страсть к перемене мест,
что бежит от тела, услышав весть,
непутевый собачий хвост.

* * *

Пространство между Тверией и Тверью,
от Волги и до Галилейских вод,
едва сочится, словно свет под дверью.
Но связывает общий небосвод
и Тверию, откуда, неугодный,
в Крестителеву школу Сын Господний
пускался в путь, превозмогая ночь,
и Тверь, где мрачно угасает вера,
где ходит в школу, заслонясь от ветра,
любимая,
моя,
чужая дочь.

* * *

Дальний пригород. Ночь холодна.
Чьи-то тени на белой стене.
Словно здесь не земля, а луна
на обратной ее стороне.

Наизнанку развернутый свет.
Наизнанку развернутый звук.
Это снег. Это новый завет.
Это снова куда-то зовут.

Это манна засыпала двор
и дома, и мою колыбель.
Лишь у мусорной свалки, как вор,
озирается старый кобель.

Это снег. Это новый завет.
Это неба разодранный кров.
Из-под белого снега на снег
проступает ленивая кровь.

По дороге, под топот и лай,
где столбы из асфальта растут,
к заповедной земле, за Синай,
молодые собаки идут

то на Запад, а то — на Восток,
в ерихонские трубы трубя.
Я залаял бы, если бы смог,
да боюсь обнаружить себя.

* * *

Сжимается пространство языка.
Немеет ночь. И лишь твое дыханье
бездомной кошкой бродит у виска
и греет душу, как вино в духане.

Немая улица. Шагреневый язык.
Немые сны на выцветшем диване.
Как будто разлагаются азы
не слов, а самого существованья.

Так вот она, земная благодать.
Вот это слово, что во чреве бьется
и задыхается. И можно не гадать —
оно уже никак не отзовется.

А за окном спокойно, чуть дыша,
самоубийцей снег уходит в лужу.

Зародышем во тьме карандаша
томится стих, не выходя наружу,

безмолвный, словно снимок в паспарту,
или как ратник у истока битвы.
Сидит и ждет, пока я обрету
пространство для любви и для молитвы.

* * *

Вороватое небо крадется в закрытую дверь,
то вселенским дождем, то дверною цепочкой звеня.
Бьется голубь в стекло. Неопознанный раненый зверь
причитает в ночи: «Это я, это я, это я».
Кто-то воет в окне. То ли пьяная баба с метлой,
то ли дождь затяжной, то ли свора бездомных дворняг.
Догорает осина. И пахнет печною золой.
И в дырявую дверь проникает внезапный сквозняк.
Что сказать тебе, друг, про бездомную жизнь сквозняка,
бесконечную жизнь, что сочится, не зная границ,
и внезапным ознобом доносит к тебе сквозь века
вереницу событий и тени исчезнувших лиц?
Я не помню событий. И лица почти не видны.
И билет на ковчег не оставил мне праведник Ной.
Лишь свирепые стрелы с давно позабытой войны
прошивают пространство и снова свистят надо мной.
Это голубь в окне. Это шелест тревожных шагов.
Догорает осина, и ржавые петли поют.
Это север во мне серебрится сияньем снегов
на таежных делянках. Но все-таки тянет на юг.
Там, где вязаный город клочками спадает со спиц
тополиных ветвей, и петляет в потемках река,
и растет виноград — там, наверное, мама не спит
и окно прикрывает, невольно страшась сквозняка.
Между нами стекло.
Электрический воздух дрожит,
распадаясь в ночи на молекулы воронья.
Догорает осина.
И все-таки хочется жить.
Что за голос в ночи?
Это я. Это я. Это я.

* * *

Илье Бершину

Средиземное море теряет ритм,
и волна пожирает волну.
И звезда уже больше не говорит
со звездой и идет ко дну.

И голодное море — только грим,
нанесенный на лик веков.
А на дне средиземном тоскует Рим
синкопическим лязгом оков.

А на дне средиземном пылает Храм,
изнывает Ирод, и род
человеческий заново к топорам
призывает беспечный рок.

И расплавленный ворон в дыму парит,
завершая тоскливый круг.
И из пены выходит не Кипр, а крик
Афродиты, лишенной рук.

И гремит барабанщик, не зная забот,
закипает кровь на губах.
Аритмия,
синкопы,
убитый Бог.
Иоганн Себастьян Бах.

* * *

На балтийских болотах, где зреет стальная тоска,
над чухонской тайгой, позабывшей дыхание снега,
где желтеет вода, где все больше и больше песка,
бедуинским шатром распласталось осеннее небо.

И ложится на землю верблюжьего цвета листва,
и бездомные осы ломают засохшие стебли,
и чахоточный Чехов, едва подбирая слова,
выдыхает в пространство: «Ich sterbe… ich sterbe… ich sterbe…»*

Выхожу на порог, отгоняю бездомных котов.
Догорает закат, и душа еще вроде при теле.
Но тяжелым дождем на уснувшие крыши домов
опускается с неба тягучий песок Иудеи.

За вселенский разгул и за пращуров попранный прах,
за безумные речи, которые нам не простили,
за поверженный Рим, за глухой перезвон тетрадрахм
на российских просторах является призрак пустыни

и кудлатых пророков, покуда лишенных имен,
зазывающий клекот из душной песчаной метели.
И гортанная радость забытых окрестных племен,
отогнавших отары в отныне иные пределы.

Что же делать, мой друг? Да и стоит ли наших забот
в опустевшем пространстве искать золотого кумира?
Если выйдет пустыня — сюда переселится Бог
и сыграет на скрипке свое сотворение мира.

———————————

* Ich sterbe — я умираю (нем.)

* * *

Чертыхаясь, иду по рыхлому снегу.
Цели нет. Осталась одна усталость.
Фонари скользят по черному небу,
словно фильм закончился, а титры остались.

Фильм закончился, но ничего не доказано.
И вот этот, который в чужом пальто,
Понимает: что-то еще не досказано,
не понимая — что.

Михаил ДЫНКИН. Дверь

Говорит малькам рыба корюшка:
“У приматов Бог вроде кореша,
а у нас — карась с рылом окуня,
километр в длину или около.
Плавники красны, хвост сияющий.
Бог сквозь наши сны проплывающий.
Имманентен он, трансцендентен ли —
не друзья мы с ним, а свидетели,
но чего, чему — вот где ёрш зарыт.
Эй, в шестом ряду, кто там ёрзает?”

Мир стоит себе на семи волнах,
а над ним плывёт золотистый сом,
белый жемчуг дней у него в усах,
он плывёт, плывёт и впадает в сон.
И становится на Земле темно.
И приматы жгут в темноте костры.
И приходит Бог пожалеть их, но
в тине глаз его только сны.

* * *

Плавника спинного парусом
рыба вспарывает сны.
“Диалоги ваши — паузы
в монологе тишины”, —

говорит приматам рыба та.
Только кто её поймёт?
И какая в этом выгода,
если вот он, перемёт.

Трое в лодке шутят, лыбятся,
не желают замолчать.
Уплывай отсюда, рыбица,
чем приматов поучать.

Не помочь тебе приятелю,
заглотившему крючок.
Был приветлив, элегантен он,
не какой-нибудь качок.

Мирно плавал в старой гавани,
никого не обижал.
А и был бы хулиганом он,
хулиганов тоже жаль.

Наизнанку что ли вывернуть
эти гибельные сны?
Отчего так трудно вынырнуть
из предсмертной тишины?

Бредит пленник, извивается,
натыкаясь на борта.
И в глаза его вливается
мировая пустота.

* * *

Человек с работы возвращается.
Пьёт на кухне кофе с молоком.
Он давно с собой не совмещается
и сто лет с собою незнаком.

В зеркало посмотрит: "Это кто вообще?
Никаких предметов именных.
Говорят, бывают люди-овощи —
узники реальностей иных.

А бывают звери люди, видел сам,
эти мигом в овощ превратят.
Люди-звери на меня обидятся,
ежели услышать захотят,

но они любого зверя хуже. Я
так замёрз, что кажется, вспотел..."
Между тем приходит время ужинать,
пить лекарства, плакать в темноте.

Каждый день случается подобное,
повторяясь в точности почти.
Изучи инструкцию подробную,
а назавтра заново прочти.

Между мещанином и феноменом,
серый волк ли, огненный томат,
человек похож на НЛО, но он
не летает больше, говорят.

КОЩЕЙ

Я был свидетелем чудес,
происходящих поминутно,
как если бы в волшебный лес
вошёл однажды встретить утро
и заблудился в том лесу,
в глубокой чаще непролазной,
где осень носит на носу
очки, забрызганные красным.
Я не сдавался, шёл и шёл,
заложник муторного квеста.
А где-то в городе большом
ждала меня моя невеста.
Ждала, сидела у окна,
но как-то раз решила: "К чёрту!" —
и соблазнила колдуна,
и вышла замуж по расчёту.

Плечами мёртвыми пожму:
"Бывает всякое на свете.
Колдун нашёл себе жену.
Ей невдомёк, что он бессмертен".
Лежу под чеховским ружьём,
смотрю на них без интереса,
иглой отравленной сражён
на самом выходе из леса.

* * *

Кот не понимает человека,
но живёт с ним, раз уж так срослось.
Человек же морщится, калека,
хорошо хоть держится за трость,
правую от пола отрывая,
левую... Вдох-выдох, снова вдох.
Человек кота не понимает,
но с питомцем легче, видит Бог,
коротать оставшееся время,
в чёрную заглядывать дыру.

Человек сородичам не верит.
Кот котов гоняет по двору...
Сядут рядом ночь лакать из чашки,
ветчину разделят пополам.
Два угрюмца, две совпавших части
целого, невидимого нам.

* * *

Хорошо хоть кот у меня остался.
Вот мурлычет что-то себе под нос,
по гостиной движется в ритме танца
или ловит лапами блёстки звёзд,
выбегая в сад. Говорит: "Послушай,
как в вечернем небе летают души,
рассекая крыльями West und Ost".

Полиглот мой кот, чародей и клоун,
но бывает, жалуюсь двойнику:
"Понимаешь, я ведь не знаю, кто он.
Веришь, видел давеча на боку —
на прекрасном белом боку кошачьем
три шестёрки маленьких. Это как?"
А двойник хохочет, когда не плачет,
вытирает руки о грязный фрак,
потому что руки его в крови, но
не пойму, чужая ли кровь, моя...
Я постился месяц, ходил к раввинам.
"Объясните, что со мной!" — умолял.
А как дождь затеял большую стирку,
сели с дублем, выпили по одной...

Кот нашёл в бомжатнике, взял за шкирку
и сказал: "Хозяин, пошли домой".

В ПАРКЕ

Человек сидит себе и плачет
на скамейке в парке городском.
"Пьяница запойный, не иначе", —
говорит писклявым голоском
кавалеру бойкая старушка.
Кавалер кивает: "Алкашня!"
Кучевая толстая подушка

боингом пробита. Малышня
возится в песочнице. Глазеют
галки на гуляющих, галдят.
Тычется в пружинистую землю
пёстрый табор листьев-доходяг.
Воскресенье. Золотая осень.
Радоваться надо, так ведь нет:
катятся предательские слёзы
по щекам мужчины средних лет.
Отвернётся дамочка брезгливо.
Полисмен попросит предъявить...
Сядет рядом тип с бутылкой пива,
сам с собою станет говорить.
Ни напиться, ни наговориться,
даже ветер сдулся и молчит.
Лишь стучит по дереву копытце
существа, чьё сердце не стучит.

* * *

Хвост пистолетом, как влитой
сижу на том и этом свете.
Вожусь с наглеющим котом,
швыряю ли слова на ветер.

Читаю книги, но о чём?
К себе испытываю жалость.
Невольно дёргаю плечом,
на просьбы близких раздражаясь.

А то задумаюсь, замру
и забываю — кто я, где я,
как будто в чёрную дыру
заглядываю, холодея.

Ликуют призраки: "Ты — наш! —
танцуют на рогах у Чёрта. —
Мир — сновидение, мираж,
мельканье атомов бессчётных".

Так пусть сквозь атомный буран
к платформе с вывеской "Земная"
подходит поезд-ветеран,
дверные пасти разевая.

Спасибо, что не сберегли,
пустили внутрь без проездного,
в конце туннеля свет зажгли
и тут же выключили снова.

ДВЕРЬ

Я дверь толкнул. За дверью было пусто.
Ну разве зверь, похожий на мангуста,
молниеносно скрылся в темноте,
да мотылёк щеки моей коснулся
и в панике подальше отлетел.

Вот кем они меня вообразили?
Потусторонним хищником? Годзиллой?
Не знаю. Риторический вопрос.
Я дверь толкнул, дошёл до магазина.
За мною увязался тощий пёс,

весь в колтунах и дух какой-то серный...
Купил четвероногому консервы.
Себе — из-под прилавка — третий глаз.
И этим глазом лоб украсил серый —
Вселенную увидеть без прикрас.

Тут я и понял (а точнее — вспомнил),
что дело плохо, и услышал "пойман",
внимая равнодушным голосам...
Глубоким вдохом лёгкие наполнил
и дверь толкнул. За дверью был я сам.

* * *
Лёд на реке всё медлит тронуться.
Садится солнце вечерять.
Каким "я" маленьким становится,
когда приходит умирать;

когда бормочет о бессмертии,
себе не веря самому,
когда оно с таким усердием
глотает горькую слюну.

То сожалеет об упущенном,
отбросив скомканную тень,

то вцепится когтями в сущее
и остаётся без когтей.

А лёд блестит, коварный, мартовский.
В порту заводик курит план.
Закатный луч упёрся в радужку
и разломился пополам...

“Я” пролетает над молельнею,
затем спускается в метро —
узреть не свет в конце туннеля, а
его чернильное нутро.

* * *

Я вижу, вижу: ты ещё жива.
Найти бы тело, чтоб в него вселиться.
А что земля под нами сожжена,
так это просто войско ассирийцев
на дискотеку давеча прошло
и между делом всё опустошило.
Плечами пожимаешь: “Не смешно.
И я, прости, покамест не решила
остаться ли взаправду”, — говоришь.
И духи с голубями вперемешку
сигают с наклоняющихся крыш
в подставленную дворником тележку.
И небо превращается в лису;
в зубах — наседка гаснущего света...

Мне кажется, я не перенесу
внезапного прозрения — всё это
сны, только сны.
Я задыхаюсь в “я”;
зачем оно и где его границы,
когда, тараня спутанную явь,
влетают в окна сны-самоубийцы?

* * *

Я стишки забросил в дальний угол,
чтобы паутиной заросли.
И смотрю, как тополиной вьюгой
пеленают свежий труп весны;

как её увозят в катафалке,
вынырнувшем из ночных небес,
как хоронят дивную весталку
на сезонном кладбище чудес.

Я курю на маленькой веранде,
никому не нужный человек.
Превращайтесь, старые тетради,
в невесомый тополиный снег.

Засыпайте город карантинный,
тёмную затеявший игру,
или зарастайте паутиной,
покрывайтесь плесенью в углу.

Затянусь последний раз и хватит.
Вот и всё. Усталые дворы
валятся на смутные кровати
в облаках голодной мошкары.

На тропинке конь лежит педальный,
чуть поодаль — серая стена.
"До свиданья, друг мой, до свиданья", —
мальчик выцарапывает на.

Александр КАБАНОВ. Ангел, посланный добром

* * *

Бог еще не прикрыл этот грязный, гнилой бардак,
и устроить всемирный потоп еще не готов,
потому, что люди исправно выгуливают собак,
потому, что люди послушно прикармливают котов.

И пускай они убивают других людей и богов,
пишут жуткие книги, марают свои холсты,
не хватает крепкой руки и просоленных батогов:
человечество — это прислуга для красоты.

 Мы живем для того, чтоб коровам крутить хвосты,
добывая роуминг, пестуя закрома,
подражаем птицам, рожаем в горах цветы,
красота такая, что можно сойти с ума.

Обхватив колени, сидишь на исходе дней,
и глаза твои, запотевшие от вина —
видят бледных всадников, всех четырех коней,
а за ними — волны и новые племена.

* * *

Был ангел, посланный добром на дальний хутор по феншую,
и выковыривал пером из-под ногтей он кровь чужую,
неординарный, не простой, пахан небесного застенка,
то бородатый, как толстой, то дивно лысый, как шевченко.

А дальний хутор нес пургу, соседствуя с погодой летней,
коровьи нимбы на лугу сияли в изумрудах слепней,
гусей шиповник у пруда, оракул в черных аквалангах,
и проступали здесь года, как перстни зэков на фалангах.

Росли и лопались клопы в гнилых матрацах одичанья,
языкобесие толпы и богоборчество молчанья,
был ангел — белая культя, похожий на армянский чечил,
одних — он убивал, шутя, других — любовью искалечил,
и только верилось двоим-троим, воскресшим после свадьбы:
мы за ценой не постоим, а постоять бы, постоять бы.

* * *

Смотрю в разбитое окно осенними, ночными днями,
как человеческое дно мерцает сорными огнями,
последний бьется уголек, обогревая разум смрадный,
и наступает рагнарёк — бессмысленный и беспощадный.

Когда спадает пелена и разлагается притворство,
ты видишь — это не война, а скотный двор и мародерство:
как будто выстроились в ряд все инвалидные коляски,
здесь будут кладбище и сад, от украины до аляски.

Ползут, свистят в одну ноздрю, культями воронов пужают,
в разбитое окно смотрю: кого нам бабы нарожают,
взлетает чучело совы, и по тропе из кокаина —
за всадником без головы бредет ослепшая конина.

Дырявой флейты горький звук, и вот — из логова оврага
к нам выдвигается паук в фуфайке узника гулага,
он за собою, на цепи, ведет вдоль каменных балясин…
…господь, помилуй, укрепи, но этот юноша — прекрасен.

Он был когда-то сорванцом, грядущий царь в багряной тоге,
а станет сыном и отцом, и первым паханом при боге,
так может быть прекрасным то, что описанью неподвластно,
 к примеру — ласточка в пальто, на счастье склеивает ласты,
 и если нет у бытия любви и грани для повтора —
пусть этой ложью буду я — чудовище в окне собора.

* * *

Стол, за которым сидит река, два старика на одном причале,
сыр — это бабочка молока, смех — это гусеница печали,
что происходит в твоих словах: осень, чьи листья, как будто чипсы,
тьма — это просто влюбленный страх, это желание излечиться.

Мы поплавками на сон клюем, кто нас разбудит, сопя носами,
волк, заглянувший в дверной проем, окунь с цветаевскими глазами,
звон колокольчика над волной, новой поэзии сраный веник,
мир, сотворенный когда-то мной, это отныне — пустой обменник.

Вот он стоит на исходе лет, шкаф, предназначенный быть сараем,
в нем обитает один скелет, судя по библии — несгораем,
пьет и отлеживает бока, книги — рассыпались, одичали:
сыр — это бабочка молока, смех — это гусеница печали.

* * *

Татьяне Толстой

Кажется — лето прошло: дырочку в сердце прожгло,
шмель, умывающий рыльце,
думает реку и лес, то ли тарковский воскрес,
то ли компьютер накрылся.

Я на икону подул, вспомнил родимый аул,
новую вспомнил каховку,
там небоскребы в степи, держат ковыль на цепи,
мучают божью коровку.

Кажется, был золотой лев у татьяны толстой,
может быть, все-таки — лосев,
лето, ромашка, вьюнок, лапти, чтоб склеить венок
или сплести из колосьев.

Вечером вспомню свечу, тихий огонь прокричу,
прячется облако в тучки,
время сползет по плечу, господи, как я хочу —
к вам на кулички, на ручки.

* * *

Видишь: на голубом глазу плывут мои облака,
розовые, нагие, перистые, когда:
сын водолаза и дочь погибшего горняка
празднуют свадьбу, в бокалах — земля/вода.

Видишь: шахтерские каски полны моего угля,
в мисках пищат молюски и прочая лабуда,
что подарить новобрачным — спрашивает земля,
что подарить новобрачным — спрашивает вода.

Вот акваланги, а вот и отбойные молотки,
черные ласты бабушкины, дедушкин тормозок ,
вот тамада забыл, что он — без правой руки,
что он — ослеп, но голос его высок.

Первая брачная ночь, девственность на века,
больше детей не будет, не будет детей всегда:
утром проверят простынь, белую, как облака:
а в центре ее — пятно, это земля и вода.

* * *

Это кто там громыхает, дуя в глиняный рожок:
тарантино отдыхает, не буди его, дружок,
что с тобой случилось летом, расскажи нам без обид,
пастернак лежит валетом, а навстречу — бродский спит.

В этом мире овдовелом, где любая мразь видна,
как любил ходить я в белом, в чистом платье из говна,
и насвистывать чечетку и поигрывать мышцой,
но ценил я только водку вместе с салом и мацой.

Я бродил с одним целковым за похлебку и кровать,
я сто раз сидел с цветковым и молчал, а что сказать,
засыпай, мой милый хоббит, спит мужик и баба спит,
жизнь болит, да не проходит, как гандлевский и бахыт,
нецелованную воду — погасил и вновь разжег,
чтоб достался мне, уроду, этот глиняный рожок.

* * *

А когда в яйцеклетке меня повезут,
как везли пугачева на плаху:
по бескрайнему лону проложат маршрут,
и живой позавидует праху.

Я услышу сквозь пенье и плач ямщика —
кислый запах слепого последа,
и большую тюрьму от звонка до звонка
над фонариком велосипеда.

Вижу скованных братьев своих, близнецов,
как бутан и пропан из баллона,
почему я не вижу конвойных, стрельцов —
потому, что сползает корона

на глаза, а поправить ее не могу,
всюду пепел да снега охапки,
остается шептать, не смотря на пургу:
мама, мама, не бойся, я — в шапке.

* * *

Как выгодно опустошенным быть:
сатрапа ненавидеть, и любить
себя, звонить какой-то пьяной бабе
и обрести покой на порнохабе.

Но за окном взрывается сирень,
перебивая мысли о запасках,
и этот ваш имбирь — такая хрень,
и бродят кошки в медицинских масках,

и зеркало в прихожей отразит
все то, что полагается скотине:
опухший и небритый паразит,
посредственный поэт на карантине.

Гуляешь по балкону во тщете,
нахмуришь лоб и задницу почешешь,
вокруг — ворье, но чем его утешишь,
и мы — разнообразные, не те.

А те спешат по маленьким делам,
спасают мир, ведут войну в реале,
они цветы ломают пополам
на кладбищах, чтоб их не воровали.

И надо мной соседка бьет меня,
внизу меня просверливают дрелью,
а справа — пьют за царство и коня,
а слева — пахнет похотью и прелью.

То вишня зацветет, то абрикос,
небесная подрагивает сфера,
и на своих троих, наморщив нос,
опять вступает в болдино холера.

Катя КАПОВИЧ. Когда трамвай наш не пришёл…

ПИАНИНО

Пианино внесли, пианино на гнутых ножках,
на развале нашли — поиграй еще тут немножко,
много всяческих нот в деревянном уме хранишь ты,
деревянное чудище с рыжей немецкой крышкой.

Расскажи, для кого ты играло, в какой гостиной
отражало в петлице розу и блеск камина?
Как играло ты им посредине войны и снега,
так теперь поиграй человекам иного века.

С нераскрытым бутоном в петлице мы будем хлопать,
будет в желтые мундштуки набиваться копоть,
будут пальцы стучать, будут даже лупить в четыре,
будет чистое счастье, а горя не будет в мире.

Ты — давай, извлекай звуки вечные нот барочных,
сколько силы в твоих удивительных молоточках,
долго-долго играй, ты трофейное, ты бесслёзно,
и от счастья распустится в узкой петлице роза.

* * *

Не забывай это никогда,
для верности заруби на лбу:
пока плывет в облаках звезда,
она хранит на земле судьбу.

Пока плывет луна сквозь закат
и освещает глухую ночь,
и пусть шумит крылом листопад,
и птицы вдаль улетают прочь.

И пусть сто раз для отвода глаз
лишь для потери у нас душа,
и вся-то жизнь в никуда рвалась,
не стоя ломаного гроша…

* * *

Филиппу

Как долго собирались, выходили,
букет, конечно, дома забывали,

как ссорились, как в зеркало смотрели,
вернувшись за букетом, как молчали.
Как по дороге ты уткнулся в книгу,
как запропала с адресом бумажка,
как в зеркальце шофер косился дико
на психов, как свистела неотложка.
Мотал кварталы тьмы зеленый счетчик,
звенел в стекле серебряный бубенчик.

Один на свете ты поймешь мой почерк
с его избытком русских поперечин.

КАРНАВАЛ

Карусель вверху крутилась
в тихом парке возле арки,
с детством девочка простилась,
вдруг влюбилась, елки-палки.

Юность ехала и мчалась,
кони морды в снег макали
и стучал дождя стеклярус
по обшарпанной эмали.

И с обшарпанных повозок
он стекал почти неслышно,
полетела жизнь на воздух —
фотография со вспышкой.

Вот успеть бы всё заметить
мимолетом взглядом сверху,
эти гривы — что за прелесть,
всё, что надо человеку.

Мы живем на карнавале,
карнавале, карнавале...
Эй, лошадки, трали-вали,
полетели, побежали!

* * *

Чай, сахар, заварка,
салфетка светит неярко,
оглянешься, как на помарку,
а было всё вроде подарка.

О, как я тебя не ценила,
приценивалась только с виду,
как пьяница ищет бутылку,
затравку искала, обиду.

Обиду срывала на каждой
салфетке, ни в чем не повинной,
как лезет в бутылку бесстрашный,
но глупый и, в общем, несильный.

К РОЗЕ

Над величавой розою кладбищенской,
все тайны соловья ночного вызнавшей,
я наклоняюсь, опустив лицо
в ее пожара красное кольцо.

Здесь Фету ты коленопреклоненному
и соловью нашептывала томному,
теперь и мне шепни чего-нибудь
пред тем, как шелк свой жаркий отряхнуть.

Она в ответ: лежит поэт в могильнике,
а соловей давно поёт в мобильнике
небесную мелодию свою.
Над горсткой лепестков в тоске стою.

* * *

Мне нравится тусклая звездочка,
мне нравится ветер сырой,
мне нравится беглая лодочка
над синей прилежной волной.

Мне нравится сильное, быстрое
теченье холодной воды —
всё то, что подальше от истины
и ближе к бессмысленности.

И что мне особенно нравится:
с уходом к другим берегам
всё точно таким и останется,
ты можешь проверить и сам.

* * *

Приходите в пьяном виде,
ставьте, господи, пластинку,
что угодно — вот возьмите,
заведите балеринку.

Поведет рукой налево,
павою пойдет направо,
и не будет горя-гнева,
будет музыка-забава.

...В пальцах желто-золотое,
лепестки безумных туфель,
о, созданье неземное,
и меня еще погубит,

и меня с ума сведет там
пируэт один конкретный —
музыка простого сорта
с золотою, желтой лентой.

* * *

Перерыв. Пусть поспит
работяга в сторонке
среди летних ракит
возле бензоколонки.
Потому что во сне
на скамейке по росту,
знаем мы по себе,
всё решительно просто.
Он вернётся в свой порт
через год, но приедет,
загорелый, как чёрт.
Славно, если на свете
цель конкретная есть,
есть конкретные сроки.
Полдень, жар от дороги,
валидол надо есть.

* * *

Солнце, воздух, небо и вода —
это всё досталось мне за так,
музыка морочила всегда,
даже в самых страшных городах.

Даже в городах таких, где ключ
мне не оставлял никто-никто,
слишком мой характер был летуч,
слишком голова, как решето.

Дайте мне вокзальную скамью,
чтобы где-то рядом голоса,
с музыкой—голубой на краю,
чтобы уносила в небеса.

* * *

Вот дерево большое, солнценосное,
исполненное света и огня,
вот яблоко, покрытое, как оспою,
насечками сухого сентября.

Возьми в ладони яблоко зеленое,
чьи косточки прозрачны, словно дни,
в нем небо белое с землею черною
вдохни на миг и снова выдохни.

Пока всё тускло в мире навсегда еще —
бессмысленные тучи, небосклон,
есть мир другой, по правилам играющий,
как в кубике циркония — огонь.

И если слышу я все ливни с ветрами
в две тысячи шестнадцатом году,
то это юность яблоками бледными
над миром покатила в пустоту.

* * *

Я ждала на остановке
шестьдесят шестого,
мимо парень проходил
с томиком Шестова.

Сколько лет и сколько зим
нужно простоять тут,
чтоб увидеть на лице
человека радость?

День обычный, ничего
в нем, помимо скуки.

Мимолетное лицо,
тряпочные руки.

* * *

Береза проколола уши,
стоит в платочке,
блеск черно-белых полукружий,
колечки, точки.

С какого севера, подруга,
от всех в секрете
явилась в дальнюю округу
такою леди.

Из тех, что на блошином рынке
парчу примерит,
затянет молнию на спинке,
как жизнь изменит.

* * *

В Бостоне нету секрета
женщин, что прячут рецепт
черной смородины где-то
в ящике среди газет.
Тысячу раз проверяла
в шумном базарном ряду,
стынет стеклянная тара,
а продают ерунду.
Всё ананасы литые
в пестрой сухой кожуре,
как черокезы такие
с перьями на голове.

* * *

Оттенки смородины белой и красной,
и чёрной, и жёлто-зеленой на свет,
и гуси, летящие длинною связкой,
и тысячи, тысячи, тысячи лет...

Неужто бессмысленны эти сиянья,
неужто бессмысленна эта страна
на самом далёком краю мирозданья,
что поздней грозой озарила до дна.

Бессмысленно ярко на пару мгновений,
в которые тянется к ягодам кисть,
кувшин очень чётко мерцает в передней
и дальние окна за речкой зажглись.

* * *

На остановке мы стояли,
когда трамвай наш не пришёл,
и небо серое держали
за серо-голубой подол.
Так держат змея за веревку,
так сочиняют дивный стих.
Будь шёлковым, мы здесь на бровке,
и нет гарантий никаких.

И нет в таком стояньи проку,
но, может быть, тем самым я
щекою прикасаюсь робко
к шершавой тайне бытия?

Наталья ЛЯСКОВСКАЯ. Почти по Гельмгольцу

нотация почти по Гельмгольцу

> *Let your balalaika sing*
> *What my guitar wants to say*
> Scorpions «Wind Of Change»

как на городе Москва появилася пева
ох лоскутная летает о пришелице молва
мол юродива горбата и вообще едва жива

а другие говорят — косы золотом горят
как из сказки жар-девица откутюровый наряд
зеленющие глазищи зубы жемчуг в ровный ряд

мол раздень-ка догола — ночью негра днём бела
то ль не мать её а гречка от ярилы родила
то ли пленница гречанка опросталась от орла

говорят пасла коров настрадалась будь здоров
нет же — крови гардарейской рундуки полны добров
дядька ейный миллионщик с телевизору дибров

ой кричат одни — в углу на голимом спит полу
пьёт текилу стаканами ест стекло за похвалу
а по праздникам сшибает три копейки на углу

третьи снова поперёк — ёк ершатся макарёк
баба чуть ли не святая глянь попы под козырёк
вся больная вся страдает убивали Бог сберёг

я в сторонке постою погляжу на жизнь свою
на трёх струночках сыграю на три голоса спою
приравняю балалайку да к трёхствольному ружью

охти ситьюшка-Москва жаба сиськи-жернова
душишь в ситцевых объятьях — как пева ещё жива
да ещё и дух вселяет в полумёртвые слова

у неё ж прямая речь может снизу в небо течь
не вставай реке на русло в это время не перечь
отхлестать волнами может да рыбёхами посечь

у неё ж особый дар — не за хлеб да гонорар
не за красное словечко графоману на зашквар —
а за соло соловейки в час предутренних стожар

чуть стихом заговорит — логос сам себя творит
акробаты акрофуты кто вертится кто парит
а вокабулы на каблах киммерийский шкварят бит

пьют кустоды по второй каждый сам себе герой
партитив предикативу подсыпает — пир горой
и мероним и холоним забавляются игрой

ямб да троп парчой горят как игрушки у царят
сёстры семы и лексемы карагодят рядом в ряд
а вибранты маркитанты на гортанных говорят

всякий звук и всякий зык претекает в праязык
будь тунгус ты финн калмык ли славянин — единый фиг
если сердце приоткроешь — станешь ею хоть на миг

из пылающа столба вскрикнет птица Рух — судьба
а в руладах звуколадах то мольба то ворожба
лавр в терновник обернётся кровь закапает со лба

трень
и лопнула струна слава Богу я одна
от хвалы и поношенья милосердно спасена
всё пройдёт и всех забудут и столица и страна

я была ли то не я эта чудо-четия
мне потом кампан расскажет бронза древлего литья
да мой критик и наставник по воскресным дням —
Судья

антиассольное

пальни из стартовой пистоли погожим вечером — и вот
толпа оскаленных ассолей своей мечты кровавой ждёт
пища по берегу топочет вбирая море в бездны глаз
чего ж вся эта блазень хочет луска духовный псориаз —
что с юга им надует счастье из вод восстанет черемных
что лановой червовой масти прибудет из миров иных
и всех девиц сграбастав скопом умчит в кинопрокатный рай

с подскоком по дурным синкопам где ждёт их вечный лалулай
гринландия в цветах и замках вся в дольче фар ниентах блин
где люд в панамках и вьетнамках гуляет в благостях долин
сладки отравленные грёзы они сгубили не одну
особенно в ассольных дозах под гормональную луну
в башке вовсю цветёт шиповник любви не названа цена
Мужчина Он Герой Любовник и нате здрасьте вам — Она
не любят ни детей ни мужа коль даже те случатся вдруг
их быт нелепый — фейк да фьюжн среди таких же дур-подруг
так день за днём и год за годом
им ненавистен честный труд
закат пылает за восходом а эти всё артуров ждут
и с тем умрут и с тем воскреснут одной лишь страсти слыша зык
«волнительно» да чтоб вам треснуть кто это слово ввёл в язык
субретки принципа парето просопопея серых мхов
им выделения «секрета» живых милее женихов
ох устремлюсь я в Крым всем телом укором стану средь могил
Гриневский брат что ж ты наделал ох что ты Саша натворил
попортил столько наших девок в пылу писательской игры
твой романтический обсевок гель-гьючит всех до сей поры
меня спроси — так горстка соли в котле в котлетах поценней
мечт некольцованных ассолей всех типов групп и степеней
моя бы власть — ждала бы мама у очага весь век семью
вон Нина Грин качает «да мол» кульбабно в сторону мою

клик-клак

я вот это хочу кружевное в мелких бусинках бледных цветах
что вскипает нежнейшей волною на плечах мне подобных натах
и вон то в золотистую нитку и легчайшую цвета шампань
пузырьками как будто накидку как у давних изысканных пань
и салопчик с расшитым подхватом на защипах тальму и боа
и халат с кренделями хвостатый и лорнетку а ля дюбуа
эти туфли с брильянтовой пчёлкой пеньюар из голландского льна
где же мой кошелёчек с защёлкой вот он ах — там монетка одна
я такая растратчица Боже я из тех нескаредных девчат
у кого нет заначек под кожей — деньги рвутся из рук аж пищат
всё потрачу о близких болея вью гнездо одеваю кормлю
наряжу задарю залелею в общем радую в общем люблю
одного не умею пожалуй — класть в чулок да жмотиться копить
ничего под себя не зажала а зачем если можно купить
то что высветит детское сердце то что вкусно мужьям и гостям
в чём душою и телом согреться что раздать по церквам папертям

может было бы надо на книжку — были книжки да как-то не те
может надо бы было в кубышку — лишь кувшинка плывёт по воде
не сумела себя обеспечить — люди добрые помощь творят
я стихам обеспечила вечность — я смеюсь когда так говорят
но наверное время настало хоть разочек себя одарить
я иссякла погасла устала ладить строить писать говорить
что за платье Ты вынул из скрыни
тихо хлопнула клямка клик-клак
из чего же оно
из полыни
сколько стоит
бери-ка за так

кубышка — сорт водяной лилии

Гале Климовой

будто маленькая Ева вышла из-за диво-древа
вам к бессмертию — налево за билет четыре лева
райский двуязычный сад
зыблется вперёд-назад

вот заветная скамейка праславянский соловейка
без названья без наклейки ну-ка пой-ка ну-ка пей-ка
новосозданный с утра
свищет-плещет на ура

были бюли трели грали тьюти бьюти нахти гали
звуки воздух разлагали на астральные детали
за Ишимом соловьи
откликалися — свои

бедной Феничке-молодке вдовья доля как колодки
мёдом напилась солодким а потом-то горше водки
где ты домик на Песках
тесный словно батискаф

а сама уже под Тулой — в Тулу сиверком задуло
через всю страну махнуло покатило отряхнуло
глядь — под крыльцем соловья
есть у деда-то семья

а потом Москва — поныне вязнет внучка в юрской глине

бьётся соловей в Галине кровью алой небом синим
а подруга говорит
мол теперь учи иврит

ты мой климышек не Ева помнишь ты изнанку чрева
материнского сугрева под сердечный грохот слева
много жадно вобрала
и другим передала

Ева детства ведь не знала как подкидышка с вокзала
нам же детство жизнь писала со страной внахлёст вязала
и теперь стихи слова
из такого вещества

что не взять из райской зыби лишь из древней геноглыби
всё нам счастье что не гибель лишь бы соль на хлеба скибе
да в заветном человек
не рассолилась вовек

игорю меламеду

по телефону по емейлу ли не передать любви тепла
о что ж мы Господи наделали как нас Москва-то развела
зачем болтали ересь разную зачем хранили на потом
слова лечебные прекрасные что говорят не грешным ртом
а сердцем радостным как яблоко в блаженной юности раю
пускай хоть тоненько хоть слабенько услышь сейчас печаль мою
зачем откладывали встречи мы вдруг в суете узревши суть
ответ твой кротостью подсвеченный — ну ничего ну как-нибудь
да я из тех из недоехавших теперь измученных виной
посмертно охавших и эхавших над вестью совесть выносной
жизнь проживаем косо-криво мы уходим часто без следа
благими выстлана порывами дорога ведомо куда
бежим по ней под дудку медную на лбу библейская печать
а нам бы надо меламедные слова и звуки излучать
в них дух мятётся неприкаянный зато он жив горящ и смел
бессонниц горьких полон тайнами и сопряженьем душ и тел
божественным мерцаньем гения в болотной мгле ночей и дней
в твоей нерастворенной тени я хотела б стать тебе родней
ища погибели успеха ли не вижу грани замкнут круг
ну вот мы все к тебе приехали
встречай нас
друг

Александр ОРЛОВ. Тегенвинд

* * *

Метели след. Он затерялся где-то.
Людьми был полон длинный терминал.
Казалось мне, что я чего-то ждал
От мира, рейса, авиабилета.

Хотелось в полнолунье устремиться,
Где надо мной кочует МКС,
Где Бог творит в движениях небес,
Куда ведёт душа—бортпроводница.

Где мысли все в космическом масштабе
Не весят ничего, а дней багаж
Перебирает межпланетный страж
На паперти в потустороннем хабе.*

———————————————

*Хаб — транспортный пересадочный или перегрузочный узел.

* * *

Серость брусчатки, сырые дома...
            Ян Хендрик Леополд

Ветра скандалят, словно злые маги,
Ночник остыл на краешке стола.
Зачем меня сюда ты привезла?
Я в красоте обветренной Гааги
Не полыхал, а леденел дотла.

Казалось мне: я прошлого оттенок,
Земель низинных одинокий страж,
Но только ты мне скрыто передашь
Голландцев мир за вечер, за бесценок.
Он будет на двоих и только наш.
Вокруг не видно снежного запаса,
Здесь каждый Рууд, точно, не Федот.
И праздник живописный, но не тот:
Здесь нет икры, просфор, рассола, кваса —
Есть я и ты, и радости излёт.

* * *

С ветром яростно споря,
Вдоль каналов, плотин,
Ниже уровня моря
Я шагаю один.

Этот ветер плакучий,
Словно раненый гёз*,
Сквозь раскаты и тучи
Дух свободы принёс.

Не слабак он, не нытик,
И я в память о нём
Покупаю магнитик,
Где мы с ветром вдвоём.

____

*Гёз — участник антииспанской революции в Нидерландах.

* * *

Я не увижу снежниковых ям,
Но выпью за здоровье Дед Мороза
И торжество, и дух анабиоза
Мне дарит захмелевший Амстердам,
Здесь каждый вечер — путевая проза.

Казалось: в нём зима не побывала,
И город, словно душный кофешоп
В слиянии эпох, людей, Европ
Живёт спокойно, как бы вполнакала,
Как в отчужденье старый мизантроп.
Почудится в нём линия раскола
Эклектики предвзятой рубежи,
Но только ты мне выход подскажи,
Святитель всепрощающий Никола,
Куда ведут каналы, витражи?

ТЕГЕНВИНД*

Природы неудачный финт,
Который день шторма, шторма.
Об волны бьётся тегенвинд —
Такая вот у нас зима.

Разбушевались сквозняки,
Шатаясь гулко, наобум,
И крутит время ветряки,
Гааге холод — сват и кум.

Примёрзли гавань и маяк,
Накрыты морем пирс и пляж,
Но холод не уйдёт никак,
Его теплом не будоражь.

И, если сердцем ты не слаб,
Зайди на часик, на другой
В рыбацкий затемнённый паб —
Он дух прогреет ледяной.

И будет гордый тегенвинд
С тобой ругаться до утра,
Загонит в мрачный лабиринт,
Где помнят шкипера Петра.

____

*Тегенвинд — холодный северо—восточный ветер в Голландии.

* * *

Хотелось говорить мне обо всём
Не зная ни границ, ни остановок,
И сердцем понимать, чего мы ждём
Устав от времени, трагедий, и вербовок.

И что поделать, если жизнь — забег
И кажется, что всё идёт случайно,
Мы пленники житейских игротек,
Но разве в этом скрыта наша тайна.

Дороги заблудившихся земны,
Мы с небом не умеем жить семейно,
Дано нам чувство сумрачной вины,
Как Божий дар у Рембрандта ван Рейна.

* * *

Дмитрию Вульфу

Вдоль побережий вытянулись марши*,
И не видны друг другу берега.
Пустилось время в дальние бега,
Мне кажется, что все мы стали старше,
И каждая секунда дорога.

Я часто предавался злым утехам,
И верил взбудораженно в судьбу,
И прижимал пустой бокал ко лбу,
И заливался безучастным смехом,
Пока не объявил на смех табу.

Теперь я разгляжу, как вьётся иней,
Где звёзд январских необъятный слёт,
Где чёткий импульс радиочастот.
И в мировой сети авиалиний
Я приземляюсь в наступивший год.

____

*Марши — категория водно—болотных угодий.

Сергей ПАГЫН. Удержи ушедшего

* * *

Вот майский дом — недавно побелён,
омыт ветрами с четырёх сторон
и ветками цветущими обласкан.
Мне б рассказать о праздничном столе
и о вине, вздохнувшем в хрустале,
и об окне, что пахнет свежей краской.

Мне б рассказать о маме и отце,
сидящих в полумраке на крыльце,
о ливне прошумевшем, о сирени,
о вымокшей рубашке, о любви…
Но прошлое — зови ли, не зови —
теперь всего лишь высохшие тени.

И только в снах даётся им объём.
И входит свет в открытый юный дом,
и гаснет всё в слепящем этом свете —
обрёл он свойства милосердной тьмы,
как лето — стынь мгновенную зимы,
как жизнь — пространство потайное смерти.

КАРТИНА

Яблоко подмёрзшее на окне,
пряди в поле снежные за окном —
вот и всё…
И хватит, чтоб в тишине
в пустоте возник одинокий дом.

Во дворе бочонок гнилой без дна
и петух, клюющий из миски жмых.
Вот давно не крашенная стена,
дверь в чешуйках выгнутых голубых,

и седая женщина у стола,
тяжело вздыхая, лущит фасоль.
Вот к жилищу мягко подходит мгла,
и в уставшем сердце стихает боль.

И вода яснеет в недолгом сне —
он легко в пространстве плывёт ночном…

А всего-то— яблоко на окне,
поле поседевшее за окном.

* * *

Как слабы мы в неведенье своём!
Как светится со снедью полотенце
в траве, в тени, отброшенной крестом,
и замирает на погосте сердце.

Как ленточки алеют на ветвях,
повязаны влюблёнными на счастье,
и трепетно свеча горит впотьмах,
живому — свет,
а мёртвому — участье,
и он глядит порой из—за плеча,
и общий взгляд становится бездонным…

А яблоко в ложбинке калача
распробовано воздухом застольным.

* * *

Проходит жизнь — остаётся свет,
в пыли сутулый сапог
и детский синий велосипед
в траве по ржавый звонок.

И небом веет в дверную щель,
и так тишина тонка,
что можно даже услышать трель
с дороги пустой звонка.

* * *

По опрокинутой воде
небесного пруда
скользит в осенней пустоте
неведомо куда

ворона тонкая одна…
В длину иль в ширину
невольно меряет она
над нами тишину.

Ни рыб медлительных там нет,
ни трав береговых.
И только свет, и только свет
для мёртвых и живых.

* * *

Становлюсь светлее и прозрачней,
чьим-то лёгким предосенним сном,
пересохшим, выцветшим, чердачным
в небесах летающим окном.

Словно время мне из вен пустили —
и всё дальше глинистая твердь.
И теперь уже не или—или,
а и жизнь, и облако, и смерть.

* * *

Когда человек выбирает стать тенью,
он слышит печаль однолетних растений,
шуршащих зимой на ветру,
он чует дыханье воды под суглинком,
он ходит в прозрачных воздушных ботинках
по снежному с ночи двору.

А мы вызываем к нему костоправа,
а мы предлагаем таблетки и травы,
и водим его по врачам,
к целителям ходим и делимся снами,
гадаем, вздыхаем, а он уж не с нами,
а он далеко уже — там…

Сквозь сердце его пролетает синица,
в его средостенье шиповник ветвится,
он — голос заснеженных трав,
он — воздух заплечный, и зов его тает…
Он сделал свой выбор,
и смерть наступает,
к уходу его опоздав.

* * *

На последний кукурузный сноп
сядет в полумраке и закурит.
Кашлянёт, почешет потный лоб,
на закатный поглазеет сурик.

Ни цикад не слышно, ни сверчков —
в ноябре откуда взяться пенью?!
Только мерный шелест ветряков,
на меже стоящих в отдаленье.

Да полёт вороний на ночлег
из окрестных опустевших далей.
Посидит уставший человек,
без особой думая печали:

жизнь почти прошла…
А полю нет
ни начала, ни конца, ни края…

И пойдёт он, кукурузный свет,
как ребёнка, к сердцу прижимая.

* * *

Рукавом, пропахшим весёлой влагой —
виноградной кровью, бурлящей тьмою,
вытираешь лоб, говоришь с собакой,
говоря на деле с самим собою.

Пусть вино побродит в дубовой бочке,
наберётся истины и мерцанья…
Каждый миг кончается многоточьем,
каждый звук кончается умираньем.

И теперь ты чувствуешь всё острее:
кислый вкус дымка от дворовой печи,
что горит, безлиственный воздух грея,
замиранье снов,
убыванье речи.

А начнут мести снеговые мётлы,
и графин наполнишь ты жизнью винной,
мы тогда оставим глоток для мёртвых
и немного музыки
неисполнимой…

* * *

Сентябрь стирает границы
меж небом и твердью земной.
И светом источены лица
и листья ветлы надо мной.

И дерево тихо рябится
стоящим живым озерцом.
Где рыбина тут и где птица,
где облако свито в кольцо?

И можно в предчувствии воли
травою сухою по грудь
пойти в опустевшее поле —
и в небо случайно свернуть.

* * *

Легчает жизни вещество
и переходит в свет.
И кроме света ничего,
пожалуй, что и нет.

Ну, разве только — смерть травы,
прозрачна и чиста.
Слетает с тёплой синевы
не лист, а тень листа.

Вот и твоя бесплотна нить —
кружится на ветрах.
Её уже не уловить
рукам небесных прях.

И слышишь ты в пространствах сих
как звонки и тонки
надмирных ножниц золотых
напрасные щелчки.

* * *

Орех раскидистый стоит,
многоязык, многоочит,
сплошное осязанье,
весь зренье чуткое и слух,
вошедший в плоть кривую дух,
огромное дыханье.

Ветвится бездна во дворе.
Ползёт букашка по коре,
и ужас ей не ведом.
Мне не понять, не подсмотреть —
другая жизнь,
другая смерть,
пронизанная небом.

* * *

Удержи ушедшего, не пускай,
пусть глядит во мгле он за рваный край
своего посмертного бытия,
и ему свечою тоска твоя,
и ему опорою голос твой,
горловой, прерывистый и родной,
и ему светлицею горький сон,
где срывает яблоко с ветки он.

Удержи ушедшего, удержи,
пусть дрожат древесные этажи
с обжитыми гнёздами на ветру,
и метель проносится по двору,
забивая снегом горячий рот…
Но с высот пугающих, из пустот
на тебя сплошные глядят глаза,
и синица светится, как слеза,
и в ресницах прячутся снегири…

Говори с любимыми, говори.

* * *

Чиня отцовскую ушанку,
дубовых дров неся охапку,
воды замёрзшей каравай
из бочки старой вынимая
иль просто ложечкой мешая
в надбитой кружке чёрный чай,

я помню, помню: мир непрочен.
Как много в небе червоточин,
какие бездны прячет твердь!
Как в снежном ветре время глухо!
Усильем зрения и слуха
могу я страх преодолеть,

шагнуть на вспорх или на сполох —
синичий свет, мышиный шорох,
подлёдный шум незримых рек…
Пусть спит беда, глядя сквозь веко,
нужны для шага человеку
пространство,
время,
ветер,
снег.

ЗИМНИЙ ПРОХОЖИЙ

Он идёт подобно безумной Грете,
позабыв о тлеющей сигарете,
в летних туфлях, в куцых и рваных брюках
между псов, лежащих на тёплых люках.

Вдоль его дороги кричат деревья,
из глубин,
из тёмного из поверья
выползают чудища, все стозевны,
и пылают зданий окрестных стены.

Он глядит вперёд, не отводит взгляда,
ничего не нужно ему от ада.
Ни меча в его руке, ни сковородки —
беломора пачка и четверть водки.

Он идёт широким и твёрдым шагом,
и во мгле скрывается за оврагом.

И опять становится тихо в мире,
но теперь он тоньше,
теперь он шире,
и теперь страшнее он и чудесней…

Человек во тьме идёт, поёт песню.

Аман РАХМЕТОВ. В глубине моей памяти

РАСТЕРЯННОСТЬ

Это другое слово.
В памяти только звуки.
Я закрываю рот,
Чтобы молчали руки.

Это другие люди.
Наши не курят летом.
Я остаюсь один,
Чтобы остаться кем-то.

Я выхожу из дома,
Молча смотрю на город
И не могу понять,
Где же стояли горы?

МУЗЫКА

Как мёртвое и временное — пылью,
живое покрывается пыльцой,
и птицы, перелистывая крылья,
озвучивают пальцы и лицо

садовника — не пойманного вора
за нежностью, за ножницами, за
подслушиванием птиц, их разговора
о музыке в сиреневых глазах…

И запах, как единственное средство
забиться неподстриженному сердцу

ПРЕДИСЛОВИЕ К РАННИМ ВОСТОРГАМ

И зажмурится маленький воин
от удара нежданной весны —
сколько нежности, столько и воли,
он еще не испытывал сны.

В мире снов или в мире реальном
всё случается, как фонари
произносят дороги и спальни,
где ночник уже не говорит.

ПРЕДПОЛОЖЕНИЕ

В глубине моей памяти — сны,
как в солёной тюрьме заключённые,
им уютно с одной стороны,
но с другой — эти сны не соленые...

Я их пробовал, как облака
на язык — ничего интересного:
что-то среднее от молока
и воды, я так думаю, пресной.

Значит дело в другом, если сны,
не имеют ни вкуса, ни запаха,
то им свойственней солнце в часы
превосходства востока над западом.

БИБЛЕЙСКИЕ МОТИВЫ

> *"Отпустите чудо, не мучайте*
> *его пониманием..."*
>
> Б. Поплавский

И он сказал
Дожди
это стрелы
которые не убивают

И мы поверили ему и вышли под дождь
Чтобы не убивать себя
Мы сухие и теплые вышли чтобы стать мокрыми и холодными

И тогда мы спросили у него
Разве сейчас мы не ближе к смерти чем тогда
Когда мы были в большом и уютном доме
И он ответил

Да

Вы ближе к смерти
но скоро вы промокните так
что начнут промокать ваши души

И тогда вы зайдёте домой
И начнёте сжимать ваши души как бельё после стирки
И вода
которая будет стекать будет солёной

Потому что вы будете плакать

Елена СЕВРЮГИНА. Приметы тишины

ВОКЗАЛЫ

волжский… рижский… павелецкий…
здесь — надежда, там — печаль,
этот — тихий, этот — резкий,
этот просто промолчал…
этот — скромный, этот — строгий,
здесь возможно — там нельзя,
но, как прежде, вдоль дороги
взгляды—призраки скользят

и скулит тоска борзая
в конуре поспешных фраз,
неизменно отгрызая
у «сейчас» заветный час,
но желанье не осудит
(дотянуться — оттянуть)
бог, считающий в сосуде
совпадения минут,

сожалений, оживлений,
отпущений в никуда —
бьётся крыльями в колени
привокзальная вода,
не по грудь и не по горло,
вышел — выше не бери,
а внутри годами голо,
не заполнено внутри…

но останутся на курском
ярославском и т.д.
крохи жизни нашей куцей
о несбыточном радеть
оттого что годы — гады,
что дорога, что транзит,
а в дверях земной ограды
неизбывное сквозит…

и, случайные соседи
по купе и по пути,
мы куда-то едем… едем…
или нет... летим-летим…

там, где мантрой станет мука,
где в конце привычных слёз
жизнь спрессована до стука,
нескончаемого стука,
в нас качаемого стука
всепрощающих колёс…

* * *

когда захочется — зови меня,
ищи меж этими и теми,
не обязательно по имени —
должно угадываться время...

должно угадываться верное —
наощупь, робко, постепенно,
должно проглядываться нервное,
клокочущее внутривенно,

и в легких краденого воздуха
чуть больше станет во спасенье,
когда сольюсь, тобой опознана,
с тоскливым городом осенним

и захлебнусь ноябрьским солодом,
ни на секунду не хмелея —
а ты поймёшь — не сразу, с опытом,
я — ветер, улица, аллея,

по стёклам капли моросящие
неровным, гулким forte-piano,
по переходам дань просящие
старухи с видом покаянным...

дома с зашторенными окнами,
печаль, звучащая на идиш,
и на асфальте листья мокрые —
я здесь повсюду, видишь, видишь...

зови, заполни мир таинственный
моей тоской рыжеголовой...
пойми, отныне ты — единственный,
кто знает кодовое слово...

ДВОРНИК

ранним утром на окраине москвы,
по обычаю поругивая ветер,
собиратель умирающей листвы
для расчистки территорию наметит,
постоит—поразмышляет, скажет «нах»
на хорошем, на не ломаном таджикском —
поплывет рассветный говор на волнах,
облачаясь в паранджу, снимая джинсы...
стукнет ветка о гранитный парапет,
возвестит урбанистическое рабство —
старый город непроветрен, не отпет
в пост-осеннем обезличенном пространстве,
по однажды, запустив за воротник
пару вёсен, тройку песен, сотню лоций,
в хмурый город забредёт его двойник —
и откроются запретные колодцы,
узких улиц расшифруется транскрипт
на границе между временным и вечным,
и подземная трава заговорит
на забытом тамплиеровом наречье,
и укроют изумлённую москву
человеческих историй мегабайты —
оттого на потемневшую листву
не гляди со злым прищуром, гастарбайтер.

* * *

быт переходит в инобытие
ты знак даёшь из памяти моей
биением часов шуршаньем мыши
и в час когда стирается бельё
и кухонное царствие моё
шумит то даже в нём тебя я слышу
в своём мирке мечтаю о другом
так проще примириться с утюгом
с горой посуды ржавчиной и пылью
и скоро жирных пятен острова
прошепчут мне сакральные слова
пока размеренные капли не забыли
отстукивать твой ритм, твой шаг... весна
на улице... как лесенка лесна
как пена пенится и кружево кружится
и клонит в тихий сон случайный чай

и в мире невозможно заскучать
когда он сам на музыку ложится
ну а пока зовут издалека
то чайник то гладильная доска
то из-под крана тусклая река...
то пены голубые облака
то кара-кумы сахара-песка
и жизнь легка
и вечером легка
на утомленном лбу моем рука
твоя рука...

ДВА СЛОВА О ТИШИНЕ

У каждой тишины свои резоны —
Одна гоняет ветер по газонам,
Другая заставляет нас дышать
Особенно пронзительно и часто
И, став невольной спутницей несчастья,
Способно нашу душу возвышать.

У каждой тишины свои границы —
Одна прервётся с теньканьем синицы,
Расколется природе в унисон.
Другая выйдет влагой на ресницы,
Стрельнёт внезапной болью по страницам,
По немоте, которая не сон.

У каждой тишины свои приметы —
Одна, как будто соткана из света,
Для радости одалживает день.
Другая нас терзает до рассвета,
Петляет тропкой из еловых веток,
Становится кругами на воде...

Елена ДУБРОВИНА. На закате.
Рассказ

Багрово-красный закат бьёт в стекло, ослепляет так, что за его плотной массой не видно той глубины вселенной, где обитает вечность — неподвижный, невидимый образ времени. На стене постукивают часы, отсчитывая время на земле.

— Сколько ещё таких закатов нам придется встречать? — спрашивает отец, наблюдая заход осеннего солнца. — Время движется, стареет тело, но душа остается в его защитной оболочке всё такой же молодой, не тронутой временем, застывшей в своей вечности. Может быть, закат тела — это рассвет души, когда она, впитав в себя столько чувств, новых знаний, опыта, начинает жить заново? Может быть, это самое лучшее время творить? — Отец отворачивается от окна и вопросительно смотрит на меня, продолжая. — Но нет, уходят физические силы, опускаются руки и только мозг продолжает работать, вспоминать, думать. Время — источник зла и источник добра.

Он умолкает, и взгляд его падает на настенные часы. Они громко тикают, всё так же монотонно отсчитывая время. Вечереет. Ни ему, ни мне ещё не хочется спать. Медленно гаснет красный закат, солнце падает за горизонт, и ночь окрашивает мир черной непроницаемой краской. Человечество замирает, оставляя в глубине вселенной свои тайны, надежды, тревоги.

Расстегнув ворот рубашки, отец откидывается на спинку кресла. Последнее время он много думает, может быть, вспоминает прошлое. Я сижу у его ног в ожидании рассказов, Ах, как он умеет рассказывать, дыхание захватывает. Но на самом интересном месте он вдруг замолкает — вспоминать тяжело. Вечность поглотила прошлое, оно застыло во времени, которое вернуть может только память.

В дверь громко стучат. Отец вздрагивает от неожиданности. Обрывается тишина, исчезают таинственные звуки ночи, будто кто-то небрежно стер с полотна картины последние краски уходящего дня. Я открываю дверь. На пороге стоит горничная со стаканом воды и лекарством. Электрический свет, неприятно жёлтый, врывается в комнату, падает тяжелым пучком на его лицо. В этом освещенном пространстве оно кажется мне очень усталым и бледным.

— Закройте дверь, — просит он слабым голосом, — свет режет глаза.

Горничная идет к столу и, оставив поднос, тихо удаляется, унося с собой тусклый жёлтый свет.

— Иди спать, — говорит отец, — уже поздно, — сегодня рассказов не будет.

И вдруг, закрыв глаза, читает:

Я был пылинкою в игре миросмешений,
Я еле был — в полунебытии...
Душа качала в первобытной лени
Видения бесцветные свои.

Я шёл, кружась, сквозь пустоту и бездны,
Сквозь сладость первозданного огня,
Весь осеянный счастьем бесполезным,
Неудержимой радостью звеня.

Отец тяжело переводит дыхание и замолкает. Я смотрю ему прямо в глаза, наполненные болью, погруженные в прошлое, в вечнозовущую память.

— Боже мой, как красиво! Чьи...

Я не успеваю договорить. Вижу, он улыбается только глазами.

— Это же твой любимый Довид Кнут. Не узнала? Его лучшее — о любви. И он читает дальше:

Где тишина цвела, благоухая миром,
Пришла ко мне — и возмутила кровь!
Из хаоса и тьмы грохочущего Мира
Незваная враждебная любовь.

Она пришла ко мне безжалостно и грубо
Сломать мой круг, мой стих, мою судьбу.
И душу обожгла, и опалила губы,
Чтоб солью огненной томить мою алчбу.

— О любви? О ней отец никогда не говорил.

— Дай мне ручку и лист бумаги. Да, зажги, пожалуйста, настольную лампу. А теперь иди. Нет, постой, подойди ко мне.

Я наклоняюсь к нему близко, к дорогому мне лицу. Он гладит меня по щеке.

— А теперь можешь идти, оставь меня одного.

Но я не ухожу. Медлю у двери. Мне хочется разбудить его память, услышать ещё какой-нибудь рассказ, ведь отец ушел от нас, когда мне было всего шесть лет. Как жил он все эти годы в чужой стране, один?

— Папа, — прошу я, — я видела у тебя в кабинете на книжной полке старый альбом. Давай его вместе полистаем... Так хочется заполнить пробел во времени...

Отец кивает головой в знак согласия.

Я выхожу на цыпочках в темный коридор и, держась за стену, почти ползу в темноте в его кабинет. Старинный письменный стол занимает половину комнаты. Я нащупываю рукой выключатель и зажигаю свет. Закат ещё не растворился в нависших тяжелых тучах. За окном глухая осенняя ночь. На душе тревожно, но я беру себя в руки, пока, наконец, мое эмоциональное беспокойство приходит в равновесие. Тишина меня успокаивает. Кажется, что я всё-таки нашла ту точку соприкосновения с миром, когда ничто окружающее уже не волнует: ни шёпот за окном осенней листвы, ни густой ночной мрак, ослепивший своим непроницаемым равнодушием.

Я долго ищу альбом с фотографиями — его нет на прежнем месте. Наконец, мой взгляд падает на письменный стол… Ах, вот же он, этот альбом, только почему-то раскрытый, будто отец недавно его листал. Я наклоняюсь над открытой страницей, и мое внимание привлекает листок бумаги — письмо. Я внимательно всматриваюсь — почерк знакомый… да это же, кажется, мамин. Я не удивлена — целый день чувствовала, что должно произойти что-то неожиданное. Почему отец, так болезненно относящийся к тайне своего прошлого, оставил это письмо в альбоме? Может быть, для меня? Я сажусь за папин письменный стол и читаю письмо, написанное мамой почти 25 лет назад. Только теперь, читая его, я могу хладнокровно осмыслить то, что случилось давно, в другом мире, другой стране, о которой остались только вспышки детских воспоминаний — остальное спрятано в темном углу памяти, куда я не разрешала себе наведываться.

Я пробегаю глазами страницы: нет первого листа, потеряно начало.

«Сегодня суббота. Я пишу на балконе и думаю о тебе, о нас, размышляю. Я не забыла тебя, нет, я просто устала, я так устала думать о тебе, о нашем разрыве. Я не выношу лжи, недоговоренности. Я понимаю, что мы не могли найти правду, не совершая ошибок, но ошибки наслаивались одна на другую, и твоя ложь становилась невыносимой. У меня не оставалось ни тепла, ни любви, ни доброты к тебе. Ты всё убил. Ты не умеешь любить, так как любовь к самому себе заглушает в тебе все другие чувства. Я хочу, чтобы ты ушёл из моей жизни навсегда. Я хочу покоя и потому — ты свободен. Ты должен уехать и забыть о нас. Я счастлива с другим. Теперь я свободна от того унижения, которое испытывала все эти годы — твое величие и мое падение. Твоя слава заслонила наше счастье. Я хотела тебе верить, обманывала себя, но знаю, что я тебе была не нужна. Ты стал большим писателем, а я… я была твоей тенью. Я где-то прочитала, что женщины мудрее мужчин, потому что они знают меньше, но понимают больше и чувствуют тоньше. Я старалась тебя понять, но между нами всегда была стена непонимания. Правда имеет форму треугольника, где прикосновение к каждому углу причиняет боль».

Я откладываю этот листок бумаги в сторону. Я не могу и не хочу ничего знать. Почему расстались мои родители, почему мама скрывала от меня адрес отца, а другого, чужого мужчину я называла отцом? Почему сейчас, когда я нашла своего отца, он молчит? Кто был прав, кто виноват, разве сейчас я могу понять? Отец изменял? У него была другая семья или оба они были тогда несвободны? Тайну их унесло время. Мне больно думать об этом. Я не хочу понимать и не хочу никого винить, не имею права. Я беру альбом и направляюсь в комнату отца.

Он не спит. Сидит в том же кресле у окна, ждёт меня. Не поворачиваясь ко мне, спрашивает: «Прочитала?» Я молчу, не зная, что ответить. Молчу долго, пока он снова не обращается ко мне: «Значит прочитала. Садись рядом, дочка, есть разговор». Я опять удобно усаживаюсь у его ног.

— Не удивляйся, что я оставил для тебя это письмо открытым. Так мне легче начать свой рассказ. Я не знаю, сколько мне осталось жить. Я не могу унести эту тайну, эту боль с собой в могилу, как унесла её твоя мама. История нашей встречи самая банальная. Я читал на кафедре лекции, твоя мама была моей ученицей, влюбленной в старшего по возрасту преподавателя. Это было время, когда я развелся со своей первой женой и пребывал в полном унынии и одиночестве. Твоя мама была молода, легкомыслена и необыкновенно красива. Роман наш продолжался недолго. Очень скоро я сделал ей предложение. Я не могу сказать, что мы были несчастливы, нет, наоборот, дома был покой, несмотря на то, что её не интересовало то, что делаю я, а меня — её жизнь.

Отец переводит дыхание и задумывается, видимо, старается подобрать правильные слова. Я вся напрягаюсь, будто чувствую, что сейчас должно случиться что-то страшное, непоправимое. Отец долго молчит. Молчу и я.

В окно бьет приглушенный осенний свет с легким жёлтым оттенком. Жёлтое солнце, почти совсем ушло за горизонт, и его последние лучи слегка освещают потерявшую свой цвет листву. Отец смотрит в окно. Ветер кружит листья, как летних бабочек. Нам обоим грустно. Ему — оттого, что сейчас он должен открыть мне свою тайну, мне — оттого, что страшно её услышать.

Я сажусь рядом и открываю альбом — здесь вся жизнь отца, его прошлое и настоящее, передо мной пестрят фотографии — папа совсем молодой с мамой, я, ещё маленькая — на руках у папы. А здесь он уже в Америке со своими студентами — высокий, красивый и очень серьёзный, взгляд грустный, устремленный куда-то вдаль. И вдруг небольшая фотография молодой и очень красивой женщины. Она стоит у колонны, длинные черные волосы развиваются на ветру. Какое знакомое лицо. Я напрягаю память, пытаясь вспомнить… Нет, не могу.

Отец чего-то ждет.

— Папа, кто эта женщина?

Он внимательно и долго смотрит на фотографию.

— Всё произошло в тот день, когда она приехала. Эта женщина — моя первая жена. Наш брак был коротким, мы разошлись, потому что оба знали, что не можем быть вместе. Однако я очень её любил, — отец неожиданно замолкает, делает долгую паузу.

— Любил? Значит, вот эта женщина, которую отец любил, — думаю я, стараясь вспомнить, где же раньше я могла её видеть.

— Была поздняя осень, холодный дождливый день с тёмным нависшим небом, — снова продолжает рассказ отец, будто забыв о том, что я здесь, рядом. — Я работал дома, готовился к лекциям. Ты спала в соседней комнате, мама уже ушла на работу, когда раздался резкий звонок в дверь. Я не мог поверить своим глазам — на пороге стояла она. Волосы были мокрые и слиплись от дождя, вода ручьями стекала с плаща. Я был поражен, так как после развода мы никогда больше не виделись. Я напоил её горячим чаем, развесил мокрый плащ. Ничего не спрашивая, я ждал, что она заговорит первой.

— Как странно, отец, почему она вдруг пришла? — спрашиваю я дрожащим от волнения голосом. Что-то начало вырисовываться в моей памяти, пока неясное, странное интуитивное чувство.

— Она пришла ко мне, как к единственному, всё ещё близкому человеку. Она была тяжело, очень тяжело больна. Пришла попрощаться.

Он внимательно и долго смотрит на меня, будто хочет заставить меня что-то вспомнить. Но что я могла знать, мне было тогда только шесть лет.

— А вечером разразился скандал. Я не знаю, как твоя мама узнала о приходе моей первой жены. Было невыносимо грустно и тяжело. Я ушёл в тот же вечер, не попрощавшись с тобой, ушел, чтобы никогда не вернуться.

— Ты ушёл к этой женщине? — догадалась я.

— Да, я ушел к ней, проводить её в последний путь. Она прожила ещё только одну неделю. Ну вот, кажется, я тебе уже всё рассказал. Теперь иди спать. Скоро уже будет светать.

Я не могу уснуть… Стакан на столике возле кровати наполнен до дна тёмной жидкостью ночи, капли её стекают на пол, медленно, почти беззвучно, нарушая шёпот тишины и стук моего сердца. Оно бьётся в такт ударам в окно сломанной от грозы ветки, напоминая звон разбитой тарелки. В темноте я чётко вижу очертания предметов. Я могу пройти по комнате в кромешной тьме, не натыкаясь на них. Ночь защищает меня от света, от солнечного утра, когда надо снова жить, двигаться, работать, на чем-то сосредотачивать свое внимание, на чем-то неважном, ненужном, сейчас для меня незначимом. Я настойчиво думаю о том, что рассказал мне отец, и постепенно ко мне возвращается память.

В тот роковой день я не спала. Я слышала, как к отцу пришла какая-то женщина, как они о чем-то долго разговаривали тихими голосами. Маленький любопытный ребёнок — я приоткрыла дверь спальни и увидела, как отец прижимает к себе чужую женщину, как целует её заплаканное лицо, гладит её мокрые волосы. Меня охватило чувство ненависти к этой незнакомке, чувство ненависти к отцу. Кто она? Где мама? Почему отец так нежен с ней. Я забралась с головой под одеяло и долго плакала, пока не пришла мама. Я помню, как она успокаивала меня, просила рассказать, что со мной приключилось. И я, злясь на отца, на его секреты от мамы, рассказала ей всё — всё, что видела… А потом я слышала эти ужасные крики мамы, она плакала и всё время повторяла, что не может и не хочет жить во лжи. Значит, всему виной была я… Это я разрушила жизнь отца. Мама очень скоро вышла замуж, оказалось, что с новым мужем её связывали давние и никогда не прекращавшиеся отношения… Так у меня появился другой отец… Только после смерти мамы я узнала, что мой родной отец жив и живет в Америке…

Не уснуть, тени от лунных бликов ползут по ковру к кровати, от кровати на стену, причудливо изгибаясь на черном полотне ночи. Мысли приходят такие же странные и причудливые, как эти лунные тени, мысли вчерашние и новые, странные и отчётливые, мысли о прошлом, ушедшем и невозвратном, о жизни, такой же неясной, как неясна смерть, небытие. Я должна всё рассказать отцу, но мне страшно подумать, что скажет отец на мое признание.

— У каждого в жизни есть своя правда, — думаю я, — отец поймет.

До рассвета осталось совсем немного. Я зажигаю настольную лампу. Стакан возле кровати наполняется электрическим светом, и темнота, пролившись из него, испуганно пятится за дверь спальни. Но вот постепенно отступает ночь, давая место первым светлым лучам. Бледная луна едва видна из пены белых облаков, в которых медленно растворяется её видение. Холодное осеннее солнце поднимается из-за горизонта. Я наблюдаю рассвет. Он не такой драматичный, как вчерашний вечерний закат. Новый день означает, что жизнь станет чуть короче, и жить останется чуть меньше, чем вчера. Снова думаю об отце. Наверное, каждому человеку дается только миг счастья, который, думаем мы, продлится вечность. Но и вечность — это миг. Эта вечность и есть наша короткая, быстропроходящая жизнь.

Я надеваю халат и иду в комнату отца. Я хочу ему рассказать, что это я, кто предал его, кто стал причиной развода, кто разрушил две, нет три жизни. В комнате ещё темно, занавески глухо задернуты. Отец сидит в кресле в той же позе, в которой я оставила его вчера вечером. На столике возле него нетронутое лекарство и стакан с водой. Этот утренний полумрак пугает меня. «Папа, папочка», — шепчу я, но он уже ничего не слышит, его здесь нет. Его душа ушла в другой мир, в вечность. Взгляд мой падает на листок бумаги у него на коленях. На нём — всего несколько предложений:

«Я простил тебя. Если можешь, прости и ты. Я был счастлив только раз в жизни, но счастье не бывает вечным. Счастье — это свет, за которым приходит закат, и наступает долгая слепая ночь».

Василий   КИЛЯКОВ. Посылка из Америки

Ехал на мотоцикле большим селом с запущенными садами и палисадниками, с осенними желтыми цветами. Стояла осень, бабье лето. Дул сильный порывистый ветер, срывая с тополей остатки листьев. Нудный мелкий дождь моросил с утра, а к обеду небо сплошь затянуло облаками.

Улица села Рожково так была разъезжена тракторами, что по дороге местами приходилось останавливаться и толкать мотоцикл, а дождь как назло не унимался. Я свернул к знакомой избе с крыльцом и скамеечками. Мотоцикл поставил под навес двора, закурил, сидя на скамеечке. Порывы ветра пронизывали и под навесом, с мелкими всепроникающими каплями, и холодно было сидеть. Вдруг растворилось окно, хозяйка позвала меня в избу, открыла сенцы. В кухне домовито стояла русская печь, занимавшая всю кухню, свежевыбеленная и зашторенная ситцевой занавеской. Хозяйка тяжело полезла на печь, сняла валенки и подала мне. Валенки оказались как раз впору, по ноге.

Мокрую куртку я повесил на гвоздик у притолоки, и вода закапала на пол, собираясь в лужицу. Хозяйка уселась на большом старинном сундуке с паголенком в руках и спицами. На простенке чуть выше ее головы висели пожелтевшие фотокарточки в старых рамах, обсиженные мухами. Я подошел поближе. На фотокарточках были незнакомые мне лица. На одной фотографии рядышком, плечом к плечу, сидели младшие офицеры.

Бабка Марфа отложила паголенок в сторону, устроила поудобнее свои очки и с живым интересом показывала мне фотографии детей, внуков и внучек, дальних родственников. Я слушал и думал: как странно, что мы все, особенно в городах, потеряли эту традицию, — красный угол с образами, хоть маленький, но иконостас, где главенствует Спас. Под ним — Божья Мать, икона почитаемая в семье, «чудо»-икона, к которой прибегали наши прадеды и бабушки в годины лихолетий или радости… А что же было рядом с красным углом, вправо или влево по стене? Родители, умершие и почитаемые «из рода в род». Как сказано в литии по умершим. И вот, в деревнях так и молились: за здравие — на Спаса и Божью Мать, а потом — «за папку и за мамку», то есть — литии об умерших или Псалтырь, помощник и покровитель… И вот, до сих пор мы не знаем, как уходит «туда», на небо, наше поминание о родственниках, и как это поминание возвращается обратно. Нет сомнений, что мы молимся за нашу родню тут — а они «оттуда» — благословляют нас… Фотографии родителей всегда были большого формата, с серьезными лицами, как бы напоминая живущим, что жить — не поле перейти, жизнь — дело серьезное… И так было всегда. Много было фотографий погибших… Не так, не как в городе хранят эти фотографии в неких «талмудах» — коснись, и все они валятся россыпью… Деревня — это другое. Иное мировоззрение… Так было и здесь, в этой избе у Марфы…

На пожелтевшей от времени фотографии она с трудом отыскала младшего лейтенанта и, тыкая корявым старческим пальцем, проговорила милым трогательным басом: «А это мой Митя, в начале войны прислал… Ишь, снялся в офицерском…»

— Он тут младший лейтенант, офицер, — сказал я бабке.

Она заулыбалась, показывая ущербные зубы, ответила с юмором:

— Я вначале тоже поверила, что мой Митя — офицер. Когда получила письмо и фотокарточку с фронта, всем соседкам показывала, хвалилась: мой Митя — офицер, далеко пойдет, может, и до генерала доберется! А он пошутил, в чужой шинели снялся и прислал вместе с письмом. Он любил пошутить, покуражиться. И выпить любил. А я-то вначале поверила. А какой из него офицер? Две зимы в школу ходил и до самой войны пас овец. Троих я ему нарожала девок, а четвертого, мальчика, он так и не увидел.

— Что же, погиб на фронте? — спросил я, все еще разглядывая старые фотографии.

— Нет, он не погиб, — бабка всхлипнула, вытирая слезы уголком платка, — не погиб, письма присылал и посылок. Это, кажись, уже при Хрущеве. Девки мои поссорились из-за этой посылки: не могли разделить юбки и кофты американские. Мне коврик достался и письма. Письма дороже всего.

На стене в горнице висел небольшой коврик с затейливыми тропическими цветами среди небольшого озерка с лебедями, а на берегу из-за густого камыша в лебедей целилась стрелой полунагая женщина индейского обличья, с густыми черными волосами, схваченными алой лентой. Из камыша можно было разглядеть колчан со стрелами и нерусские узкие бедра и груди. Рядом с охотницей было вышито какое-то корявое дерево с мелкими алыми цветами и маленькие райские птички на ветках.

Я довольно долго смотрел на этот лубочный рисунок, а бабка Марфа, тыкая пальцем в «охотницу-индианку», проворчала:

— Не ндравится она мне, эта женщина, да и ковриком девки мои побрезговали, вот и висит у меня. Память о Мите. Соседки тоже прыскают со смеху, твердят: сыми да сыми срам-то, а я гляжу и Митю вспоминаю, думается, может, еще и жив, живет себе с какой-нибудь американкой, Бог его знает, может, и забыл про нас…

— А письма не пишет?

— Лет десять — ни строчки, ни слуху ни духу о нем. А может быть, и помер, похоронен в чужой земле…

Тут бабка Марфа залилась горючими слезами, открыла старозаветный сундук и вытащила ящик с наклейками из-под «посылка». На ящике — замысловатые рисунки, надписи, а в ящике она хранила письма от мужа. Среди пожелтевших старых писем были фронтовые треугольники с печатями цензуры, весточки из Америки в наклейках и марках с адресами на русском и английском языках.

— Почитай-ка мне, сынок. Я в школе ни одного дня не училась, ни читать, ни писать не выучилась. Мамка заставляла пряжу прясть и ткать, не до учебы было нам, дуракам, да и время лихое шло, тяжелое, леворю… леворюцию заварили, свару…

— Какое письмо читать? — спросил я бабку Марфу.

— Читай все, а я буду слушать. Ехать в такой дождик нельзя. Читай и фронтовые треугольнички, давненько никто мне не читал их, уважь, почитай…

В письмах с фронта не было ничего нового, обыкновенные патриотические фразы: «Идем в наступление, бьем врага», «На зиму выдали теплое обмундирование…» На страницах было множество помарок, верно поработала цензура. Письма писались разными почерками, адреса писал сам Митя Попов, такими каракулями, что трудно было прочитать написанное рукой Дмитрия Ивановича Попова. В конце каждого письма, как бы под диктовку, фронтовик присылал поклоны: жене Марфе, трем дочкам, близкой и дальней родне.

А Марфа отложила паголенок со спицами и ручьем разливалась, плакала, временами подсказывала, о чем шла речь. Письма из Америки писал сам Попов, а на конвертах множество наклеек и адреса с переводом на русский. И посылка, и письма были присланы во времена «оттепели», но и тут было много вымарок, вычеркнуты целые страницы о жизни в Америке; работал он там на каком-то станке в мастерской у хозяина, зарабатывал хорошие деньги, прислал «посылок» с дорогими подарками жене и детям. Последнее письмо дышало ностальгией, Митя заболел и с тех пор ни писем, ни посылок не присылал.

В последнем письме Дмитрий Попов проклинал войну и чужбину. «Проклятая война нас разлучила, — писал он жене, — теперь бы хоть одним глазком взглянуть на детишек, родную деревню, погулять бы с тобой, Марфа, в березовой рощице… Помнишь, как я там пас овец, а ты мне приносила еду?..» И бабка Марфа заулыбалась, хмыкнула, прикрыв сухонькой ладошкой ущербные зубы…

Я сам отлично знал этот ничем не знаменательный березовый колок, заросший ежевикой и терновником, в низине вечно росла высокая осока. А по краю рощицы из года в год пасли овец и коз… Я прервал чтение письма, но бабка, все еще улыбаясь, пустилась в воспоминания о неприметной рощице, точнее — сухом болотце на краю села Рожково.

— Ишь, не забыл и рощу, — говорила Марфа с понятной мне гордостью, — да и я все помню… Митя мой пас овец вместе с козами, под пушистым дубом каждым летом он строил шалаш, чуть поодаль ставил таганок для чугунка. Жили мы до войны бедно, семья была большая, кормились молоком, хлебом да картошкой. Мясо только по праздникам. Молодые были, нам и без мяса весело было… Все, бывало, целовались да обнимались. Я ему до войны четырех дочерей подарила, а сына так и не довелось ему поглядеть, на фронт взяли, я тяжелая была… Ему уж больно хотелось сына-то, помощника-то, наследника…

Бабка Марфа отыскала фотокарточку сына вместе с женой и дочкой, не умолкая рассказывала то муже, о тихой мирной жизни до войны, то вспоминала ссоры и нужду…

— А бывало, и ругались, и до драки дело доходило, — вспомнилось Марфе. — Как-то раз, дело было осенью, дожди шли холодные, а одежонка на нем — телогрейка да плащ, а на ногах — лапти с бахильцами прорезанными, штопанными и перештопанными. Принесла я ему горшок щей и картошку в мундире, хлебушек. Он проголодался так, что съел все, что было, и не наелся досыта, спросил картошки. Я сказала, что вся тут, больше нету. Он обиделся, палкой на меня замахнулся, поддал ногой пустой чугунок, заорал благим матом: «Что же ты, дура, картошки мало принесла?! Чугунок-то побольше бы притащила, а этот чупиздик дома бы оставила…»

Я не понял, переспросил. Бабка объяснила:

— Маленький чугунок он не любил и называл «чупиздик», ругал так. Сейчас я тебе его покажу, чудом уберегла. Память об нем сохранилась. Когда в печь ставлю горшки и этот «чупиздик», Митя, сердешный, так и стоит перед глазами.

Бабка Марфа принесла с кухни заветный чугунок литра на два, краешек был сверху отбит Митей, а в памяти старухи случай этот застрял навсегда.

Все прочитанные мною письма бабка Марфа вновь связала шпагатом и положила на дно посылки, закрыла сундук ключиком, уселась вновь, но было уже не до вязания. Особенно помнилась ей эта посылка и то, как она была получена: наделала переполох, хотя во время «хрущевской» оттепели все знали из газет.

— Посылок нам принесли с почты. Тут же явились председательша сельсовета, Анна Григорьевна, — вспоминала бабка Марфа. — Испугалась предсельсовета больше-то за себя, а не из-за меня, мне-то нечего было бояться… «Шутка ли в деле, — повторяла мне Анна Григорьевна. — Посылок из Америки! Ну, теперь не ныне завтра ждите гостей из ГэБэ… И меня заберут из-за вашего посылка». Стала мне говорить про статьи за связь с заграницей, что ж, мол, сразу мне не сказали, не посоветовались. Отправили бы назад, в Америку, через знающих людей… И начальнику почты тоже не поздоровится: мне не сообщил. Замяли бы дело, а теперь все село знает. На каждый роток не накинешь платок…

Бабка Марфа сбивчиво и непоследовательно рассказывала о посылке, как соседи смеялись над ковром, а председательша совестила: «Ишь, какую красоту голую на стену повесила, и вот этак-то по столу кулаком: «Жизнью рискуешь, Марфа, жизнью и свободой — и своей и моей…., за этот срам, опомнись! Опомнись пока не поздно… О девках своих подумай. Что с ними-то будет… И не стыдно тебе самой, на голую бабу смотреть? Сними, сними и спрячь подальше…»

— Словом, не рада я была и посылку-то, а только вестью, что Митя жив, может, и вернется домой, к детишкам. На коврик гляну — Митю вспомню. Что мне до его мериканской красоты, коврика-то…

Посылки он больше не присылал, а письма изредка приходили одно горше другого. Последнее прислал из больницы, где-то у меня затерялось, или ребята увезли в Москву. А может, сын хранит у себя, он собирался тут к отцу в гости, в Америку. Видно, не разыскали его там, Митю-то, или не пустили наши начальники. А теперь, может быть, и умер мой Митя, письмо-то из больницы было лет десять назад…

Тут Марфа Тимофеевна и вконец расстроилась, запричитала все одно и то же:

— Положили бы меня рядышком, на родимой стороночке. На родимом кладбище и смерть красна, и земля пухом…

Стараясь хоть как-то успокоить бабку, я перевел разговор на земные дела, поспешил снять валенки и надеть куртку, уже пообсохшую… Небо расчистилось, ветерок поутих, и на горизонте мрачно и тревожно алела вечерняя заря.

Бабка Марфа вдруг спохватилась, торопясь, ставила чайник, просила подождать часок-другой. Но надо ехать в объезд, пока еще светло и можно было проехать "кружной" дорогой.

— Как же супруг ваш в Америке оказался? — спросил я бабку.

— А Бог его знает, — ответила она. — Может, в плену у немцев был? Не все из плена вернулись, Сталина боялись, расстреляет. На-ка вот носки сухие, на, на-ка, надень…

Как я ни спешил, как ни отказывался, все же пришлось мне надеть безразмерные бабкины носки.

— … бабке своей, моей подружке, поклон от меня. Молодые были-дружили, да и теперь заходит она ко мне, а я к ней, когда в вашей деревне бываю, мимо не прохожу…

Бабка вышла на крыльцо, помахала мне старческой рукой. Я ехал уже затемно, и все думал о бабке Марфе, о себе. Об этих полях непаханых с колками берез… Что в них? Даже и на чужбине человек заболевает. Страдает и гибнет, не видя их… Есть какая-то особенная торжественная тоска в этой серединной Руси. Тоска обреченного, влачащегося русского по своему голгофскому пути, всего лишенного, веками, даже и простой почтовой связи с миром. Эта — общая, и одновременно частная дорога для каждого — голгофа России. И песни такие же… Я пытался вспомнить веселые песни — и не мог. Все народные песни, или ставшие народными — грустны… Русский народ идет, неся крест, битый и заушаемый, в терновом венце, в поту и крови.

Бабушке своей я передал привет от Марфы.

— И-и-и… Да ты как там у нее оказался-то, это ведь — вон где… Кошебеево, Рожково…У святого колодца… И носки подарила? Ну и я в долгу у нее не останусь, отомщу…

Это ее «отомщу», против обычного понимания, вызвало у меня не смех, а слезы. Какой-то жалостью пролилось в сердце к земле нашей бесприютной, ко всем людям жившим до нас и живущим со мной. И долго еще глядел я на поля, на горизонт в дожде… На нашу русскую, и такую милую, голгофу…

Елена ЛИТИНСКАЯ. Под созвездием Ковида

У судьбы нет причин без причины сводить посторонних.
Коко Шанель

Ольга где-то читала, что на долю каждого поколения непременно приходится период тяжких невзгод. Это может быть война, голод, неурожай, геноцид, страшное землетрясение, наводнение, эпидемия… А на долю моего поколения, — думала она, — пришёлся вот этот загадочный ковид, пандемия, возникшая в китайской лаборатории и выпущенная из пробирки со злым, воистину сатанинским, умыслом (или просто ускользнувшая) на волю. Кто знает! Возможно, теперь уже никто до истины не докопается. Вот уже второй год эта пандемия кружит по миру, то затихая, то вновь разгораясь. Физически здоровые люди переносят эту напасть, как правило, легко, выживают, и продолжают жить, как ни в чём не бывало. Слабые люди, с багажом других хронических заболеваний, долго болеют, испытывают серьёзные осложнения, а некоторые даже уходят в мир иной. Как, например, Ольгин сосед сверху — сердечник, лёгочник и, вообще, насквозь больной человек. Ковид его попросту доконал.

Нет, конечно, в собственной квартире, под защитой своих стен, она жила обычной, доковидной жизнью, читала и по несколько раз перечитывала старые, любимые книги (ни в коем случае не библиотечные, которые могли принести в дом заразу), смотрела телевизор и слушала радио. Общение с друзьями и родными происходило исключительно посредством компьютера и телефона. Ольга признавалась себе, что она стала забывать лица друзей, родных и даже соседей по дому. Какие там лица! Сплошные маски, как на мрачном бале-маскараде.

Так тянулись дни, недели, месяцы… Неужели они перетекут в годы? — с тоской спрашивала себя женщина. — А ведь эти годы должны быть лучшим временем моего заката. Я всю жизнь поддерживала себя в хорошей форме, занималась спортом, делала косметические процедуры, чтобы не выглядеть старше своих лет. А теперь, под маской, никто не видит, покрыто моё лицо сетью морщин или нет. Бой-френда у меня нет и при нынешнем полукарантинном положении не предвидится. Дочери моей всё равно, как я выгляжу, внукам — тем более. (Бабушка есть бабушка. Ей положено быть старой.) Да и мне, честно говоря, теперь тоже по барабану. Лишь бы не заболеть.

Некоторые Ольгины друзья и родственники уже сделали прививку и задышали более или менее свободно. Хотя медики предупреждали, что все равно надо продолжать носить маски, соблюдать дистанцию и по-прежнему предпринимать другие превентивные меры, так как, вроде бы прививка не полностью защищает от ковида, а только может облегчить симптомы, если заболеешь.

Ольга пока ещё не решила, будет ли делать прививку, потому что боялась побочных явлений.

Вот сделаю прививку, ковидом не заболею, но зато через несколько лет от этой самой прививки впаду в деменцию или заболею раком, — вполне серьёзно рассуждала она. — Нет, я ещё подожду с этой загадочной вакциной… Может, изобретут что-нибудь более понятное, надёжное и безопасное.

* * *

Стояла осень, конец сентября, самое приятное время года в Нью-Йорке, когда уже не так жарко и ещё не наступила промозгло-дождливая, ветреная зима. На одной из прогулок Ольга обратила внимание на мужчину вроде бы средних лет (хотя под маской и очками трудно было определить его возраст), который также ходил быстрым шагом по утрам и по тому же маршруту, что она. Невозможно было не обратить на него внимание. Он, что называется, примелькался. Средний рост, прямая спина, не толстый, спортивный костюм аккуратный, не выцветший … бейсболка, маска и тёмные очки в пол-лица. Как говорится, нынешний джентльменский набор. Они шли быстрым шагом по Оушен Парквей от Авеню W до Брайтона и обратно на расстоянии метра друг от друга, что называется бок о бок. Ольга не отставала. Так получалось, что они приноровились выходить из дому в одно и то же время — в восемь утра, «выныривали» из боковых улиц и пересекались где-то между авеню W и авеню X. Сначала каждый делал вид, что не замечает другого, потом, когда это неузнавание стало попросту смешным и даже нарочито невежливым, начали при встрече кивать друг другу и продолжали сей… ковидно-масочный моцион в молчании.

Ольга вскоре заметила, что, если она запаздывала, загадочный незнакомец уже поджидал её на перекрёстке с Оушен Парквей и Авеню X. Немая сцена приветствий повторялась. Они кивали друг другу, шли в сторону океана до Брайтона, подходили к воде, несколько минут глазели на океан и одновременно поворачивали обратно. Так продолжалось где-то с неделю, пока, наконец, мужчина перед началом моциона отважился первым подать голос:

— Доброе утро, мадам! Пожалуй, пришло время представиться. Надеюсь, я не покажусь вам назойливым? Меня зовут Олег. А вас как зовут, если не секрет?

— А меня Ольга, — ответила женщина и засмеялась. — Действительно, не забавно ли? Мы живём в одном районе, выходим из дому в одно и то же время, выбрали один и тот же маршрут, да ещё имена наши совпадают. Что это? Случайность или предопределённость?

— Да, действительно, слишком много совпадений. В этом что-то есть… Какая-то загадка, которую нам с вами предстоит разгадать, — если, конечно, вам любопытно узнать, что за всеми этими совпадениями кроется, — сказал Олег. Ольгин колокольчатый смех пробудил в нем смутное воспоминание. Когда-то давно, в молодости, ещё в московскую бытность, похожим колокольчатым смехом смеялась одна девушка, которая ему нравилась. Потом пути их разошлись, и Олег забыл о ней.

— Ну что ж, подумаю на досуге о странном совпадении, — улыбнулась под маской Ольга. — А пока вперёд, на Брайтон!

Они совершали этот моцион в любую погоду, невзирая на ветер и мелкий дождь. Их задерживали дома разве что ливень и ураган. По дороге хранили молчание, так как маски и быстрый шаг при разговоре вызывали одышку. Однако во время остановки у кромки океана они обычно кратко беседовали, задавая привычные эмигрантские вопросы и отвечая на них. Олег начал стандартный эмигрантский опросник первым.

— Ольга, вы давно в Америке?

— Очень давно, приехала с семьёй: с малолетней дочерью и мужем в 1979 году. А вы?

— А я — в 1980, тоже с семьёй... Так что у нас с вами приличный эмигрантский стаж, если можно так сказать. Мы — эмигранты-ветераны.

— Это точно. Эмигранты-ветераны. Звучит прямо-таки внушительно. Но лучше бы стаж был меньше. Грустно! Большая часть жизни промелькнула. И сейчас этот ужасный ковид, если не убивает, то калечит и, во всяком случае, значительно ограничивает жизненные возможности. А сколько её, той жизни, осталось, одному Богу известно, — с грустинкой добавила Ольга.

— Вы верите в Бога? Или просто так вставили слово Бог в виде устойчивого выражения, как фигуру речи? — полюбопытствовал Олег.

— Да, я верю в единого Бога, но в храм не хожу и никакой конфессии не придерживаюсь. Верю в творца и вершителя судеб.

— О, какой высокий штиль! Да вы — поэт. Литератор — уж точно. А я, если честно, атеистом был в Союзе, да здесь атеистом и остался. Но в судьбу и предопределённость верю. Вот ведь... — он хотел что-то сказать, но запнулся или намеренно замолчал.

— А я думаю, что человеческая судьба — это и есть проявление Божьей воли, — сказала Ольга и добавила:

— Ой, что-то небо серьёзно хмурится, как бы не хлынул ливень. Сегодня предсказывали проливные дожди, а к вечеру шторм. А нам ведь ещё обратно идти и довольно долго. Всё! Разворачиваемся — и быстро назад!

— Слушаюсь и повинуюсь! — усмехнулся Олег и подумал: женщина начинает командовать. Это хорошо или плохо? Хорошо, что уже, вроде, меня своим приятелем считает. Плохо, что так быстро начала мной руководить. Впрочем, она права. Надо спешить, иначе промокнем до нитки.

Они развернулись и ускоренным шагом пошли в сторону авеню W. Еле успели дойти до своих домов, как начался ливень.

* * *

Два дня бушевала стихия со всей разрушительной силой: ветер дул со скоростью 50 миль в час, стена воды обрушивалась на город, гнулись и ломались деревья, обрывая электрические провода и вызывая перебои с электричеством.

А через два дня, когда погода наладилась, Олег почему-то не пришёл на прогулку к назначенному часу. Ольга, привыкшая к их, как она про себя называла, «парному катанию», напрасно прождала его где-то минут пятнадцать на углу авеню X и поняла, что он сегодня вообще не придёт. Она пошла, как обычно, в сторону Брайтона, теперь одна, всё же раз за разом оглядываясь назад в надежде увидеть Олега. Но он так и не появился.

Разные мысли одолевали Ольгу. Почему он не пришёл? Ему надоели эти прогулки с ней? Он выбрал другой маршрут? Его жена случайно узнала об их уличном знакомстве и прогулках и запретила ему видеться с Ольгой? Жена? Но ведь Ольга ничего о нём не знала, женат ли он до сих пор или разведён, есть ли у него дети, чем он занимается, в каком доме живёт? Как его фамилия, сколько ему лет? Она ровным счётом ничего о нём не знала. Впрочем, так же, как он ничего о ней не знал, кроме того, что она приехала с семьёй в Америку в 1979 году. Это было просто уличное знакомство, никого ни к чему не обязывающее. Они не обменялись телефонами. Обычно мужчина при знакомстве с женщиной, которая ему приглянулась, просит у неё номер телефона. Он не попросил. Не успел… или ему это было не нужно. Видимо, он вовсе и не собирался ей звонить. Ну, и Бог с ним! Она даже лица его не знает и без маски не узнает. Может, он страшный, как Фантомас. Но голос приятный, и речь грамотная. Московский выговор. Этого у него не отнимешь. Всё! Забыла. Был некий Олег, да сплыл. Ещё один Олег…

На этом Ольга заставила себя поставить точку на отыскивания причин исчезновения некоего случайно встреченного Олега, который ей, в сущности, никто: ни приятель, ни друг, ни родственник, ни возлюбленный…так, промелькнувший попутчик.

* * *

Олег не появился ни на следующий день, ни через неделю, ни через две… Вообще, испарился. Да был ли мальчик-то? Может, мальчика-то и не было? — вспомнила Ольга известную цитату из «Клима Самгина» и перестала думать об Олеге.

Наступил декабрь, обычно радостно-суетливый, когда все покупают подарки на Хануку, Рождество и к Новому году. Но ковид не утихал, и настроение у Ольги (да и у всех вокруг) было далеко не праздничным.

Прежде дочь с семьей приезжала к Ольге на Новый Год, или Ольга отправлялась к ним в штат Индиану. Но в этом году никто на праздники ни к кому не полетел, так как многие рейсы были отменены, кроме того, полёты были сопряжены с двухнедельным карантином. К тому же этот чёртов ковид можно было легко подцепить в самолёте. Словом, Ольга осталась на Новый год дома куковать наедине со своей наряженной искусственной ёлочкой и телевизором.

В январе, как это часто случается в Нью-Йорке, вдруг наступило временное потепление. Где-то 60 градусов по Фаренгейту, яркое солнце, голубое небо, ни облачка, лёгкий бриз. Ольга, как всегда, вышла на утреннюю прогулку, только в необычное время, в десять часов, так как ей захотелось наконец выспаться. И неожиданно на углу Ave W увидела знакомую мужскую фигуру — в спортивном костюме, бейсболке, маске и тёмных очках. Мужчина подошёл к ней и спросил:

— Вы меня не узнаёте? Не удивительно! Вы меня видели только в маске. Как же вы меня можете узнать? А я вас сразу узнал. Вы — такая, такая… особенная, узнаваемая даже под маской. У вас удивительно лёгкая походка. И костюм ваш я помню, и вязаную шапочку. Я — Олег. Помните? Мы с вами вместе, так сказать, совершали утренние прогулки. Я два месяца отсутствовал.

— Я вас прекрасно помню, и даже довольно долго размышляла, почему вы больше не выходите на Оушен Парквей и что с вами приключилось.

— А приключилась со мной модная нынче, проклятая болезнь. Подхватил ковид, да ещё в сильной форме. Попал, мягко выражаясь, не в лучшую городскую больницу, в Кони Айленд госпиталь. Температура зашкаливала. Дышал с трудом, кашлял, хрипел... Посадили на вентилятор и капельницу. Еле-еле подлечили, не вылечили, а просто сбили температуру, восстановили дыхание, накачали антибиотиком и выпихнули домой, чтобы освободил койку для нового больного. Я там такого в госпитале насмотрелся! Настоящий фильм ужасов. Медики снуют туда-сюда в масках и ковидно-защитных костюмах, как космонавты или пришельцы из других миров. Сегодня рядом с тобой лежит живой человек, разговаривает, правда, с трудом, дышит, а завтра он уже труп. Приходят санитары, накрывают его простынёй и вывозят на каталке в морг. Потом на его место привозят другого бедолагу. И повторяется та же история. Я, когда там лежал, всё думал, что вот так же и меня в один совсем не прекрасный день накроют простынёй и увезут в морг, потом завернут в мешок и… не знаю, отдадут ли родственникам тело для захоронения на кладбище или бросят в общую могилу, засыпав все наши тела хлоркой. — Когда Олег рассказывал свою историю, у него дрожали руки и срывался голос. — Помните, как хоронили Моцарта в общей яме-могиле? Смотрели фильм?

— Да, помню… смотрела. Боже мой! — Ольга расчувствовалась. У неё даже слёзы набежали на глаза. Хорошо, что этого не видно было под темными очками. — Представляю, как вам было там в больнице тяжело, не только плохо физически… от болезни, но и морально. Морально жутко оттого, что завтра ты можешь стать просто телом, не пригодным даже для достойных похорон. Но мне кажется, тут вы ошибаетесь. Тела всё же выдают родственникам, если таковые и имеются. И хоронят умерших от ковида по-человечески, каждого в отдельной могиле. Ну, или кремируют. Это зависит от завещания покойного. Словом, как решат его родственники, если нет завещания.

— Конечно, вы правы. Я тогда сгущал краски. И меня ведь можно понять… Но судьба (или, как вы верите, Бог) был на моей стороне. Умереть мне не дали, как я уже сказал, подлечили и выписали. Потом дома я целый месяц приходил в себя. Живу я один. Ухаживать за мной было некому. Жена от меня давно ушла, уехала в Европу… с одним гм…. весьма перспективным мужчиной, бизнесменом. А я — что? — обычный инженер, работающий в муниципалитете. Сын мой занят своей семьёй, да и боялся он от меня заразиться и потом перезаразить всех своих.. В общем, я один выкарабкивался. Сейчас постепенно обретаю прежнюю форму. Хочу думать, что получится. Вот такие дела… А как вы? Не переболели?

— Нет, пока ещё здорова. Сегодня здорова. Что будет завтра, не знаю. Я так вас понимаю и сопереживаю. Сколько вам пришлось пережить, перевидать, перечувствовать! Первое время, когда вы всё не приходили, я каждый день думала-гадала, куда вы подевались. А оно вот что оказалось. Ковид! Ну конечно! Как это я сразу не догадалась? Да, я пока ещё не заболела, хотя в нашем доме многие переболели и даже некоторых уже нет… Когда думаю об ушедших, самой жить не хочется. Может, сменим тему? Так можно рехнуться. Ну что, идём по прежнему маршруту? Будем жить, пока живы.

—Идём. Только вы, уж пожалуйста, не очень торопитесь, принимая во внимание тот факт, что я ещё, к сожалению, далеко не в спортивной форме. Ладно?

— Хорошо! Сбавим темп. Да и спешить-то нам, в общем, некуда.

Они теперь уже медленно, побрели к океану. На Бордвоке было мало людей. Видимо, народ не ожидал, что погода так разгуляется. Ольга и Олег подошли к кромке. Успокоенный, переливающийся на солнце всеми оттенками голубого и синего – от светло-лазурного до чернильно-синего – океан лениво шевелился, слегка волнуясь, и выбрасывал на песок белоснежные кружева пены, не замутнённые водорослями. Часы показывали одиннадцать. Ресторан Татьяна был открыт для «бранча» только для посетителей, которые соглашались сидеть на улице.

— А не посидеть ли нам за столиком на улице у ресторана Татьяна? Я не успел сегодня позавтракать и проголодался? Что скажете, Ольга? Я вас приглашаю.

— А я вообще никогда не завтракаю. Только выпиваю чашку кофе и сразу на улицу. Так что я совсем даже не против перекусить.

— Вот и прекрасно!

Они сели за столик. Подошёл официант, несколько удивлённый, что эти двое в спортивных костюмах забрели в ресторан в такую рань. В это ковидное время сюда, в Татьяну, зимой, даже к вечеру, заходили редкие посетители. Жизнь в городе замерла. Он ещё не умер, но как бы погрузился в летаргический сон. Все попрятались по своим норам.

Официант принёс меню. Олег заказал пышный омлет ”with everything” и кофе с пирожным Наполеон. Ну никак не мог себе отказать в сладеньком. Уж больно несладкой была его жизнь в последнее время. Ольга, соблюдая рыбно-овощную диету, заказала салат из помидоров и огурцов, креветки в сметанно-чесночном соусе и чай без пирожного.

Официант для затравки принёс, как принято в русских ресторанах, бутылку минералки, тарелочку с нарезанным чёрным и белым хлебом и сливочное масло в разовых упаковках. Можно было приступать к еде. Наступило время снятия масок, которого в тайне Ольга и Олег побаивались. Страшились увидеть не того и не ту, которых они себе нафантазировали. Но в маске есть невозможно. Пришлось снять…

—Мне кажется, что я вас знаю, что мы прежде где-то пересекались, — сказал Олег, пристально всматриваясь в черты Ольгиного лица. Я не помню, где и когда, но я точно вас знаю. Вы, конечно, изменились. Наверное, много лет прошло с тех пор, как мы были знакомы, но смех ваш, заливисто колокольчатый, я по сей день помню. Такой нежный и в то же время заразительный смех не забывается.

— И я вас, кажется, знаю. Нет, поймите меня правильно, вы, конечно, тоже изменились, возраст есть возраст. Но всё равно, вас можно узнать. И я даже помню, при каких обстоятельствах мы с вами познакомились. Это было, думаю, лет сорок назад, — сказала Ольга и улыбнулась. (Улыбка у неё была удивительная. Когда женщина улыбнулась, морщинки и складки сразу будто исчезли. Вернее, взгляд собеседника перестал их замечать).

— Ну же, вспоминайте! Москва, встреча, кажется, 1975-го Нового года у ваших друзей в студенческом общежитии МГУ. Вы тогда, что называется, положили на меня глаз и всё время со мной танцевали, не уступая другим парням.

— Не уступал в танце. Но для более интимного общения вы оказались недоступной.

— Недоступной? А поконкретнее нельзя?

— Ну, если вы помните, под утро, когда мы все уже прилично набрались, парочки разошлись по комнатам. У нас в комнате пустовала одна кровать. Я был пьян, и мне ужасно хотелось затащить вас в койку, но вы меня мягко так оттолкнули… и мы так и просидели до шести часов утра за разговорами. А потом вы попрощались и собрались уходить. Я хотел вас проводить, но вы сказали, что вам такой пьяный провожатый не нужен, и просто ушли. А я бухнулся в кровать и проспал до 12 часов дня. Господи, так вы та самая Ольга строгих правил, в которую я тогда по уши влюбился?

— По уши влюбился, как вы говорите, но так потом ни разу и не появился и даже номера телефона не попросил. Почему? Видно, не очень сильно влюбился. Или у вас, как говорится, был запасной вариант…

— Да, у меня была девушка, обязательства перед которой заставили меня вскоре на ней жениться. В ту Новогоднюю ночь она была больна и не смогла прийти на нашу вечеринку.

— Так вот вы какой! Ненадёжный, распущенный. Одна девушка заболела — встречу Новый год и пересплю с другой…

— Это всё молодость, глупость и самонадеянность. Поверьте, я потом горько пожалел, что не взял ваш телефон, не назначил свидание и… женился на другой.

— Горько пожалел! Ого! Какие высокие слова раскаяния! Только не надо преувеличивать. Всё равно не поверю. Это было так давно, в другой жизни. Проехали, как говорится. А вот и мой салат принесли и креветки. Скоро и Ваш омлет подъедет.

— Бог с ним, с этим омлетом! Приедет. Куда он денется! Я так рад, что снова вас встретил! Может, вы дадите мне ещё один шанс? Я очень надеюсь. Ведь не зря же мы с вами через столько лет снова встретились?

— Может, и не зря. Поживём — увидим. А вот и ваш омлет прикатил. Да какой красивый, пышный! Уплетайте, пока он не остыл.

— Омлет не остынет, и я тоже, — заключил Олег, и они с Ольгой оба засмеялись его шутке.

— Погода сегодня уж больно хороша! Тишина. Безлюдье. Это неожиданно тёплое январское солнце и океан, переливающийся всеми оттенками голубизны, создают прямо сказочное настроение, и мне хотелось бы верить, что мы не зря с вами снова встретились.

— Не зря! Ведь мы ещё не такие старые. Ещё не поздно, да?

Ольга в ответ снова улыбнулась.

* * *

Они ещё какое-то время встречались и, вроде, нашлись общие темы для разговоров и даже общие знакомые. Нью-Йоркский русско-эмигрантский круг интеллигенции не так уж и широк. Ольга Олегу всё больше нравилась, особенно, когда она снимала тёмные очки и маску. (А делала она это теперь постоянно. Ведь Олег уже переболел ковидом и, даже если она является носителем вируса, для него это не опасно.)

Он видел её улыбку и ясный взгляд карих глаз с рыжими крапинками на радужной оболочке. Такие глаза — редкость. Олег спрашивал себя, как это он мог тогда жениться на другой? Где были его глаза и мозги?

Ольга мало говорила, всё больше слушала разные истории из Олеговой жизни. Он много путешествовал по свету, много повидал. Было о чём рассказать.

Ольга, казалось, забыла старую обиду на то, что Олег тогда в молодости резко исчез. А ведь мог бы узнать у друзей, как её найти, если бы захотел. Она слушала и искоса поглядывала на Олега. Не красив, но черты лица приятные, губы не тонкие, обрамленные седыми усами и аккуратной бородкой. Олег снял бейсболку, обнажив всё ещё густые чёрные с проседью волосы. Он чем-то напоминал ей покойного мужа. Это был Ольгин любимый типаж.

Они уже не ходили на расстоянии метра друг от друга. Шли рядом, но не под руку и, конечно же, не за ручку, как подростки. Олегу так хотелось обнять её за плечи, но она постоянно увиливала от этой, казалось бы, отнюдь не интимной ласки, не спешила идти на «сближение», хотя чувствовала, что прикосновения Олега ей будут приятны. Словом, их роман медленно, но всё же развивался. Ольга, было, уже даже решила пригласить Олега на обед, так как умела хорошо готовить и помнила добрую старую пословицу, что путь к сердцу мужчины лежит через желудок. Но потом случилось непредвиденное…

Она не пришла к условленному часу. Один день не пришла, другой… Олег занервничал, расстроился: Заболела ковидом? Или чем-то еще? Не хочет меня видеть? Я её чем-то обидел? Что-то не то сказал? У неё появился другой ухажёр? Она просто решила мной поиграть, отомстить за то, что я тогда, в молодости не продолжил с ней роман? Сначала завлечь, а потом бросить? Могла бы и позвонить! Да, но мы так и не обменялись телефонами. Какой же я осёл! Снова не попросил телефончик.

Олег укорял себя за глупость, каждое утро прохаживался около Ольгиного дома в надежде, что она появится, но она не появлялась, а он ни номера квартиры, ни фамилии Ольги не знал. Можно было бы спросить кого-то из жильцов. А как такое спросишь? Вы не знаете, в какой квартире живёт некая одинокая женщина по имени Ольга, симпатичная шатенка средних лет? Спросишь — сочтут за наглеца, а то и за потенциального грабителя. Могут и полицию вызвать. Потом поди, доказывай, что ты — порядочный человек. — Так и не спросил.

А Ольга тем временем находилась в штате Индиана по срочному вызову дочери. Дочь с мужем заболели ковидом, и оба оказались в больнице. Дома осталось двое маленьких детей пяти и семи лет. Пока за ними присматривали соседи, но срочно требовался кто-то из родственников. А единственной родственницей была она, Ольга, родная бабушка. Она вылетела из Нью-Йорка в Индианаполис пулей, первым же рейсом и, естественно, не смогла предупредить об этом Олега, хотя думала о нём и огорчилась, что не знает номера его телефона. Как же глупо, прямо по-детски, всё получилось! Знать, не судьба нам с ним.

Ведь уже третий раз теряем связь друг с другом, — сокрушалась она.

* * *

Прошло несколько месяцев. Наступил апрель. Самое начало весны, когда распускаются почки и нежными бело-розовыми всполохами первоцвета радуют глаз деревья. Солнце светит ярко, по-летнему, но ещё не жарит, и хочется проводить больше времени на воздухе. Ковид пока не заглох, но затаился и в любой день мог вспыхнуть с новой силой. Бруклинцы, казалось, на время забыли об этой напасти и высыпали на улицы семьями, на ходу всё же натягивая маски.

Солнце уже спустилось с зенита и клонилось к западу. Было пять часов пополудни. Олег сидел в одиночестве за столиком на улице у ресторана Татьяна и, устремив взгляд на океан, ожидал свой традиционный омлет with everything. Неожиданно кто-то сзади тронул его за плечо. Олег обернулся и не поверил своим глазам. Перед ним стояла Ольга, с маской, приспущенной до шеи, не в спортивном костюме и не в кроссовках, а в летнем платье, босоножках и широкополой соломенной шляпе.

— Ну, здравствуй… те, Олег! Я предполагала, что когда-нибудь увижу вас именно здесь, — сказала она, сняла тёмные очки и улыбнулась. Как же она была хороша… той предзакатной, неяркой, но завораживающей красотой!

— Как же я рад вас видеть, Ольга! Пожалуйста, больше не исчезайте! И… дайте мне, наконец, номер вашего телефона. Обещаю не надоедать вам звонками.

— Записывайте, — сказала Ольга. — И мне не мешало бы иметь ваш номер… так, на всякий случай. — Тут они оба рассмеялись.

Татьяна ОКОМЕНЮК. Карантин

Не так уж долго — три-четыре месяца,
Ну хорошо, пускай от силы пять.
А там глядишь, и все уравновесится,
И по местам расставится опять.

Игорь Иртеньев

Меня зовут Фидель. Кличку эту я получил благодаря внешнему сходству с лидером кубинской революции — такой же крупный бородатый брюнет с умным взглядом и крепкими челюстями. А еще, на фоне собратьев-ризеншнауцеров, я отличаюсь смекалкой и сообразительностью: с полуслова понимаю хозяев, даю лапу, умею подражать звукам, отлично лажу с детьми — пятнадцатилетней Кирой и девятилетним Олегом. Терпеливо выдерживаю процедуру обтирания лап, лояльно отношусь к нашей кошке Матильде. Умею делать массаж — сам нахожу больную зону и мну ее передними лапами. А как я встречаю хозяев! Когда они возвращаются домой, я каждому приношу именно его тапочки. Хозяин говорит, что любит меня больше, чем всех остальных домочадцев, потому что я не в состоянии нагадить ему в душу.

Он прав — я очень приличный пес. Предан семье, неудобств не доставляю, без толку не лаю. Не то, что соседский той-терьер Чича, не закрывающий пасть ни днем, ни ночью. Его хозяйка, баба Нина, — ничуть не лучше своего питомца. Вместо того чтоб купить Чиче ошейник «антилай», орет на него так, что во всей девятиэтажке вибрируют стекла. Не случайно ее в подъезде все называют гарпией.

В нашей же семье, как в саду дзэн, царят спокойствие и гармония. Вернее сказать, царили. Пока не начался этот, не к ночи будь помянут, карантин. Первой неладное почуяла Матильда. Проходит день, два, три, а семья из четырех человек безвылазно сидит на наших с ней квадратных метрах и, судя по всему, ни в школу, ни на работу не собирается. Нервно мяукая, кошка стала бросать в мою сторону вопросительные взгляды, мол, что происходит, коллега? Доколе нам терпеть это вавилонское столпотворение на шестидесяти квадратах? Ответа на этот вопрос я не знал и лишь растерянно стриг ушами.

Позже выяснилось, что и хозяева не ведают, как долго продлится их «домашний арест». Вначале они радовались внеочередному отпуску, посмеивались над предписанием носить намордники, нарушали режим изоляции. А когда за это стали наказывать, приуныли, прямо, как собаки с началом дрессуры. Из квартиры они выходить перестали, и начались ожесточенные бои за компьютер, телевизионный пульт и туалет.

Компьютеров в доме всего два — ноутбук хозяйки, на котором она с 9 до 17 работает на удаленке, и общий, стационарный, на который претендуют Кира, Олег и хозяин. Последний сейчас — в неоплачиваемом отпуске, поэтому больше лежит перед телевизором, что сильно напрягает пропускающего мультики Олега. Пока отец смотрит футбол, Кира зависает в чатах, постит фотки своей «арестантской» жизни в Instagram, играет в интерактивные игры. Льнущего к ней брата отшвыривает от себя с криком: «Соблюдай социальную дистанцию!». Олег обижается, ему только и остается, что играть со мной в догонялки. С понедельника у них обоих начнется дистанционное обучение. Интересно, как они будут учиться при одном ПК?

Выход, конечно, есть. Олегу на AliExpress купили планшет, принесли его с почты и засунули за обувную полку в коридоре. Распаковать не решаются — опасаются заразиться. Даже купленную на eBay вьетнамскую «Звездочку» не открывают, хоть хозяйку мучают головные боли, а хозяин капитально отлежал шею и плечо.

Короче, мы с Матильдой решили помочь Олегу. Сейчас раздерем когтями полиэтиленовую упаковку и начнем играть обновкой в футбол. Хозяин беспредела не потерпит и приступит-таки к инсталляции планшета — делать-то ему все равно нечего.

О! Опять ругня началась из-за туалета. Стоит Кире погрузиться в пенную ванну, как в помещение начинает ломиться Олег с расстройством желудка. Стоит Олегу оккупировать унитаз, в дверь уже стучится хозяин: «Сына, ты там уснул?». Правду говорят, что длина минуты зависит от того, с какой стороны туалетной двери ты находишься.

Мы с Матильдой эту истину испытали на собственной шкуре: наши лотки стоят на застекленной лоджии, а там, закрывшись на защелку, работает хозяйка. Она у нас — преподаватель, читает студентам лекции по скайпу. Так увлечена своим делом, что напрочь забыла о наших естественных потребностях.

Мне-то, в отличие от Матильды, гораздо легче — меня три раза в день выводят гулять. Вернее, вывожу я. Утром — хозяйку — она раньше всех просыпается. Вечером — хозяина. Днем — Олега. Кира же в моих услугах не нуждается. Она со своим кавалером встречается по вечерам у мусорных контейнеров — оба в 20.00 выносят мусор.

Вчера, правда, с этим случился облом — украли наш мешок с пищевыми отходами, который хозяйка опрометчиво выставила за дверь. Это могли сделать всего несколько человек. В шорт-лист попали тринадцатилетний Колька Стрекалин и алкаш Колдобин из квартиры напротив. Я даже знаю точное время преступления — 19.30. О нем визгливым лаем возвестил Чича, без звукового сопровождения которого не обходится ни один движняк на лестничной площадке.

Узнав об ограблении, Кира побагровела, как прищемленный ноготь, и упала на тахту лицом вниз. Билась в истерике пять минут — я засекал. Хозяин не выдержал психической атаки дочери и уступил ей свою вечернюю прогулку со мной.

Никогда в своей жизни я столько не гулял. Остальные собаки нашего двора тоже, не считая, Чичу. Бабе Нине в лом и один раз в день с ним по скверу пройтись. Но сегодня терьерчику повезло — узнал меня, завилял хвостом, залаял, запрыгал вокруг нас с Кирой. В отличие от остальных, я ответил на его приветствие кивком головы. Чичу во дворе не любят, относятся к нему, как к коту. Псы здесь, в основном, крупные и особей, меньше лайки, за собак не считают.

Вон, натянув поводок в струну, пыхтит похожий на жирную крысу бультерьер Бася. А это — флегматичный, как эстонский хуторянин, бернский зенненхунд Раритет. Идет неспешно, по-царски, обходя грязь и лужи. Недалеко от него роняет на асфальт слюни бульдог Цезарь, квадратный, криволапый, безносый, с длинным языком, торчащим между кривых зубов. А там, по дорожке, шествует жесткошерстная антиаллергенная такса Бяка, строящая из себя собачью королеву. Она, видишь ли, редкой для России породы, полученной путем скрещивания обычной таксы и даймонд-терьера. А вот из-за угла появляется еще один дворянин — испанский мастиф Маркиз. Несмотря на происхождение и довольно грозный вид, мозгов у него, как у медузы. Пес не способен запомнить хотя бы одну команду, однако, смотрит на всех с нескрываемым превосходством.

С началом карантина все наши собаки стали очень важными. Не бегают, не скачут, не рвутся с поводка, а вышагивают гордой поступью. Времена-то вон какие настали! Раньше отлавливали собак без сопровождения человека, теперь ловят людей без сопровождения собаки. Вот хозяева к нам сейчас и подлизываются. Мой вчера ласково потрепал меня по холке и пообещал: «Как только этот дурдом закончится, поедем на дачу и устроим праздник: будешь бегать без поводка и лакомиться вкусными собачьими печеньками». Во как!

Наступила третья неделя карантина. Моя семья уже начала сходить с ума. Устав «пинать балду», Олег плачет, просится в школу. Клянется, что до выпускного вечера не прогуляет ни одного урока. Кира поссорилась со своим кавалером и теперь даже мусор не выносит — сидит сутками на своей тахте, раскладывает карты Таро и красит Матильде когти быстросохнущими лайнерами. Каждый день другим цветом. По Матильдиному педикюру я уже определяю день недели: красный — понедельник, оранжевый — вторник, желтый — среда и так далее, по спектру радуги. Сама Матильда уже так разожралась, что ей стали впору Кирины трусы, которые на нее напялил мающийся от безделья Олег. Вчера кошку взвешивали — набрала три килограмма. А чего ж не набрать, если хозяева постоянно жуют, а она у них под ногами вертится, выпрашивая очередную добавку? Раньше только «KiteKet» ела, а теперь ничем не брезгует, даже кофе стала пить из блюдечка — совсем рехнулась.

Хозяева между собой ругаются. Хозяйка возмущена тем, что она, хоть и на лоджии, но деньги для семьи зарабатывает, в то время, как хозяин, валяется паралитиком на диване, жрет выпечку и литрами пьет пиво под футбол, хотя обещал сделать в ванной ремонт и разобрать хлам в кладовке. В ответ он психанул, натянул намордник и ушел из дому. Вскоре вернулся с гречкой, тушенкой и, главное — с туалетной бумагой, из-за дефицита которой семья уже неделю подтирается рекламными проспектами. Конечно, он ожидал похвалы, но хозяйка завелась не на шутку:

— Тоже мне, подвиг Геракла! Вот если б ты имбирь раздобыл, тертый шафран и масло черного тмина, цены б тебе не было. В интернете пишут, что коронавирус только их и боится.

— На вас не угодишь! — махнул хозяин рукой. — Задолбали уже меня все, а деться с подводной лодки некуда.

У соседей — тоже скандалы. Стены тонкие, слышно каждое слово.

— Не застуди почки, тебе их еще продавать! — кричит забаррикадировавшемуся на лоджии мужу мать Кольки Стрекалина.

— Сова, открывай! Медведь пришел! — вернулся от собутыльника с верхнего этажа алкаш Колдобин. — Мечи на стол закуску. Готов жрать твое оливье прямо сейчас, лишь бы этот год быстрее закончился.

Дальше — душераздирающая ария Чичи и следом, как водится, выход бабы Нины:

— Утухни, сявка безмозглая, а то ща получишь люлей!

Ну, и как тут не поехать кукушечкой?

Второй месяц самоизоляции оказался конкретным жесткачом. Никто не был готов к столь тесному сосуществованию друг с другом. Многие опустились внешне и внутренне. И дело не только в закрытых парикмахерских и косметических салонах. У людей исчезло желание нравиться близким. Хозяин ходит по дому в старой растянутой пижаме — в новую он уже не умещается. Лохмат, небрит, усы топорщатся, борода клочьями — на меня уже стал похож. На замечания супруги реагирует агрессивно:

— Кто видит мою небритость, если за дверью я вечно в наморднике?

— Тогда и дома в нем ходи! — парирует хозяйка. — Может, жрать меньше станешь при завязанной-то хлеборезке. Вон пузо уже какое наел — диван прогнулся параболой. Детей бы постеснялся.

— А ты их сильно стесняешься? Как только занятия со студентами заканчиваются, сразу бежишь смывать макияж и переодеваться в халат, как будто мы с детьми не люди. Для чужих, значит, — королева, а для семьи — линялая Никакуша Ивановна.

— Я, в отличие от тебя, после одной рабочей смены, иду на вторую, чтобы вас обслужить. Готовлю, мою посуду, убираю за вами, неблагодарными…

— А кто тебя просит? Не убирай, не готовь. Будем заказывать доставку еды. В этот сложный для экономики период поддержка малого бизнеса — благородное дело.

Хозяйка распсиховалась, побежала в спальню, упала на кровать и стала орать в подушку:

— Разведусь! Изоляция закончится и разведусь.

От страха у меня аж хвост затрясся. А Матильда не испугалась: прыгнула хозяйке на спину и, громко урча, стала тереться о ее холку, типа, плюнь и разотри — все мужики — собаки сутулые. Короче, сделала свой выбор.

С этого дня хозяйка, действительно, перестала готовить и убирать. Теперь, после окончания занятий, они с Матильдой вместе ужинают и пьют кофе. Затем возвращаются на лоджию, закрываются там и смотрят по ноутбуку сериалы про настоящих мужчин. Меня в свою компанию не принимают, поскольку я придерживаюсь нейтралитета. Такая же позиция и у Киры, которая ближе к вечеру, от греха подальше, смывается на улицу. Она устроилась работать волонтером по предупреждению гуляющих о том, что гулять нынче опасно.

Олегу же деться некуда, и он все время ноет, требуя отвезти его к бабушке. Ответ хозяина: «Старики — группа риска, а дети для них сейчас — самые опасные существа» ввел его в ступор. Это было самое странное из того, что он когда-либо слышал.

Через неделю наша квартира уже напоминала ночлежку в прифронтовой зоне. Кругом — коробки, пакеты, вакуумная упаковка от пиццы, чипсов, суши, куриных наггетсов. В постелях — крошки, конфетные обертки, прилипшие к наволочкам жвачки. На всех горизонтальных поверхностях — пыль, толщиной в палец, на паркете — липкие пятна. Хозяйка, по-прежнему, бойкотирует «лодырей и дармоедов», наводя порядок только на лоджии. Перенесла туда кофеварку, сервировочный столик, кресло-качалку для себя и банкетку для Матильды. Теперь у них — официальная автономия, где они пьют кофе, слушают музыку, смотрят сериалы…

У хозяина начались проблемы с пищеварением. Неудивительно при таком образе жизни: просыпается в полдень, питается всухомятку, в последнее время к литру пивасика добавляет водочки. Двигается мало. Прогулку со мной стал совмещать с закупкой продуктов. Да-да, он снова обратил свой взор на «Пятерочку», поскольку финансы «на поддержку малого бизнеса» запели романсы. Там он второй раз на этой неделе закупился на две недели вперед, и за три дня вместе с детьми съел все принесенное. Ну, и как при таком питании не маяться желудком? Потому-то наш туалет вечно занят. Как говорится, кто раньше встал, того и тапки. Отношения в семье обострились до невозможности. Еще месяц карантина, и домочадцы поубивают друг друга.

Третий день не слышно Чичу. Батарейки у него сели, что ли? Даже когда за Колдобиным приехала неотложка, он ни разу не тявкнул. Как бы с ним беды не случилось. Не с Колдобиным — с Чичей. У алкаша, слава богу, не «корона» — он перегаром отравился после того, как полдня походил в наморднике. Прав хозяин, что носит его на подбородке — береженого бог бережет.

Заканчивается второй месяц карантина. От постоянного нервного напряжения у меня стала лезть шерсть и дергаться глаз. Дожил уже до того, что стал похож на собаку Павлова, способную лишь на условные рефлексы: хозяин наденет намордник — я тут же собираюсь на прогулку, Кира звякнет миской — иду обедать, заскулит от обиды Олег — бегу с ним играть.

На телевизионный пульт уже никто не претендует, смотреть по телику решительно нечего — с утра до ночи все каналы транслируют ужасы пандемии. Все! Включая спортивные и детские. На этой почве хозяйка уже стала неврастеничкой. Слышит по зомбоящику слово «коронавирус», тут же отключает аппарат от сети.

Кира нашла новую забаву: звонит знакомым парням с планшета Олега и измененным голосом сообщает, что их золотая карточка в элитный гей-клуб «Голубая лагуна» готова и в течение двух дней придет по почте на домашний адрес.

Нашелся Чича. Оказалось, баба Нина сдала его в аренду в соседний подъезд. Теперь терьерчика по очереди выгуливают бессобачники. И главное — всем хорошо: жильцам — свежий воздух, Чиче — разнообразный хавчик, бабе Нине — прибавка к пенсии, а нам — благословенная тишина.

С хозяином совсем беда — сам с собой разговаривает. По ночам выходит на лестничную площадку, садится на ступеньку и что-то бормочет про День сурка. Хозяйка говорит, что на почве алкоголизма белка в его голове стала крутить барабан не в ту сторону. Кира же считает, что у отца — сильнейшая депрессия. А что же еще, если он уже два месяца не покупает на AliExpress никакой фигни?

Выжрав банку свиной тушенки и опившись кофе с ликером, Матильда всю ночь не давала мне спать. Приперлась по пьяни на мою лежанку, бесцеремонно отодвинула меня к стене, улеглась на мое брюхо и засопела. Я чуть концы не отдал — она ж тяжелая, как десяток кирпичей. Еле дождался утра. А утром — новая напасть. Семья проснулась от громкого и протяжного воя Киры. Взвесившись, она обнаружила, что за два месяца набрала пять лишних кило.

— На дворе лето, а я — белая, как сметана, — рыдала Кира, — и жирная… как сметана.

Хозяева кинулись утешать дочь, но она не унималась.

— Посмотрите, что случилось с моим лицом! Это все из-за ваших идиотских масок. Как я теперь на люди покажусь?

Лицо девочки было усыпано мелкими подростковыми прыщами. Еще вчера их, действительно, не было. Варианты о походе в аптеку за мазью ее не устроили. Увещевания о том, что гулять сейчас все равно нельзя, а за маской прыщей никому и не видно, разозлили Киру еще больше.

— Я — жирный, прыщавый Франкенштейн, — всхлипывала она, повернувшись лицом к стене. — Уйдите все отсюда, я хочу побыть одна. — Вчера мы с Матильдой один сериал смотрели, так там раненые таежники обмазывали сметаной пораженное место и давали его вылизать собаке. У псов в слюне есть особые ферменты, способствующие скорому заживлению ранок, — гладила ее плечу хозяйка. — Что нам мешает провести эксперимент?

Этот вариант устроил и меня, и Киру: ей — массаж лица, мне — сметанка. И так, Матильде на зависть, пять раз в день. После вечного, как мерзлота, Pedigree, это просто — пир желудка. Должно же быть в этом карантине хоть что-то полезное?

Сегодня утром новостной диктор торжественным голосом возвестил нас об «уверенном выходе России из пандемии». Сообщение это было воспринято домочадцами, как голос Иисуса: «Лазарь, воскресни!». Вначале хозяева не поверили, кинулись мониторить интернет. Оказалось, правда. Хозяйка на радостях засобиралась в суд — подавать на развод, но ангел-хранитель над головой пролетел, мозгов отсыпал. Тем более что хозяин уже навел порядок в кладовке и положил в ванной полтора ряда плитки. Завтра он сходит в парикмахерскую и магазин мужской одежды: подстрижется, побреется и приоденется. С последним, правда, будут проблемы, поскольку сейчас на него налезает только белье… постельное. Но это дело наживное, до магазина «Богатырь» — двадцать минут ходьбы ленивым шагом. Так что, все у нас наладится, все вернется на круги своя.

Не успели мы толком порадоваться своему избавлению от, не с утра будь помянутого, карантина, как ВОЗ забросила в нашу бочку меда свой черпак дегтя: «Не расслабляйтесь, граждане! Не исключено, что, в связи со второй волной коронавируса, придется снова вводить карантин».

Лица хозяев исказила такая гримаса, будто их только что долбанули электроразрядником для скота.

— Кабздец! — раздался за стенкой зычный голос Колдобина. — Пора запасаться бухлом на вторую волну.

Алексей РАЧУНЬ. Случай в степи

1

Течение времени бывает разным. Лишь из толчеи мегаполиса, из безумных этих муравьиных копошений, из скопления людей, характеров и фобий, время выглядит коротким полетом стремительной ракеты. Его всегда и на всё не хватает. Словно это низкий удушливый смог, что вечно стоит над городами, жмёт на землю свинцовой дланью и требует — торопись.

В этой степистой местности, небогатой на растительность, испещренной как прыщами — редкими кустиками да неглубокими рубцами пересохших балок, время никуда не текло. Под высоченным, внепрогляд, небосводом, с приклеенным к нему яростным солнцем, время плавилось, слоилось и пузырилось натеками, как гной на глазах старика.

Был и старик, изо дня в день прислоненный к стене саманной хижины, как бесхозный инвентарь. Его занятий и было, что до полуденного зноя натаскать воды из арыка, да выпустить бедовать в бесплодные степи трех коз. А потом занять позу истукана в коротком теньке возле стены и отрешенно пускать на линялую рубаху бурую слюну. И клясть, до костного зуда, до покрывающей нутро извести, время.

Была у старика и старуха. Давно уже лежачая, ни на что не гожая, ни к чему живущая. Старик исправно ходил за ней, кормил, переворачивал с боку на бок, омывал, менял белье и сердобольно гладил по голове.

Эти хлопоты давно вошли у него в привычку и не обременяли.

А больше заняться было нечем. Иссохшие желудки не требовали много пищи, а значит и затрат на ее добычу. Электричества тоже не было — когда-то прикатил в клубах пыли грузовик, с его кузова, не вылезая, некие люди ловко срезали провода и растворились, как мираж, в густевшем зное.

С проводами исчез и будоражащий душу ажиотаж большого мира, ненужными стали приборы, да и осиротевшие столбы, будто из них выпили жизнь, не достояв зимы, рухнули и скоро истлели.

Теперь вокруг была лишь степь, ветшающая хата, да двоединокие старик со старухой.

Хата их стояла у излучья двух пыльных узких дорог, сходящихся в одну. По ней давным-давно, кроме того, уже полустершегося в памяти грузовичка, что увез провода, никто не проезжал.

И, казалось, если произойдет на дороге некое движение, оно будет чуждым и нереальным, кто бы его ни создал, — монгольский тумен из дальних средневековий, либо лоснящийся металлом космический аппарат. И прошлое, и будущее были для этой дороги неуместным фоном.

Дорога была совершенно безжизненной.

Один ее конец уходил, по желто-серым пустынным землям за горизонт, и растворялся там, в этом бедноцветном мареве, как нить ненужных воспоминаний.

Два же охвостья, на сростке которых стояла стариковская хата, вели в противоположную сторону и разбегались по степи привольными лентами разводя глаза. Они тоже уходили за горизонт, в те края, где мертвая полупустыня начинала чуть гуще куститься и сливалась у горизонта в тонкую белесовато-зеленую нить.

Там, когда подступал удушливый вечер, и воздух чуть остывал, роилось что-то в воздухе, колобродило и мельтешило. Какие-то неявные миражи, как призраки похаживали у горизонта, сообщая некую утлую надежду.

А надежда у старика была одна.

Что начнёт течь время.

Пускай с самой ничтожной скоростью, но течь.

Тогда, даст бог, выйдет стариковский срок и приберет его смерть. А перед этим, наконец, отмучится его лежачая старуха. Только и мечты было у старика, чтоб пришло в движение время, и вытекло из него все, без остатка.

Старик яростно клял не желавшее течь время, гнал его прочь, бранился, исходил нервами до припадков, но время никуда не текло.

Старик молил небеса, однако они не помогали.

 Старик хулил небеса, но они не гневились.

 Вся его ярость, все его проклятья, вся его хула и напраслина никуда не обращались, не достигали ничьих ушей.

А были, как остановившееся время, как непогашенный кредит тут, всегда при нем.

И у старухи были такие же мысли. Однако слабость ее и болезнь не давали ей выражать свои чувства яростно и громко. И она лишь плакала.

Когда соль слез проточила на ее и без того изрытом морщинами лице глубокие борозды, она смирилась и замолчала. Замолчал и старик, обратившись в продубленного ветром истукана у саманной стенки. Время остановилось совсем.

Отчаяньем, горьким, беспросветным отчаяньем душевной нищеты наполнилось вневременное стариковское бытование. Горькой обидой, как наледью, покрылось изнутри его существо.

А разве может быть что страшнее, беспросветнее и неизбывнее, чем стариковские обиды. Обиды, которые не могут быть отмщены, обиды, что никогда не пройдут, ибо не пройдет время.

Но, коли жива надежда, жив и человек.

Однова* старик увидал странное клубение. Оно шло, как бы поигрывая и поскакивая, словно перекати-поле оттуда, куда уходила дорога воспоминаний.

Старик не сразу обратил на него внимание, приняв за обычный в этих бескрайних местах, такой же заблудившийся во времени и безысходности ветер. Однако клубок нарастал, как степной суховей, правда, не разрастаясь в размерах, а сбиваясь в плотное ядро.

---

*однажды

2

Ядро надвигалось, и это так поразило старика, что он испугался.

С испугом стронулось что-то и в его голове. Обрывки эмоций, куски молитв, фрагменты ругательств и черепки загадок, зазвенели в старческой голове стеклянным боем лопнувшего плафона.

Разум, тщедушный, почти угасший разум вдруг восстал и грозил помрачением. Ибо приближающийся ком нес движение, а стало быть, и отсчет. А отсчет — это всегда ход времени.

Ходуном ходило, билось накрытой сетью птицей сердце старика. И кровь, давно уже остывшая и загустевшая, вдруг взыграла в жилах и зашлась кипятком.

А пыльный ком, подсобравшись осадился на месте, как взвившаяся в дыбы лошадь. И из него, стремительно вырвался и, блистая, полетел по дороге автомобиль.

Старик, поздно сообразив, наконец, подобрался и побежал в хату.

У входа перевел дыхание — он уже давно никуда не бегал даже несколько метров, — ополоснул лицо застоялой водой из ржавой бочки, выдохнул пару раз и — эх! — с отчаянной удалью окунулся в бочку по пояс. После вбежал в хату:

— Старуха, там кто-то едет.

После чего, сам себе не веря, поспешил на улицу.

Пыль по-прежнему вилась по дороге зыбким шлейфом, а автомобиль приближался.

Теперь его уже можно было разглядеть детально.

Это был внедорожник темного цвета.

Матово блестели припыленные дуги, диски и надкрышный багажник. Внедорожник шел напористо, ходко, не рыская, лишь изредка подскакивая по бугрящейся дороге, равномерно давя шинами грунт.

Старик подумал было, что это мираж и эта его мысль отозвалась в нем какой-то неявной, неожиданно возникшей неуместной надеждой.

Автомобиль, еще мгновение назад бывший в отдалении, наскочил в миг, и разом остановился, плюхнулся меж ухабов и тотчас замер, как подсдутый мяч.

Стрекотала живность в бедной растительности, позвякивали от жары и дороги мелкие детальки в автомобиле, щелкали, моментально высыхая, редкие волосы на стариковской голове. Миг, и все смолкло, и стало как и было прежде. Старик закрыл глаза и зашевелил беззвучно губами.

— Здравствуй, отец. — Раздался бодрый, исполненный сил душевных и телесных, голос.

Он прозвучал иерихонской трубою, трубным зовом, возвещающим неумолимое наступление Армагеддона.

Старик открыл глаза.

Парень, лет тридцати, спелый, коренастый, бодрый, торчал над водительской дверью, пританцовывая ногами на нагретой подножке.

— Мир вашему дому, батя! Алё. Ау. Слышишь меня? Ассалам алейкум!

Старик раскрыл рот для приветствия. Отвыкшие от общения губы слушались плохо, голос дрожал, звуки выходили из горла, будто несмазанные детали.

Путник растерянно, будто ища поддержки, оглянулся по сторонам.

Однако старик пришел в себя, проперхался, и повторил, уже в полную силу:

— Алейкум Ассалам, добрый человек!

Парень обрадовался. Он соскочил с подножки, подошел к старику, постоял, посмотрел и протянул старику руку:

— Очень рад. Еду-еду, никого, голая степь, до горизонта. Думал уже, заплутал. А тут твоя изба, как спасение. Была мысль — мираж блазнит, поближе подъехал, нет, действительно, хозяйство. И ты на пороге, батя. Стоишь и молчишь, как истукан. Опять думаю, мираж. Спрашиваю, главное, а ты стоишь столбом, как этот, как его, Лот что ли? Или жена его? Да и черт с ними.

— Я чего говорю — я к озеру еду. Озеро где-то там есть в степи дальше, слышишь, батя?

— А? — старик будто очнулся.

— Озеро, говорю, тут есть где-то, красоты невероятной, степное. Знаешь про озеро?

— Озеро?

В голове у старика что-то щелкнуло, будто запустился старый пленочный киноаппарат, и поехала, пошуршала по роликам жухлая, осыпавшаяся, почти уже в прах превращенная кинопленка. На ней, сквозь точки, пятна и трещины, пошла проекция — камыши, чуть неровный берег, садящийся за горизонт яркий шар…

Опаска покидала сердце старика.

Это время, время начало течь. Пошел отсчет, защелкали мгновения. Неужели вымолил?

Неужели господь сподобился и смилостивился. Новые, радостные мысли скудно забродили в стариковской голове. Однако же они не заполняли собой все сознание вмиг разлетающимся фейерверком, нет.

Они кружились в пустоте, сходились боками и вновь разлетались, будто в парном танце, как бы оставляя место для чего-то ещё.

— Ага, озеро. Из этой бочки можно умыться? — Парень, не дожидаясь ответа, скинул футболку и с шумом заплескался. Он лил воду на лицо, на грудь, на спину, терся, шлепал себя и фыркал, как конь на мелководье.

— Случайно про озеро ваше проведал из былинных источников, их даже в интернете нету, ну и заело меня. Думаю, не дам пропасть жемчужине, открою её для человечества. По крохам сведенья подсобрал, рюкзак набил, палаточку в багажник бросил, да и в путь. А чего мне, думаю…

Ты один тут живешь, батя, или еще кто есть? Хозяйство-то у тебя гляжу, небогатое. Ну да ничего, трафик к озеру пойдет, приподымешься.

Парень стал обходить вокруг избы. Старик поплелся следом.

Гость тыкал кулаком в саманные стенки хижины, деловито наклонялся, подбирал с дороги труху и гниль, отшвыривал в сторону.

— Это что, сарайка? — Он пнул по двери и хмыкнул. Затем подпрыгнул, повис руками на жердине кровли, подтянулся и спрыгнул.

— Скучно, поди, старик, так куковать-то? — Усмехнулся он, открыто и просто глядя в глаза старику.

И не дожидаясь ответа сказал:

— Ну вот!

Будто пообещал, что теперь всё наладится.

Гость и старик обошли немудреное хозяйство и дошли до колодца. Здесь гость наполнил поясную флягу.

— Так что, старик, куда дальше-то мне ехать, влево или вправо? Дорога-то раздваивается.

Слушай, тут такой анекдот рассказали про «раздвояеца», ум-м-мора!

Старик смотрел на внезапного гостя и собирался мыслями.

Он уже давно не успевал за рассуждениями и вопросами собеседника и положил себе, как следует обмозговать сегодняшнее происшествие после, когда этот человек уедет своей дорогой.

Сейчас его беспокоило лишь, оказал ли он гостю надлежащее гостеприимство, откуда-то вдруг всплыл в его памяти обычай гостеприимства, и гвоздил теперь в маковку.

— Чем богаты! — выпалил он парню.

— А? Чего? — не понял тот.

— Чем богаты. Чем бог послал, не взыщите, живем скудно.

— Да нет, нет, — засмущался гость, — Мне только дорогу разузнать. Здесь дорога-то идет?

— Дорога-то? — Переспросил старик. И сам же ответил. — Здесь.

— Ну и отлично! Ты тут, батя, как путеводная звезда.

— Чего?

— Как маяк в пучинах хозяйство твое, говорю. А ты при нем как смотритель. Ну а я, стало быть, корабль пустыни.

Парень засмеялся над своей шуткой, и старик тоже непонимающе хохотнул. Его радость вдруг стала меркнуть, как меркнут в предвечерии зыбкие мороки у пустынного горизонта.

Он осмотрел еще раз все свое хозяйство — избу, сарай, постройки, кучу рухляди, штабель тлелых дров, загон, колодец, коз, пасущихся в отдалении — все то, что составляло его жизнь бесчисленную тьму лет, все то, что вросло в него, срослось с ним, с его стариковскими жилами, с его плотью и с тем, что внутри этой плоти.

Ведь получалось, что внутри него есть нечто неосязаемое, что-то такое, что непросто взять и описать словами, или иным каким способом взять и выразить.

Он-то думал, что это лишь старческая накипь, неисторгаемая злоба, материальная, как кости, жгучая, как степной солончак, а оно оказалось чем-то таким… Таким же, как тогда, в молодости.

Зачем оно ему теперь? Зачем с этим жить, зачем быть в его плену. И осознание того, что внутри него есть еще что-то, показалось ему невыносимее тех вековечных мук, что терзали его и его старуху тогда, в безвременье.

И старик испугался.

Он видел дом и двор, сарай и загон, хлам и колодец — и это был его мир. Небольшой, насквозь пропоённый его злобой и отчаяньем, но его, от веку его, неделимый ни с кем мир.

А за спиной сейчас был гость, как провозвестник нового мира. Мира, в котором ему, никчемному и забытому, не будет места.

Все его печали, вся его клясть и хула, все его испитое и исстраданное, что оно для этого мира, для этого времени? К чему оно ему?

И старик указал путнику неверный путь.

Он направил его по правой дороге, ведущей неведомо куда, в самое сердце степи, туда, где со всех сторон света идущие пути свивались змеиным клубком и, принеся в этот клубок всю жару своей долгой днины, отчаянно шипели, как и положено змеиной породе.

Оттуда можно было лишь поворотить назад и длить свою унылую дорогу к дому, везя за собой одно горькое разочарование в бессмысленно пройденном пути.

3

Ночью напахнуло прохладой так, что заколыхались линялые занавески. Потянуло ветерком и распахнутое, растресканное, в потеках краски окно скрипело на несмазанных петлях.

Старик не спал. Временами, вслед за порывом ветра, окно гулко бухало о стену мазанки и тогда в сердце старика разливалась такая щемь, будто оно было не в груди, а там, между окном и стеной.

Возникли вдруг из ниоткуда, будто выпростались из закрученной жарой степной былинки после дождя свежие побеги, воспоминания.

Вспомнилось вдруг старику, что лет 30, а быть может и все 40 тому назад, пока не заел быт, пока не появилась привязанности к месту, и быстро за ней наступившего окостенелого домоседства, он и сам, былое дело, ездил со старухой на то самое озеро.

Было это в мае, в ту короткую пору, когда степь уже освободилась от снега и подсохла, но еще не окуталась в порфир и виссон бесконечных суховеев. Когда трава была еще сочная и зеленая, и ночной холод уже отступил, а дневной зной покамест не завладел миром. Когда всё жило и дышало, и сами они с женой были живые, ненадышливые, полнокровные, как та степь.

Как они добирались до озера? Может это была попутка, которых много сновало в ту пору во все стороны, а может, это был даже велопоход с промежуточной ночёвкой? Были ли у них с женой велосипеды? Кто теперь вспомнит. Вроде тогда они тоже долго, всё кляня, путали дороги и направления, однако выбрались-таки к озеру. А выбравшись, враз забыли все напасти.

Затем вспомнились ему вдруг громкие звуки будто бы сотен полощущихся на ветру после стирки простыней, а за ними наступил такой неумолчный гомон, что старик оторопел.

Он прислушался было, но снаружи, въяве, был лишь частый скулящий скрип оконной петли, да редкий бряк рамы о стену. И хлопки, и гомон были лишь в его душе. А за ними встал образ розовой воды и розового неба. И старик вспомнил, зачем они ездили с женой на озеро.

Они ездили смотреть, как прилетают туда на гнездовье с жаркой зимовки фламинго.

Это хлопанье их крыльев было похоже на веянье по ветру простыней. Это их жадный гомон терзал сейчас душу старика. Это их розовые перья стояли сейчас перед его глазами и были всем — и небом, и землёй. Большие, тонконогие птицы с длинными алыми перьями, с красной бархатной шеей, с несуразными топорами клювов взлетали поодиночке, парами, группами, десятками и сотнями особей, кружились в небе то часто, то редко взмахивая крыльями, будто рассеянный дирижёр невидимого оркестра. Временами они собирались в большие стаи, поднимались высоко и реяли над землей, будто гигантский флаг, покрывая всё небо как заря, расцвечивая его как зарождающаяся жизнь.

А на озере в этот момент продолжалась возня, копошение и гомон. Меся тонкими ногами грязь, большие птицы вытаптывали конусы гнезд и начинали кладку. И на озере бурлила и зарождалась жизнь.

Жили и они с женой, и их сладостный миг двуединого счастья, казалось, будет длиться бесконечно. И когда старик дошел до этих воспоминаний, сердце его застучало куда чаще, нежели оконная рама. Он вдруг понял, что с воспоминаниями о той бурлящей жизни жизнь началась и в нём. И, стало быть, время-таки потекло. И напрасно он направил путника не по тому пути. И ничего теперь не миновать.

Он долго лежал напуганный, прислушиваясь к своему испугу, ибо испуг тоже был вновь изведываемым чувством. И то, что он чувствовал, пугало его еще больше.

Старик лежал и шевелил пальцами то рук, то ног, а потом удивился тому, что он может заниматься такими глупостями. А следом удивился и тому, что он может оценивать свои действия и поступки.

От этого ему стало ещё хуже. Страх нарастал в нем пульсирующим розовым комом, будто садились на дальнее озеро, закрашивая черноту его будней тщеты, всё новые и новые стаи птиц и вот он уже начал пунцоветь, этот страх, грозя заполонить всё стариково естество красным, жарким ужасом вновь потекшего времени.

Не давая этому ужасу подчинить себя, старик поспешил к старухе. В этот час поспел и срок перевернуть старуху на другой бок и сменить при надобности бельё.

Старуха лежала спокойная, иссохшаяся, тонкая, вся будто бы видимая на просвет, как куст жузгуна по осени. И ей ничего не было нужно. Время начало течь, и старуха умерла. Пришёл, наконец, и её долгожданный, выстраданный черёд.

Ничего хорошего не испытал старик.

Ни радости, ни сожаления. Лишь досаду, что старухе послано избавление, а ему нет.

Он пробовал было вспомнить полагающиеся по кончине человека обычаи и ритуалы. Попытался сотворить молитву, но вспоминать её слова значило вновь разгонять воспоминания, значило совершать по времени ход в прошлое, в память. А стало быть, что с начавшим свой ток времяходом нужно начинать сживаться.

Однако разве для этого были пережиты все мучения?

Старик обернул тело старухи тканью, опоясал поверху в несколько витков бечевой и, не дожидаясь утра, вынес на улицу.

Уже давно возле козьего загона им были заготовлены две неглубокие, по пояс, могилы.

Долгое время они были прикрыты хламом, чтобы не осыпались стенки, и старик споро разметал этот хлам.

Засыпав старухину могилу, он воткнул в ее ноги лопату, а сам спрыгнул в свою ямину и улегся в неё лицом вверх прямо на землю, безо всякой домовины. Да и на что она была ему нужна?

Еще когда он только волок свою старуху сюда, к месту погребения, старик думал:

— Надо бы что-то сказать. Пускай не на смерть старухи, пускай просто. Чтобы не покидать мир совсем уж безмолвно.

И отогнал от себя эту мысль. Ни одного слова он не хотел оставлять после себя в мире.

Окаймленное могилой, будто укрывной плат, виднелось светлеющее небо.

Старику не хотелось умирать под вольным, всеохватным небом, он нажился под таким. И теперь старик смотрел в прямоугольник неба лишь как в высокую, голубую крышку гроба. Это его устраивало.

Солнечный луч пробился откуда-то сбоку и резанул старику глаз. Он было подумал, что ход светила по небосклону это тоже часть временного хода, и что чем дальше будет наползать на его лицо солнечный луч, тем дольше он, старик, будет идти с временем совместно.

А это было неправильно. Ибо всё уже свершилось. Этот мир никогда не будет прежним и, стало быть, пора искать тот мир, где снова и отвеку всё будет неизменным.

Солнечный луч все расширял пространство света в тесной стариковской могиле.

Разгорался день.

Старик закрыл глаза и приготовился к вечной тьме.

И тьма не заставила себя ждать, деликатно объяв старика, как заслужившего эту привилегию всей своей жизнью под вечно палящим солнцем.

В тот самый миг, когда глаза старика навеки закрылись, к птичьему озеру по солончакам подобрался заляпанный грязью автомобиль.

На его подножку выбрался изможденный ночными блужданиями, и всё же не утративший духа водитель.

Он приставил к глазам ребро ладони и долго глядел на разгорающийся на востоке восход.

В его лучах рябилось озеро, о чем-то вечном шелестели камыши и среди тысяч конусообразных гнезд вздымали, пробуждаясь, длинношеие головы красные птицы.

Водитель ухмыльнулся, плеснул на лицо теплой водой из фляжки и воскликнул:

— Ну, старик! Такую красоту зажать хотел! И чего люди жалеют?

Роман СМИРНОВ. Монтемирр

Аккуратно закладывать поленья в камин, поджигать скрученный кусочек березовой коры, ждать разгара, смотреть на огонь, иногда пошевеливать кочергой угли, приятная успокаивающая процедура. Этим я занимался с большим удовольствием почитай каждый день. Зима выдалась холодной и снежной. Конечно, старенький камин. Даже моим родителям он достался видавшим виды и воды, как говорится.

Я сидел в кресле и пил чай. Огонь в недрах камина завораживал. Невозможно оторваться…

— Привет!

— А, это ты, — обернулся я на голос. — Нравится тебе моя толстовка. Затаскала совсем. Выкинул бы давно, да…

Балахон ей действительно был великоват. Ещё капюшон накинула. Не видать лица. В нём она была похожа на Филлипка. Девчонка совсем. Держа рукавами кружку, она то запускала её во тьму капюшона, то возвращала.

— Монтемирр, — произнесла она, и второй раз, по слогам, — мон-те-мирр…

— А?

— Ничего. Чай хороший.

Затрещало сучковатое полено. Я вернулся к своему занятию. Милое маленькое существо, что ты делаешь в моих снах? Кстати, я забыл её имя. Изабелла, Белла, Элла?.. Может, Алиса??

— Алиса!! — позвал я, всё ещё улыбаясь смешной остроумной догадке.

Ответа не было.

В следующий раз было лето. Я рано приходил из конторы, с нудной и никчемной работы.

На веранде хорошо. Прохладно. Дремотно.

Скрипнула половица. Оглянувшись на звук, я увидел её.

— Где ты была?

— Я думала, ты знаешь. В Монтемирре.

Голова гостьи была не покрыта. Алиса смотрела прямо на меня, время от времени поправляя слишком длинный локон светлых, почти белых волос. Я принялся её рассматривать. Теперь она не показалась мне девчонкой. Особенно манили глаза. Бездонные какие-то, колодцевые. Про таких писали, что это глаза русалок. Хотя, откуда им знать? Не выдержав прямого взгляда, я отвернулся.

Хм, русалки. Чертовы сновидения. Чёртовы глазищи. Пора прекращать эти вечерние послерабочие пару стаканчиков. И что ещё за Монтемирр?

— Монтемирр… — медленно проговорил я, вслушиваясь в необычное слово.

Следовало бы учесть, что этого делать нельзя.
Но откуда мне было знать?..

Валерия ШУБИНА. Ручей уходящего лета

И ручьем-то нельзя было назвать это вечное движение вод, проточивших край огорода. Течением и поражал этот ручей ли, родничок ли, поток ли, притом что являлся законной частью усадьбы. Но для родничка он был слишком открыт, а для потока — узок, зато шумел, торопился… Что-то даже суматошное чудилось в этой неугомонности, по-человечески хлопотливое.

Здесь, на краю, покатый спуск переходил в низину и, перемахнув на другой бережок, также в осоке и таволге, взбирался в гору, под сосны. А там уже вольнице одичавшей земли вставал поперек чужой дощатый забор: между редкими штакетинами просматривался порядок. Стайка волооких, холеных мальв покачивала султанами в крепких бутонах, мал мала меньше.

Собственно, огорода как такового не было. Была земля (много земли!), заросшая бурьяном. Над ней поднимался сад, но и его не имелось, а были деревья, заглушенные порослью сорной сливы, исполинской крапивой и снытью. Всё это подступало к задней стене хозяйственного двора, старинного, ветхого, каким-то чудом еще держащегося, но готового завалиться всеми вековыми бревнами и продавленной крышей, Завалиться и потянуть за собой дом, к которому примыкал, испортить весь исторический вид. При более внимательном взгляде становилось ясно, что дом поновее, со звездочками в деревянных узорах и пристройкой наподобие будки для входа. Крашенный в темную зелень, он облез кое-где, выгорел, но стоял еще крепко и не собирался ползти под общий уклон. Дом и заслонял от посторонних глаз все задворье, с ним и ручей, глядя небольшими окнами на главную улицу села. Глядя, правда, невесело: ни цветов на подоконниках, ни клумб в палисаднике, ни протоптанной дорожки к калитке. Разве что могучий куст хрена с жилистыми лопоухими листьями придавал веселье общему виду — ну как же! такая икебана да на всеобщее обозрение, как георгин какой-нибудь редкий или орхидея заморская. Да и к хрену уже подбиралась растительная шпана.

Говорили, что всего на селе девять проток, потому и названо «Подолец», что встало вдоль их течения, но в большой подол не вышло, а в подолец как раз. Но те, другие, где-то там, вообще, а тут свой, собственный, настоящий, словом, Ручей Ручеевич — с огромной ивой при изгибе течения, с мягкими бережками в траве, которую полоскала и теребила вода. Оттого бережки и казались округлыми, как коровьи губы.

Ручей, можно сказать, и решил дело с покупкой усадьбы. Ручей да еще сад, да заброшенная каменная церковь поблизости. Десять лет тому назад теперешняя владелица усадьбы Лялечка и ведать не ведала, что есть такое село во Владимирской области, к которому из

Москвы как до Америки, если, конечно, не имеешь своей машины или вообще предпочитаешь общественный транспорт вроде электричек, междугородних автобусов с последующей пересадкой на сельские. При нынешней спешке и привычке к скоростям такая поездка за двести километров может представиться сплошным неудобством. Действительно, лучше не вспоминать все эти залы ожидания, билетные кассы, очереди, переваливание багажа, а главное — расхлябанные проселочные дороги, на которых автобус готов развалиться, а то и вовсе отказывается везти, и пассажиры толкают его до первого пригорка, откуда он летит, как ошпаренный, даже проскакивая остановку. Однако Россия не была бы сама собой, если бы при каждом удобном случае не вынимала душу из человека. А дорога как раз такой случай. Но если не придавать значения неудобствам, то в передрягах и маяте была своя польза. Случайные посетители не заскакивали в Подолец.

Так и нынешнюю хозяйку занесло сюда в гости к давней знакомой Иветте; когда-то они вместе учились в школе. Родительница дала ей это имя будучи сама Лукьяновной, к тому же Прасковьей. Она полагала, что имя «Иветта» оградит дочурку от тяжелой судьбы, какая выпала ей самой, смолоду сироте, а позднее вечной добытчице — без надежного плеча, без помощи и поддержки. Родительница часто повторяла: «Как корабль назовешь, так он и поплывет».

К тому времени, о котором речь, «корабль» давно купил дом в этих краях и со своим муженьком курсировал из московской квартиры в сельскую, а из сельской в московскую. И гостей по надобности приглашал. Возникла потребность и в Лялечке. Иветта привезла ее на машине, чтобы показать одну усадебку, «такую занятную, сплошная идиллия». «Идиллия» была выставлена на продажу, а Иветта взялась посредничать в сделке. Привезла на всякий случай, зная всеохватность гостьи в смысле знакомств: если не вся Москва, то половина была Лялечке известна. Пусть поглядит, а вдруг да кому-то сосватает.

Привезенная обвела рассеянным взглядом землю, пробралась между рядами крапивы к ручью, узрела деревья в плодах и пропела:

— Я-а-а покупаю.

— Как! — изумилась Иветта. — А где ты возьмешь столько денег?

— Возьму… — откликнулась Лялечка и чистосердечно сказала, что получила наследство и «богатенькая» теперь.

Под «богатенькой» подразумевалась завещанная квартира, которую помогли продать за хорошие деньги.

Потом посмотрела куда-то вверх и спросила:

— А ты заметила вечером, какое удивительное состояние неба: молодой месяц обведен правильным млечным кругом?

Иветта всего-то рукой махнула: какой месяц! какой, к чёрту, круг! когда запахло деньгами. Она вовсе и не имела в виду, чтобы гостья стала хозяйкой, и вдруг такое везенье. На радостях Иветта надавала с три короба обещаний — что и возить сюда будущую владелицу станут на машине, и дом отремонтируют, и помогут с устройством. А заметив на Лялечкином лице всегдашнее витание в небе, опять услышав ее кроткий певучий голосок, смекнула, что огрести можно не только за посредничество, но и побольше. Пусть деньги сами плывут к ней в руки: ведь этой, отхватившей богатство задаром, что копейки, что миллионы — все мимо, она в деньгах толку не знает. Привыкла получать готовенькое — известно: «покорный теленок двух маток сосет». А Лялечка меж тем, как нарочно, пропела что-то про грех накопительства, заметив, что деньги должны протекать и струиться, а не лежать камнем на дне, «а безвыездно в городе рас-чело-вечиваешься, депрессия нападает». И вид у Лялечки был до того отвлеченный, что Иветте даже представилось, что она сотворит благое дело, если проучит эту «фефелу».

И дальше пошло как по маслу: доверенность, денежки, покупка. А когда Лялечка заполучила права, выяснилось, что облапошили ее по всем статьям: бывшая однокашница содрала с нее сверх истинной цены дома, а потом муженек этой шельмы обобрал при ремонте, да еще так обил комнаты захудалой вагонкой, что соседка Люба сказала: «Чтоб ему такая жизнь была». Доски торчали ребром и норовили отстать при том, что гвоздей он насовал сколько не жалко. А взялся за дело по той же причине, что и женушка: чтобы не упустить шальной капиталец , а с капитальцем и кой-какой строительный материал.

Так наша Лялечка сделалась владелицей усадьбы с ручьем в селе Подолец, которое, судя по сделке, оправдало и свое второе название «Подлец» — злые языки бросали его иногда односельчанам, желая показать, какого они пошиба. Посредница Иветта, этот «корабль», которому матушка прочила дальнее плавание, правда, не числилась односельчанкой, а числилась залетной московской пташкой из научных работников при докторе наук муженьке. Но в торговых делах они оба сливались с народом и как многие его представители не считали зазорным обобрать ближнего, а уж прикарманить, что плохо лежит, вроде сам Бог велел.

Ясно, что после подобного надувательства между старыми знакомыми пробежала черная кошка. К слову сказать, впоследствии Лялечка простила шельму и тем сняла с ее души камень — под такое везенье в самый раз и вернуть бы присвоенные денежки, но нет! Шельма ограничилась одним своим возвышенным состоянием, полагая, что для очистки совести и этого хватит.

И стала Лялечка добираться сюда на перекладных, приурочив себя к трем расписаниям: сначала электрички, после нее междугороднего автобуса, а под конец — сельского шарабана. То, что кто-то называл эти поездки «мытарствами», Лялечку не смущало: мотание давно стало ее стихией, только в дороге она и чувствовала себя человеком.

Обычно она приглашала кого-нибудь для компании, вместе и коротали время при пересадках: чай пили из термоса в залах ожидания, на сквериках от цыган отбивались. Приглашала Лялечка кого-то из тех, кто любил лес, ягоды, грибы, а еще парное деревенское молочко, яички из-под курочки, ну, и все такое. Москвички приезжали и ахали: «Какая первозданная красота!» или «Какая дикая нетронутая природа!» — и чуть ли не целовались с крапивой, душившей сад. Но крапива не понимала восторгов и жалила без всякого снисхождения.

Одна чувствительная особа и вовсе… Ни свет, ни заря в палисадник к хрену моталась. Из ромашек веночки плела. И в них бледной панночкой за село выходила. В дубках к земле приникала и до обеда на небо глядела. А за полдень, после крынки густых деревенских сливок, окрошки и ломтя ветчины, превращалась в сплошное шевеление губ. Умирающим голоском читала стихи. И этот голос не вязался ни с ее молодецким ростом и здоровенной лапой, ни самим днем, полным света и солнца. Превращался в пытку — хоть стой, хоть падай, не знаешь, куда деваться. Воспоминания получались у нее натуральнее. «Я патологически откровенна», — предупреждала и начинала: «Когда я была молодая и козлоногая, любовник у меня был на сорок два года старше…» На аханья объясняла: «А таким, как он, ничего не светит — лишь оказаться жертвой. Серая мышь, не брутал». — И завершала: «Я беспощадна». С категоричностью улетучивался дурман, обаяние порока куда-то девалось, и всё обреталось в истинном виде — пошлости и бесчувствия.

Позднее эти воспоминания приобрели печатное воплощение: особа занималась изящной словесностью и под какой-то свой зуд наворотила всё, что подсмотрела и запечатлела на пленку. Лялечка и это простила, назвала бесовку козлицей, сказала: «ибо не ведает, что творит». И Ставрогина вспомнила.

Как-то в Лялечкины компаньонки попала и та самая Лукьяновна, мать Иветты, тетушка из категории вечных друзей дома. Дочурка не жаловала ее вниманием, вся в делах и заботах дала от ворот поворот. В пику Иветте Лялечка залучила изгнанную к себе. И движение гостей сразу же поубавилось: Лукьяновна не терпела строптивых и сама указывала, кого принимать, кого нет.

Пришел и мой черед наведаться в Подолец. На ту пору Лукьяновна угодила в больницу и занималась своим здоровьем. Она и в больнице умудрилась с кем-то психологически не совместиться, не то с врачами, не то с однопалатниками, и в борьбе за свои права угробила последние силы, которые поехала восстанавливать по бесплатной путевке в дом отдыха. Потому Лялечка получила полную свободу на приглашения.

Меня давно разбирало любопытство, что там за ручей такой — про него знакомые прожужжали все уши. И ранним утром в конце июля мы с Лялечкой двинулись из Москвы — мимо славного города Александрова, и не менее славного города Кольчугина и совсем расчудесного города Юрьева-Польского — на встречу с ручьем. Много дивного видели по накатанному пути: церкви, вознесшие золотые кресты над воскрешенными куполами; тусклые деревянные домишки под боком крикливо-скороспелого самодельного зодчества; поля, брошенные на произвол судьбы, и целые поселения елей, облезших от какой-то хвойной болезни. Ближе к вечеру шарабан вытряхнул нас посреди Подольца, наведя панику на стаю гусей. Под их гоготанье да еще под упреждающие вскрики Лялечки: «Осторожно, мина!» (так на селе называют свежие коровьи лепешки) мы и дошли до Лялечкиного дома.

Он стоял вровень с другими — пятистенок, каких на Руси несчитано, и рваная тень клена поодаль от электрического столба лежала на палисаднике. При сильных порывах ветра она достигала окон, занавешенных чем-то темным, и делала их темнее. Похоже, клен жил с домом одной душой, и душа эта представлялась угрюмой.

Пока Лялечка бегала за ключом к соседке, мне следовало поверить, что именно этот дом, а не хрустальный дворец, и есть та заветная цель, ради которой ухлопано столько энергии, изведено столько времени, что и сам взгляд притупился на новое. Но вот Лялечка явилась с ключом, и жизнь пошла по-другому. Через несколько минут откуда-то взялись силы, потянуло осмотреться вокруг.

Нельзя сказать, что вид представших владений доставил мне удовольствие. Ничего, кроме варварского отношения к деревьям, я тут не узрела, никакой природной красоты, никакой живописности. Разве что зрелище заброшенного сада заставило вспомнить Гоголя — и ту страницу «Мертвых душ», где описан сад Плюшкина. Глядя на Лялечкины деревья, я понимала, что Гоголь писал сад Плюшкина с картины какого-то романтически настроенного художника, потому что настоящий заброшенный сад — по горло в бурьяне и, когда смотришь на него, то ничего, кроме бурьяна, не видишь. А уж легкой игривой зелени, которая подвизается в угоду прихотливому взгляду, не отыскать даже под пистолетом. Однако на Руси уж так принято любить все заброшенное и запущенное.

Позднее в Письмах Гоголя я наткнулась на следующее:

«О, Петербург вам покажется щеголем после Рима, покажется гладеньким, чистым, опрятным, вымытым, вытертым, зато в Петербурге нет таких развалин, покрытых плющом и цветами, — самых живописных, какие только случалось видеть на картинках...»

Наткнулась и подумала, что сад Плюшкина скорее всего вырос отсюда, впрочем, как и фигура Плюшкина:

«Сам папа очень похож на старуху. Если вы увидите его лицо на портрете, то подумаете, что это портрет женщины».

Так или иначе, а сад Лялечки был посажен в виде подковы и, отходя выгнутым полукругом от дома, создавал, по всем законам уединения, небольшой внутренний дворик, который выглядел бы уютно и симпатично, если бы не заполонившее его растительное хамье. Не зная удержу, оно стояло стеной, во весь рост, тесня и сживая деревья со света. Никакой иной природы, кроме своей, никакого искусства, ни тем более соединения природы с искусством, о чем пишет Гоголь в «Мертвых душах», видя в этом соединении верх совершенства, — это зловредное племя не признавало. Чертополох ли, дурнишник или болиголов произрастал тут — неважно, все это вместе называлось травой забвения и вгоняло в печаль и тоску.

Деревья уже давно взывали о помощи, но их никто не слышал. Сад, по всей видимости, был рассчитан еще и на то, чтобы деревья служили чем-то вроде кулис и по принципу: Богу Богово, а кесарю кесарево — отделяли бы экономическую, овощную, часть, следующую ниже, и делали бы неожиданной встречу с ручьем. Сами ли прежние хозяева до этого додумались или они поддерживали чужую идею столетней давности — до революции здесь жил управляющий графа, владельца окрестных земель, вод и лесов, — но только такого сада не было ни у кого. Ни в том виде, как был задуман, ни в том, как влачил свои дни сейчас. Неприятное заключалось еще и в том, что рядом у соседки Любы был образцовый огород с капустными рядками и грядами других овощей, с открытыми парниками перцев-томатов, и всё это при ветре щедро усеивалось семенами Лялечкиных сорняков.

Я представила себе, что сказала бы моя мама, агроном, глядя на всё это, и что сказал бы ее отец, браковщик леса, и что сказал бы отец отца, держащий сад в Городнице на Украине, где мама и родилась и где они просто молились на каждое деревце и нисколько не сомневались, что человечество вышло из яблоневого сада, того, что в раю. Они сказали бы: «Чем ахать и возмущаться, возьми ножовку и наведи порядок». И я ответила бы: «Сейчас не время. Можно навредить деревьям». — «Отсечь сушняк и вырубить крапиву всегда время». — «А я не приехала сюда работать. Мне и своего, подмосковного, сада хватает. Вкалываю, как негр на водокачке». — «Тогда не морочь голову и не тревожь наши тени». Но в душе уже что-то сместилось и требовало справедливости. «Если Лялечку не волнует состояние сада, мне-то что? Она первым делом в церковь пошла. Как будто деревья не Божьи создания и своим процветанием не хвалят Создателя. Но Лялечке важно акафист читать, а затем помогать в уборке, чтобы заброшенную церковь скорее открыть. А деревья так и останутся беспризорными».

Я махнула рукой и, подавшись к дому, угодила в колонию крапивы, растущей отдельно, у самых бревенчатых стен. Это тоже было ни к чему: лишняя сырость строению, которое и без нее еле дышит. Я оглядела заросли и тут заметила черных мохнатых гусениц — крапива была облеплена ими, ни одного живого местечка по краю листьев. Как овчарка, увидев овец, сразу начинает сгонять их в стадо, так я ринулась к заступу и схватила его. Но какая-то сила остановила. Я подумала: разве виноваты гусеницы, что кажутся людям противными. Наверно, Природе видней, когда их создавала. Она-то знает, что выйдет из них. Может, прекрасные бабочки с романтическими названиями вроде: адмирал, парусник, данаида. Если так, то и без меня достанет коллекционеров, которые станут ловить их,   бросать в банку, душить эфиром и насаживать на булавку. Нет уж, пусть злая крапива останется им плащом-невидимкой. И я отступила во внутренний дворик, где яблони задыхались в бурьяне. Тут заступ и пригодился.

И предстали деревья, усыпанные плодами, во всей своей одичавшей природе. Лет двадцать о яблонях никто не заботился, только срывали плоды, но яблони, даже отмирая, знали свое — цвели, плодоносили, осыпали землю падалицей и листвой, и земля питала их, хотя сама была попрана в своей животворной силе и в своем надчеловеческом интеллекте. Чего только ни валялось на ней! Консервные банки, бутылки, полусгнившие доски, осколки посуды, глиняные черепки — земля всё терпела, зная, что всё равно будет местом нашего последнего успокоения, нашей нерадивости и нашего безразличия.

К Лялечкиному приходу бурьян лежал двумя огромными кучами, уже привянув на солнце.

— Ой! Как свободно, — сказала Лялечка. — А я и не подозревала, в каком красивом месте живу.

— Послушай, — сказала я, войдя в раж (бес сумасшедшей работы уже поселился во мне), — дай-ка ножовку.

Лялечка побежала в дом и вынесла длинный кухонный нож.

— Ух, ты! Прямо меч ритуальный. Случайно, не самурай подарил? Сушняк таким не напилишь, — сказала я.

— А зачем пилить! Так романтичней. В дикости своя прелесть. — И прочитала:

> Но есть другая красота,
> Что просит ломаного жеста.
> Она — сухой полет листа.
> Ей в запустении блаженство…

После этих стихов следовало забыть о ножовке, но я подвела Лялечку к черной колонии, специально оставленной для показа, и пояснила:

— Чего ждать от гусениц, неизвестно, а вот яблоням отсохшие ветки точно невмоготу. А ножовка — это небольшая пилка, одноручная. Такая нужна.

Лялечка сделала еще один рывок в дом и вынесла пилку, на которую можно было сесть верхом и поехать — так пилка была тупа.

— Такой только мух отгонять, — сказала я. — А магазина здесь нет, не купишь. И ни у кого не одолжишь.

— Откуда ты знаешь? Ты что, просила?

— Свой инструмент мужик, как бабу, никому не отдаст. Разве что запасной… Есть тут покладистые?

Лялечка долго думала, потом сказала:

— Попробуй, поговори с Анатолием. Все-таки бывший подводник. Может, войдет в положение.

«Ох, и трудно же дереву на Руси, — подумала я. — Труднее, чем человеку. Не дают жизни ни в городе, ни в селе. В какой-нибудь Японии поклоняются каждому листику, лепестку сакуры, а у нас ради грядки капусты срубят вековое дерево, а уж ради автомобильных дорог изуродуют всю землю. И никому не втемяшишь, что здоровье, о котором пекутся с утра до вечера и которого желают друг другу при встрече: «Здрас-сте», имеет словесный прообраз в «древе». «Здравствуйте» значит будьте подобны дереву, красивому, сильному, одинокому. Всё от дерева: и древо жизни, и родословнос древо, и библейское древо познания добра и зла. Но говорить об этом себялюбивому человеку, пекущемуся об удобствах, — только время терять».

— Я за болящую молилась, — сказала Лялечка, почувствовав мое настроение. — Во здравие. Ты же знаешь Наташу. Она больна.

Последнее время Лялечка часто говорила о Наташе. Я поняла, о ком речь — о той Наташе, у которой улыбка. Эта улыбка охватывала как солнечный свет и приводила на память образ всепобеждающей крылатой богини. Казалось, в ней душа увидела свое отражение и узнала себя. Возле Наташи можно было забыться, спастись от бреда и холода жизни. Лишь она могла вдохновить на те красивые строки, которые Лялечка прочитала недавно. Наташа не изменила своей улыбке и когда заболела. Последний раз я видела ее с короткими волосами, они перестали расти после облучения — ее так лечили. И, зная это, всякий догадался бы о диагнозе.

Я ничего не ответила и отправилась к Анатолию в подмоченном настроении. Вместе с Лялечкой мы дошли до поворота, она показала мне дом Анатолия и пошла к пчеловодам за медом, а я через двадцать шагов под звонкий собачий лай потянула чужую калитку.

Двор был обсажен цветами; сбоку в беспорядке лежали березовые дрова.

— Чего такие смурные и невеселые? — спросил Анатолий, как будто знал меня сто лет, а не видел первый раз в жизни.

Я отвела глаза, уже оценив его взглядом. Был он крепкий и плотный, с добродушным выражением в светлых глазах, и пахло от него славным выдержанным табачком и древесными стружками. Отвела глаза и подумала: «За таким хоть на край света, хоть в преисподнюю» — и почему-то вспомнился Аввакум со своей протопопицей: «Долго ль-де, протопоп сего мучения будет?» А я ей сказал: «Марковна, до самыя до смерти». Она же против тово: «Добро, Петрович. И мы еще побредем впредь».

«А мне мужики хлипкие, женоподобные попадались», — прочел Анатолий в моих глазах, когда опять на него посмотрела. — Или дикие, необузданные. С такими — одна маята».

«Надо было искать».

«А зачем? И без них хорошо».

«Счастье надо делить».

«Ну, это не главное в жизни. Есть вещи и посерьезнее счастья».

Так разговаривали глазами, а губы вели речь о ножовке. На ней словно свет клином сошелся, даже не понадобилось приплетать к разговору имя подруги, которая служит на базе подводников в Североморске. Анатолий и без имени признал меня своим человеком.

Наточенную, разведенную, с хорошим зубцом, в чехле, чехол на застежке — словом, не ножовочку, а игрушку, выдал как приятель приятелю. Чехол показался мне верхом ухоженности, потому что сама я держала инструмент как попало, свалив в чемодан без разбора. Не то чтоб ему быть в чехле, даже в тряпку не заворачивала. С ножовочкой, как с каким-нибудь талисманом, миновала все те же цветы и поленья, вышла на улицу. Шла и с презреньем вспоминала свои пустые романы, своих безвольных мужчин. А потом и вспоминать перестала, потому что увидела сад — под гнетом отживших ветвей он теснил свою зелень, трепетную, светоносную, как улыбка Наташи, как строки, ею навеянные. Вверху каркасом дыбились отсохшие кроны. Образ заточения, клетки мелькнул в голове, и руки сами собой принялись за дело.

Сухие ветки летели вниз, превращая расчищенный двор в завалы валежника. Цеплялись за волосы, за одежду, норовили застрять на дереве; но я подталкивала их рукояткой ножовки, сбивала на землю. Попадались целые кроны, спутанные, как патлы чёрта, время источило их до призрачного состояния; стоило прикоснуться, как они рассыпались, оставляя на листьях древесную пыль, лохмотья коры. И труха отправлялась вниз, чтобы не мешала дышать освобожденному дереву.

Через несколько часов для костра набралось больше чем нужно и веток, и сучьев, и стволов. Скоро за домом заполыхало; дым окрасился в густой белый цвет от горящей травы. На дым прибежала Люба, соседка. Даже не прибежала, а пробралась откуда-то сбоку, через кусты.

— Не беспокойтесь, — сказала я всё в том же запале работы. — Обрезка. Сад требует, аж кричит.

— Ну вот, хоть один человек нашелся, которому такое не нравится. Всадник же скроется с головой в этих джунглях. Ляля раньше хоть косить нанимала, а в этом году за холодну воду никто не берется, себя еле помнит.

— Не до косьбы, жизнь захлестывает.

— Если сама не может, пусть нанимает. На земле работать надо, а не блажить.

— Должна заметить, что и в городе нужно работать.

— Там известно, какая работа… Не пыльная… Грабь, да подсчитывай, да за границу переводи. У богатого и детей чёрт колышет.

— Судя по саду, и прежние хозяева не слишком-то надрывались.

— Зачем же? Из деревенских тут последней учительница жила. Ей хозяйство было не по силам уже. А раньше они с отцом и корову держали, и кур, и до самого ручья картошку сажали. А потом уж, когда осталась одна, то конечно… Да и то нанимала помощников. При ней бурьян дыбом не ярился.

— Что-то такое я слышала… Вроде прежний хозяин вернулся с войны без ног, лежал на печке, умирал.

— Лежал на печке… — усмехнулась Люба. — Сдуру-то чего не намелешь! Сроду он на войне не был. Всю жизнь в пастухах.

— Вот как! А я думала, тоже учитель.

— Кому-то и коров пасти надо, ноги до гангрены исхаживать. Небось, молочко-то не сладко дается. По самое колено отняли. Ну, думаю, запьет Алексеич: дружков-то — как грязи. Глянь, а он оклемался! Дело нашел: кому сапоги починит, кому валенки подошьет, инструмент наточит… Хотела б я видеть еще такого вот лежебоку.

— Видно, и учительница толковая была. В доме Тютчев, Гоголь, другие хорошие книги.

— Да как вам сказать? Она одинокая была, жизнь не сложилась… Не родила, замуж не вышла, какая уж тут толковая. Ни богу свечка, ни чёрту кочерга. Сидела заполночь с книгами — куда денешься?

«Да… — подумала я, — вот и «сейте разумное, доброе, вечное». Нашенскому человеку главное — плюнуть, хотя поэт Некрасов считал иначе. А может, правильно считал: кто-то же должен сказать «спасибо».

— И заметила, между прочим:

— А добрые дела всегда наказуемы. Знаете?

— Как не знать. Я ее, одинокую, обихаживала, в баню к себе водила, присматривала; а наследство, весь этот надел, досталось кому?.. Известно, родственничкам дорогим. А она от них, кроме худого, ничего не имела. Одни ссоры да нервотрепка. Такая натура. Лялю и ту ободрали. Уж мебель-то можно было оставить… Заодно и мне подсуропили: живу как на хуторе, без соседей. Что ваш дом бесхозный, воров приманивает, что земля гуляет, хозяина ждет. Я Ляле прямо и говорю: ты дом-то, милая, коту купила!

Похоже, Люба крепко на меня рассердилась, потому что сказала:

— А я видела, как вы к Анатолию подались. Имейте в виду — он женатый.

— Ну и что? Не со снегом же в чувствах? Что, и глянуть нельзя?

— А где глянуть, там и чего пошибче не заржавеет. На земле дело вольное. Привози своих городских — глядишь, мужиками станут.

— Со своим самоваром в Тулу не ездят.

— Были бы самовары, а то фендрики электрические… Коротнет — и готово. Чуть что — замыкание. Ни в солдаты, ни в матросы, ни подмазывать колесы. Спеклися.

Я невольно фыркнула и решила ее успокоить:

— Ваше село от сердечных измен заговорено. Лялечка говорила. Еще со старых времен, с тех еще, давних.

— Это как понимать?

— У хозяина графа дочки были красавицы, на лошадях прогуливались. И вот в дубраве одну дочку нашли. Вроде бы с лесником крутила, а лесничиха подстерегла и убила.

— Не может быть!

— У вас на деревне есть старики, их родители помнили графа.

— Не может такого быть. Вы что-то путаете. Это нового пастуха по пьянке убили в аккурат на прошлый яблочный Спас. Да не лесники, а шваль заезжая, собутыльники. Теперь во Владимире отбывают.

— Может, и путаю. Только вряд ли.

— И лесники не причем. Чуть что лесники! Будто, кроме них, никого. Языки что ли чешутся. Соврут, дорого не возьмут. Теперь лишь бы кого утопить. Оговорят — и ходи отмывайся.

С тем Люба подалась восвояси, снова буреломом через кусты, буркнув про непочатый край работы и про то, что у нее зубы не те, чтобы их заговаривать. Я, правда, успела спросить:

— У вас-то, Люба, муж что — лесник?

— Может, теперь и лесник, раз среди леса положен… А по жизни электриком был.

Посрамленная в своей романтической байке, я опять принялась за костер, понимая, что от бреда нигде не укроешься. Современность как никогда проявила, что человеческое всё ущербно. Без возлияний не дождешься ни согласия, ни правды, ни радости. В подлинности же страшной истории с графской дочкой нисколько не усомнилась: для небылицы история слишком бредова. В небылице всё прозрачней и чище.

Костер меж тем продолжал гореть, выжигая себе больше и больше пространства. Я подкладывала в него сушняк и подправляла его длинной увесистой палкой, унимала пламя охапками сорной травы. Работка не знатная, зато веселая и красивая. Ветки вспыхивали, поджигали собой новые ветки, а сами, сгорая, делались невесомыми, рассыпались каленым пеплом. Но прежде чем догореть, они скручивались в растительные узоры, странные знаки, таинственные орнаменты, трещали, щелкали, издавали свою, особенную, мелодию и под общий собственный гимн, расколдованные, переходили в золу — добавляя дымный жар летнему зною.

Остывать я бежала к ручью. Смачивала руки и плечи, слушала стрекотание сверчков и всплески сигающих из осоки лягушек. За дощатым забором поднимались в гору деревья, их вид, и все эти звуки, и тишина вызывали в памяти что-то далекое, что протягивало ко мне руки, звало. И перед глазами памяти вставал смутный лес от порога уральского дома, где жили, когда мама работала директором Чусовского совхоза. При лесе речка, где-то там куковала кукушка, и странная девочка окликала: «Кукушка, кукушка, сколько мне лет?» и считала: сначала пять, потом — шесть. А семь уже считала на Украине. Но Украина запомнилась не лесом с кукушкой, а соловьем и садами. И такими же волоокими мальвами, какие нежились за оградой на чужой стороне. Да сумасшедше-грустными песнями. Особенно этой — про гай и высокую гору, про реченьку, в которую осыпятся листья и унесет их вода, как унесло время чью-то молодость, заставив плакать о ней. «А молодисть не вернется, не вернется вона…» — вспоминалось под шум текущей воды.

Сверкая на солнце, она стремилась лицом на восток, туда, где привыкла встречать рассвет. И в этом своем стремлении так была похожа на Лялечку, которая тоже торопилась, бежала — куда? зачем? на чей неумолимый призыв?..

«Там тры вербы схылылыся, мов журятся воны…» Чего в этой песне больше: правды или тоски? Кто знает…

Вид огня не вызывал таких мыслей, и я возвращалась к костру, веселому и опасному; возле него только успевай, поворачивайся. И опять жгла свой валежник, резала и опять жгла — и так, пока не вышел срок деревенского отдыха.

«В доме жить надо. А не набегом, наскоком! — сказала Люба, когда Лялечка объявила ей об отъезде.

— Приезжай-ка с Лукьяновной, с ней хоть надольше задержишься».

Люба решила, что это я подбила Лялечку на отъезд, осатанев от работы и дыма. А главное, оттого… что не сподобила Анатолия на пылкие чувства. Но это было не так. Лялечку срывала с места собственная натура, тяга к дороге и что-то еще. А пылкие чувства… Со стороны, наверно, виднее; особенно если речь о подводнике, для кого поверхность – всё тишь да гладь, зато под ней… Материя тонкая, близкая токам крови, а может, русалочьим сумасбродствам, тихим омутам, аромату зреющих яблок…А что правда, то правда: одной спичкой, как раньше, уже не разжигаю костер. То ли временем остудило, то ли растопка не та.

Перед отъездом, на рассвете, я пришла к ручью попрощаться. Возблагодарить сокровенное место за то, что явлено в стороне, в недоступности, за семью горами, за семью долами, как в сказке, а будь по-другому, от него бы уже и воспоминания не осталось.

Начало августа давало знать о себе холодной росой. Петухи голосили со всех сторон. Слышался свист пастушьего хлыста и мычанье. Я глядела на ручей и не понимала: зачем?.. Зачем скосили траву на его бережках? Теперь они были круты. Исчезла округлая мягкость линий, у ручья было совсем другое лицо, как у человека, которого лишили волос.

— Наташа, ты здесь? — спросила я, вспомнив ее после облучения, эту голову, пушистую, чудную, но какую-то непривычную.

— Я стану травой, — послышалось мне.

— Траву покосят.

— Я стану водой.

— Вода унесется.

— Но камнем я быть не могу. И вечной улыбкой тоже.

— Останься собою. Не уходи.

Шум ручья был мне ответом. Вода торопилась, словно ее кто-то ждал. Ей было не до меня. Она и знать не хотела, сколько искренности, чистоты перешло в мир иной, сколько унесено радости. С водой уносилось лето, его тайна, душа.

— Наташа, не исчезай.

И опять ничто не откликнулось. Не подало знака. Сосны на возвышении шевельнулись от ветерка.

— Ты забыла вернуть ножовку, — напомнила Лялечка, когда я пришла. — Хорошо ею работалось?

— Даже не затупилась, — сказала я, отдавая должное точильному мастерству Анатолия, и подумала: «Как душа, которой не укажешь пределы, не отмеряешь чувств», а вслух заметила:

— Этот подводник какую фразу ни выдаст, всё как в воду глядит. А у меня без него не то настроение. Так что сама занеси.

— А что такого особенного он сказал? — насторожилась Лялечка.

— Да всякого, разного…

— Не хочешь — не говори. Не настаиваю.

—Да, вот еще книжку закинь. На память. Теперь такое не пишут — романсы… Тоже, как в воду глядела, раз прихватила. — И, открыв наугад, прочитала:

«Ах, зачем эта ночь так была коротка…»

Михаил ЭПШТЕЙН. Дедушка. Опыт домашней теологии

13 марта 2021 года исполнилось 60 лет со дня смерти моего дедушки Самуила Ароновича Лифшица (1884 - 1961). Хотелось бы посвятить его памяти это маленькое размышление: о том, что такое дедушка в опыте детства и как можно представить Бога в образе дедушки.

Такого родственного чувства, как к дедушке, я в своем детстве к родителям не испытывал. Они приходили издалека, со своими делами и заботами, с еще не прожитой и влекущей их от меня жизнью. Теперь-то я понимаю, что не было более преданных дому и сыну родителей, чем мои, — но все-таки у них было что-то еще: работа, сослуживцы, отношения между собой, а у дедушки — только я. Разница в возрасте нас не разделяла, а сплачивала — минуя родителей; за их спиной мы как будто обменивались всепонимающими взглядами. И вместе мы коротали то долгое, сладко-тягучее время детства и старости, внутри которого им, с их спешкой и наставлениями, не было места.

Куда нам было спешить, когда в летний день мы гуляли, взявшись за руки, по солнышку, в который раз осматривая все тот же повалившийся забор и ржавую бочку? Или когда в скучный зимний день мы растапливали печь, подбрасывая по щепочке, чтобы долго следить за огнем и не оставаться без дела; рассматривали в лупу какие-то картинки, которые прекрасно были видны и без нее; резали на мелкие лоскутки старую одежду и усыпали ими и разноцветными блестками вату между двойных рам, чтобы веселее было смотреть в окно? Наша жизнь, не спеша ни к какой цели, наполнялась смыслом сама по себе — высшее благо для тех, кто только начинает или уже заканчивает жить.

Особенно запомнился мне тот день, когда дедушка привел меня в квартиру, которую снимал неподалеку от нашего дома. Он подрабатывал тогда склеиванием коробочек для лекарств, стол у него был постоянно завален картонками, и вот он снял себе уголок, чтобы не загромождать нашего и без того тесного, однокомнатного жилья. Волшебство этого пребывания в чужой квартире состояло в том, что полновластным хозяином в ней был дедушка, а я был его любимым и единственным внуком. Царственнее не бывает царя, чем тот, чей дедушка — главный в мире. Конечно, я не мог здесь хозяйничать, переставлять, уносить вещи, но мне это и не было нужно — достаточно бесцеремонных отношений с вещами в собственном доме. В чужой квартире все было окутано дымкой и тайной, и я впервые, быть может, ощутил счастье "целомудренного" отношения к предметам, когда они достижимы, но неприкасаемы. Это как любовь, которая "не берет" не из страха, а из любви, то есть из желания сохранить все, как оно есть. Такой свободы — в отличие от вседозволенности, такого владычества — при нежелании распоряжаться, такого согласия с природой вещей, их доступностью-таинственностью, я не ощущал нигде, как в этой снятой квартире.

Мы с родителями тогда жили не у себя, на Таганке, а у дедушки, в Измайлово, чтобы родители могли вечерами заботиться о нем, а днем — он обо мне. Все это кочевье было оттого, что я еще только вселялся в мир, а дедушка — уже готовился к выселению, и все это удваивалось и знаменовалось смещением наших жилищ, что обостряло ощущение мира как съемного, сданного на время, причем от старшего — младшим. Мы жили у дедушки, а дедушка — у кого-то, неизвестного мне, но казавшегося еще более старым, передавшим ему на хранение свое имущество, как дедушка передал его нам. В принадлежавшей нам комнате, где мы жили, все было новое, покупное, без прошлого. У дедушки были старинные вещи — скрипка, столик из стекла и красного дерева, люстра из бронзы и фарфора, картина прошлого века с венецианской гондолой — они внушали почтение, осторожность, чувство истории, замкнувшейся в молчании. А на той квартире, которую снимал дедушка, вещи были еще более ветхие, чем у него, бедные и потертые до призрачности, отчего я, наверно, и заключил, что эта квартира принадлежит кому-то еще более древнему, — настолько уже невидимому, что остается только беречь все оставленное им.

Будь я взрослее, я бы подумал о том, какое духовное благо — снимать: не распоряжаться по-хозяйски и не ютиться гостем, а входить с домом в ту полусвободную-полуобязывающую связь, которая соответствует преходящему сроку человека на земле. Мы не видим хозяина этого мира — входим в оставленное для нас, заботливо приготовленное жилище с правом пользоваться им, пока не истечет срок нашей жизни. Мы не можем ничего присвоить и унести с собой, ничего изменить в расположении и устройстве, кроме мелких переделок, которые в свою очередь будут переделываться теми, кто придет после нас. Мы пользуемся тем, что хозяин оставил нам, но каждая вещь сохраняет в себе что-то неведомое, известное лишь ему. И мы рады не обременять себя лишним знанием о том, что предшествовало нашему появлению в жилище, и ответственностью за то, что будет потом. В каждой вещи есть тайна — мы не можем ни разгадать ее до конца, ни сотворить из ничего, а только передать потомкам. То, что я ощутил в этой снятой квартире: притягательность незнакомых вещей и их строгая отстраненность, безграничность освоения — в границах неприсвоения, — все это было предчувствием и угадкой, чем для человека является мир вообще.

* * *

Мне тогда уже думалось, что когда дедушка умрет, то почти вся моя жизнь будет в память о нем: я назову его именем — Самуил — своего сына, я буду вспоминать о нем ежечасно. Не так это вышло, и даже день его смерти, 13 марта, порой проходит в забвении. Горы тающего снега на востряковском кладбище и не протоптаны дорожки между оград

— вот отчего мне приходилось навещать его в дни других смертей. Потусторонняя мгла, в которой рассеялась его душа, представляется мне похожей на небо над его могилой: все в кружевных петельках от бесчисленных ветвей — шрамов и отметин земного опыта.

Но ощущение горячего дедушкиного присутствия, невидимо охраняющего меня, остается во мне прочнее, чем родительского. Ведь отца и мать мы знаем и тогда, когда вырастаем, — уже как отдельных людей со своими недостатками, привычками; в их образах уже стерлась память детства, вытесненная более поздними и сознательными впечатлениями. Дедушка же остается всемогущим и всеблагим богом младенчества, когда еще магически воспринимаешь мир, не развенчивая знанием его таинственную одухотворенность.

Не случайно Саваоф представляется наивно верующим как седобородый старец: они, как дети, нуждаются в опеке непостижимо превосходящего опыта. Христос впервые почувствовал Бога как отца. С христианства, установившего более близкое отношение с Богом, и началось всесторошнее, логически и научно оснащенное богопознание, которое проложило путь и научному же богоборчеству — скептическому знанию, каким повзрослевший сын снимает ореол таинственности и всемогущества с отца. В иудействе же отношение с Богом мыслится более опосредованно: Он сотворил Адама, значит, был отцом первого человека, а в отношении последующих поколений выступал как прапрапра...дедушка. Иудей не мог повзрослеть настолько, чтобы разгадывать тайну Отца — Бог был "дедушкой", Богом вечного младенчества.

Из христианского ощущения одновременности, сосуществования человека с Богом проистекает и небывалая прежде "взрослая" самостоятельность человека — и дальнейшая возможность приближать и "омолаживать" Творца, отождествляя Его уже не с Отцом, а с Самим Собой, что осуществляется в гуманизме и атеизме. И как важно именно теперь всем человечеством восстановить то чувство благоговения, которое внук испытывает к деду вследствие абсолютной несоизмеримости их опыта. Ведь дед был посвящен в начальную тайну бытия задолго до моего рождения, он создал по своему образу мою мать. Самое удивительное, что хотя при этом умаляется право "вечного внука" на взрослую самостоятельность, но ничуть не умаляется, а неизмеримо возрастает его право на самого Бога, его внимание, любовь, попечение. У кого больше прав на поблажку и обожание, чем у внука?

Дедушка умер, когда мне было 10 лет. Представая в дедушкином облике, божественное отодвигается от меня за грань знаемого и мыслимого, хотя остается самым близким по ощущению ласки, тепла. Когда дедушка был жив, я преувеличивал его могущество и всеведение; когда же я стал взрослеть, он умер, так и оставшись навсегда за той чертой, куда скрывается священное. Никогда не являлся мне дедушка в скучном, обыденном свете полудня — только в красках рассвета и в тенях сумерек, в ту пору, про которую сложена поговорка « заря с зарей целуются ».

Марина КУДИМОВА. Гоголь-хлеб. Глава из книги

I

«…цирюльник Иван Яковлевич проснулся довольно рано и услышал запах горячего хлеба. Приподнявшись немного на кровати, он увидел, что супруга его, довольно почтенная дама, очень любившая пить кофей, вынимала из печи только что испеченные хлебы.

— Сегодня я, Прасковья Осиповна, не буду пить кофию, — сказал Иван Яковлевич, — а вместо того хочется мне съесть горячего хлебца с луком.

(То есть Иван Яковлевич хотел бы и того и другого, но знал, что было совершенно невозможно требовать двух вещей разом, ибо Прасковья Осиповна очень не любила таких прихотей.) "Пусть дурак ест хлеб; мне же лучше, — подумала про себя супруга, — останется кофию лишняя порция". И бросила один хлеб на стол.

Иван Яковлевич для приличия надел сверх рубашки фрак и, усевшись перед столом, насыпал соль, приготовил две головки луку, взял в руки нож и, сделавши значительную мину, принялся резать хлеб. Разрезавши хлеб на две половины, он поглядел в середину и, к удивлению своему, увидел что-то белевшееся. Иван Яковлевич ковырнул осторожно ножом и пощупал пальцем. "Плотное! — сказал он сам про себя, — что бы это такое было?"

Он засунул пальцы и вытащил — нос!.. Иван Яковлевич и руки опустил; стал протирать глаза и щупать: нос, точно нос! и еще казалось, как будто чей-то знакомый. Ужас изобразился в лице Ивана Яковлевича. Но этот ужас был ничто против негодования, которое овладело его супругою.

Этот фрагмент, даже если он попадался только в каком-нибудь Вики-цитатнике, невозможно не узнать. Конечно, он — из повести «Нос». Незадачливый цирюльник, заодно с бритьем щек отворяющий клиентам кровь, встретив в печеном изделии совершенно неподобающий предмет, задается естественным вопросом, свидетельствующим о том, что ум он до конца не пропил, а именно: «как нос очутился в печеном хлебе?». Знаменателен и ответ, данный Иваном Яковлевичем самому себе: «нет, этого я никак не понимаю...» Вопрос остается безответным по сию пору. Повесть напечатана в пушкинском «Современнике» в 1835 г., отвергнутая перед этим «Московским наблюдателем» с диагнозом: «грязная, пошлая и тривиальная». Сам Гоголь якобы считал ее шуткой — вероятно, с подачи Пушкина, именно так произведение аттестовавшего. По прошествии без малого 180 лет мы вправе считать шутку слишком затянувшейся, чтобы вослед герою не задать дополнительных вопросов и не сделать нескольких допущений.

А. Белый писал почти с возмущением о повести «Нос»: «Линия сюжета, как змея, кусает свой хвост вокруг центрального каламбура: нос, нос — и только!» Не только! По словам С. Бочарова, «…для уразумения странной повести одинаково важно и не пренебречь «носом» как предметом не только забавным, но и предметом весьма выразительным и по-своему содержательным у Гоголя, но и не упереться в него, то есть не оказаться в положении персонажей повести, пребывающих в безнадёжном недоумении перед этим предметом и этим словом…» В повести есть еще один сюжетообразующий герой. Имя ему — хлеб.

Гоголевская нозология изучена, казалось бы, досконально. Но, по аналогии с современной медициной, она номинативна и рецептурна, никак не объясняя природы заболевания и никак не связывая его с человеческой личностью, с тем индивидуальным, что отличает одного человека от другого. Гоголь выразил это замечанием Поприщина: «А знаете ли, что у алжирского бея под самым носом шишка?»

Владимир Набоков описал, кажется, все, что связано в творчестве и внешности Гоголя с носом, в том числе не забыл и шишку алжирского бея: «Писатель, который мельком сообщит, что кому-то муха села на нос, почитается в России юмористом. В ранних сочинениях Гоголь не раздумывая пользовался этим немудреным приемом, но в более зрелые годы сообщал ему особый оттенок, свойственный его причудливому гению». По обыкновению насмешливо отрицая и обличая фрейдизм, Набоков постоянно попадается в сети этой доктрины. Вывод, к которому приходит втор «Лолиты», одномерен и заунывно для большого писателя логичен: «Обостренное ощущение носа в конце концов вылилось в повесть «Нос» — поистине гимн этому органу».

Но нас гораздо больше интересует в повести не символика носа, вдоль и поперек исследованная, а символика хлеба, куда этот пресловутый нос неведомо как попал, в котором запекся, не потеряв мертвой своей белизны — цвета человеческого органа, отторгнутого от его натурального местоположения. То есть не как нос «очутился в печеном хлебе», а почему автор его именно туда поместил.

Итак, коллежский асессор Ковалев просыпается и обнаруживает отсутствие на лице значимой его, лица, составляющей. В продолжение всего дня он размышляет, как подобное могло произойти, и среди его замечаний по поводу исчезновения носа есть и опровержение версии Прасковьи Осиповны, будто нос был отчекрыжен во время бритья: «…цирюльник же Иван Яковлевич брил его еще в среду, а в продолжение всей среды и даже во весь четверток нос у него был цел — это он помнил и знал очень хорошо; притом была бы им чувствуема боль, и, без сомнения, рана не могла бы так скоро зажить и быть гладкою, как блин». Резонно! Более того: Ковалев не догадывается — и до конца так и не догадается, — где именно обнаружен его нос, а бедного цирюльника неизвестно за что уволокут на съезжую.

Но и автор «шутки» тоже делает вид, что не знает ответа на главный вопрос собственного сочинения: «И опять тоже — как нос очутился в печеном хлебе и как сам Иван Яковлевич?.. нет, этого я никак не понимаю, решительно не понимаю!» «…наглядный абсурд состоит у Гоголя в демонстративном исключении возможности какого-либо объяснения и оправдания случившегося: как, зачем, почему?» — как писал С. Бочаров. После такого карнавального приема нам ничего не остается, как самостоятельно выяснить, зачем Гоголь запихнул нос в хлеб и не осквернил ли он тем самым сакральный продукт и связанные с этим обстоятельством аллюзии.

Набоков утверждал, будто Гоголь «видел ноздрями». Алина Бычкова уверяет, что носы в произведениях Гоголя отвечают не только за обоняние, но и за остальные органы чувств. Маиор Ковалев сокрушается: «у меня нет именно того, чем бы я мог понюхать». Читателю сообщается, что до потери носа Ковалев прилежно нюхал как раз руки цирюльника, который так или иначе несет ответственность за эту потерю: «У тебя, Иван Яковлевич, вечно воняют руки!»…Иван Яковлевич отвечал на это вопросом: «Отчего ж бы им вонять?» — «Не знаю, братец, только воняют», — говорил коллежский асессор…». Как известно, у шизоидных личностей обоняние гипертрофировано, и дело доходит до запашистых галлюцинаций. Так, Поприщин в «Записках сумасшедшего «слышит» запах с луны, где «хромой бочар» «положил смоляной канат и часть деревянного масла; и оттого по всей земле вонь страшная, так что нужно затыкать нос» (снова нос! — МК). И оттого самая луна — такой нежный шар, что люди никак не могут жить, и там теперь живут только одни носы».

Однако нос является органом не только обоняния, но и дыхания (эти две функции тесно взаимосвязаны: пока человек дышит, он нюхает). Синдром заложенного носа доводит нас в дни простуды до умоисступления и частичной, а иногда и полной потери обонятельной функции . Вопрос, каким образом Платон Ковалев дышал, обнаружив после бегства носа на своем лице не дырку, а гладкое место, и чувствовал ли он запахи, остается на совести Гоголя. Первое, что маиор должен был почувствовать, это недостаток воздуха. Но тогда бы мы имели дело с образчиком «критического реализма», а не с великолепной барочной фантасмагорией, «натуралистическим гротеском», по определению В. Виноградова. Но даже если воспринимать «нос» в качестве «иронической пародии на романтику», как это делали некоторые исследователи, вопросов от этого меньше не становится и художественные законы не перестают действовать.

Для начала — вопрос сослагательный. Что было бы, если бы цирюльник не заметил вложения и съел хлеб с носом — или нос с хлебом? Л. Карасев прямо пишет, что «нос был предназначен для съедения». Может статься, неизвестным способом замешавшийся в тесто орган к тому был предназначен наподобие «печени врага»? Мог ли Иван Яковлевич проглотить нос не заметив? Вполне! Ведь он намеревался покушать на завтрак хлебца с луком. Запах лука и его сочный хруст теоретически были способны содействовать незаметному поглощению лишнего в хлебопечении компонента. Но тогда бы сюжет повести на том и застопорился, потому что не утреннее злоключение Ивана Яковлевича его мотивирует. Если бы маиорский нос был незаметно съеден, он не мог бы зажить отдельной жизнью и переполошить Петербург. Но если бы он был съеден человеком, совершился бы локальный акт каннибализма, и тогда бы уж точно было не до шуток. Вот А. Хургин и пошутил по этому поводу: «Нос в булке — это ж хот-дог». Не просто хот-дог, а с человечинкой! Но мы с аппетитом кушаем изделия в форме человеческих ушей, которые так и называются — пельмени: от финно-угорского peľ’— «ухо» и ńań — «хлеб». Вообще формы хлеба весьма разнообразны. Те, кто видит в строке Мандельштама «И вместо хлеба — еж брюхатый» только «демоническое преображение самых простых органических вещей в свои монструозные противоположности» (Л. Кихней), не учитывают — или не знают — многих традиций хлебопечения. Например, свадебной. Казалось бы, еж вместо хлеба символизирует несъедобность. Ничуть! У русских оберегом для новобрачных служил калач в виде ежа, утыканный крашеными и золочеными хворостинками. Такой же хлеб пекут в канун свадьбы в Польше. И вообще, как посмотришь, связь ежа с хлебом не такая уж противоестественная. Поговорка «спешит, как ёж с дрожжами» базируется на анекдоте. Ежа послали за дрожжами, а он мало того что возвратился через семь лет, так еще на пороге споткнулся и долгожданные дрожжи разлил. А булочки в виде ежиков пекут хорошие хозяйки и до сих пор.

Авигдор Шинан, профессор Еврейского университета в Иерусалиме, литературовед и библеист, считает, что только хлеб не позволял человеку стать каннибалом и питаться себе подобными. Гоголевская история — или анекдот, как восприняли повесть современники, начинается ранним утром, «когда весь Петербург пахнет горячими, только что выпеченными хлебами», как свидетельствует рассказчик в «Невском проспекте». Немаловажный вопрос: какой хлеб испекла Прасковья Осиповна? Ситный или решетный? Именно последний ели люди простого звания. Все этимологически просто. «Ситный» готовился из муки, просеянной, соответственно, через сито, «решетный» — через решето. Ситный хлеб — продукт высокого качества. Выпекать его стали в 30-х годах XIX века, то есть примерно тогда, когда начались приключения Носа. А в домашних условиях 40-50% городского населения пекли хлеб еще в конце 20-х годов прошлого века. У Даля читаем: «Хоть решетен (решетом), да ежедень; а ситный несытный». Поэтому предположение О. Савиной, обращающейся к знаменитому соннику М. Задеки («ХЛЕБ свежий мягкий белый во сне — к богатству, прибыли и новым возможностям, а если внутри найдется что-то, то через это дохода и жди») представляется натянутым. Сомнительно, чтобы Иван Яковлевич мог позволить себе достаточно дорогой пшеничный хлеб, к тому же с совершенно не подходящим в качестве закуски луком (двумя луковицами!).

Ржаной, или черный, хлеб был дешевле, да и сытнее пшеничного. Так что, скорее всего цирюльник, человек небогатый, получил к завтраку каравай черного хлеба. Это точно отметил в очерке о Гоголе Иннокентий Анненский: «грязный платок брадобрея, черный мякиш хлеба». Вонючие руки гоголевского цирюльника родили аллегорию Мандельштама об отвратительности власти. Караваем (круглым подовым хлебом) называли хлеб именно домашней выпечки. Русский каравай родствен римскому пирогу из муки, замешенной на соленой воде и меде. Отрывок из незавершенной повести «Аннунциата», содержание которой осталось неизвестным, под названием «Рим» Гоголь включил в третий том своего первого собрания сочинений (1842 г.), а город, родивший этот фрагмснт, называл своим «вечным адресом».

Из мякиша Гоголь любил катать шарики (колобки), что совершенно не допускалось народной хлебной мифологией. Михаил Погодин вспоминал: «Весь обед, бывало, он катает шарики из хлеба и, школьничая, начнет бросать ими в кого-нибудь из сидячих; а то так, если квас ему почему-либо не понравится, начнет опускать шарики прямо в графин». Нечто подобное практиковал на кремлевских обедах Иосиф Сталин, норовя забросить шарик в декольте наркомовских жен. Гоголь использовал эту, надо сказать, неприятную привычку в «Записках сумасшедшего»: «.. я не знаю ничего хуже обыкновения давать собакам скатанные из хлеба шарики. Какой-нибудь сидящий за столом господин, который в руках своих держал всякую дрянь, начнет мять этими руками хлеб, подзовет тебя и сунет тебе в зубы шарик. Отказаться как-то неучтиво, ну, и ешь; с отвращением, а ешь...»

Хлебный мякиш также служил популярным материалом для гадания: «Нужно взять мякиш из хлеба и катать в руках. Но не концентрироваться на катании, а заниматься другими делами: ходить, читать книгу, разговаривать с кем-нибудь. Затем берете мякиш и изучаете, что получилось. Маленький шарик — не ждите удачи на работе или в учебе. Очень мягкий шарик — будет много проблем из-за ревности. Шарик упал из раскрытых рук — в ближайшем будущем придется пережить потерю. Когда вы катали мякиш, не могли отвлечься от этого процесса — значит, вы находитесь в постоянном поиске. Мякиш похож на плоский блин — в вашей жизни будут перемены».

Для формового хлеба (русской буханки) необходима, легко догадаться, форма. Навряд ли жена цирюльника обладала этой заводской штуковиной. В Петербурге и сегодня едят исключительно хлеб и сайки. Поэтому и Гоголь называет хлеб просто хлебом, не фиксируясь на его форме. Опускает он и приготовление Прасковьей Осиповной полуфабрикатов — закваски, опары (разведенной закваски), теста — и самой выпечки: ведь, по идее, найти в хлебе посторонний предмет должен был пекарь (пекарша), тем более что сброженное тесто проходит несколько стадий. Но мы застаем хозяйку в момент, когда она «вынимает из печи» готовые хлебы. Судя по реакции Прасковьи Осиповны, обнаружение носа в выпечке стало для нее полнейшей неожиданностью.

Хлеб цирюльниковой жены показался бы нам на вкус плотным, клейким, кислым (если готовился на закваске из остатков старого теста). Настоящий ржаной хлеб, без добавок, сейчас можно попробовать разве что в вошедшей в моду домашней хлебопечке. Неизвестно, и из какой муки пекся хлеб — сеяной, обдирной или обойной. Если в тесто попал посторонний предмет, хлеб должен был отслоиться или разломиться. Между прочим, это — плохая примета, предвещающая ссору или болезнь. Про такой казус на Руси говорили: хлеб рот открыл. С дурно пропеченным хлебом Гоголь сравнивал в «Мертвых душах» лица палатских чиновников: «щеку раздуло в одну сторону, подбородок покосило в другую, верхнюю губу взнесло пузырем, которая в прибавку к тому еще и треснула; словом, совсем некрасиво». К тому же тесто замешивается руками, и пропустить посторонний предмет в нем практически невозможно. Все это означает, что лицевой орган непостижимым образом попал в хлебобулочное изделие уже в процессе выпечки. Нос, кстати, непосредственно связан с мукой в бреду Поприщина: «…земля вещество тяжелое и может, насевши, размолоть в муку носы наши…».

Повесть «Нос» во многих комментаторах возбуждает эротические ассоциации. Это, помнится, бесило еще Андрея Белого. А. Шинан напоминает, что в Библии хлеб символизирует женщину: «Женщина как «хлеб» и отношения с женщиной в выражении «есть хлеб» встречаются в Священном Писании довольно часто». В связи с этим ученый напоминает книгу Бытия. Египтянин Потифар, купивший Иосифа, «… оставил… все, что имел, в руках Иосифа и не знал при нем ничего, кроме хлеба, который он ел» (Быт.39:6). Этот «хлеб», по утверждению профессора Шинана, означал жену. Если принять во внимание, что в первой редакции повести все события маиору Ковалеву снятся, то, согласно сонникам, есть хлеб означает скорый распад семьи. Если принять, что хлеб символизирует женщину, а нос — мужские гениталии, тогда ссора Ивана Яковлевича и Прасковьи Осиповны по сюжету неминуемо должна свестись к супружеской измене. Ничего подобного, однако, не происходит. Негодование овладевает Прасковьею Осиповной, а Ивана Яковлевича обуревает ужас. Но связано это не с адюльтером, а с профессиональными рисками: «Где это ты, зверь, отрезал нос? —

закричала она с гневом. — Мошенник! пьяница! Я сама на тебя донесу полиции. Разбойник какой! Вот уж я от трех человек слышала, что ты во время бритья так теребишь за носы, что еле держатся». Конечно, Прасковья Осиповна, как любая женщина, способна использовать нападение как лучший вид обороны, но в голове Ивана Яковлевича не возникает и тени мысли об измене. Более того: жена обзывает его в гневе «потаскушкой», что поклонников д-ра Фрейда должно навести на уже совсем непотребные ассоциации.

Интереснейшую мысль высказал в связи с ужасной на первый взгляд находкой цирюльника Иннокентий Анненский: «Но Иван Яковлевич прозревает себя совсем в иной роли — в роли молодой и неопытной матери с плодом собственного увлечения на руках… «Да чтоб я позволила держать в своем доме…» Гоголевские перверсии как постоянные стимуляторы довольно-таки статичных сюжетов вполне допускают такой вариант прочтения.

Тем не менее, обнаружение в хлебе постороннего предмета — отнюдь не всегда означает его осквернение. Традиция запекать в хлеб разныс разности — древняя. П. Богасвский, издавший в 1892 г. «Материалы для изучения народной словесности вотяков», приводит удмуртскую сказку: «..В темнице Алгазы удалось свидеться со своими родичами; вот он и посылает их к жене с поклоном и с следующим поручением: “Пусть она пришлет мне гостинец”…» Жена послала ему в подарок каравай хлеба. Алгазы взял этот хлеб, разломил его и нашел там саблю. Тогда он вторично заказал себе «гостинец», и жена прислала ему в хлебе ножик. Удмуртский фольклорист Татьяна Владыкина комментирует: «…вид оружия (будь то палаш, меч или сабля — все они номинированы в удмуртских преданиях) не играет существенной роли, но очень важным признаком является особый способ его доставки до места схватки (запекание в хлеб, пирог, калач или погружение в сырое или непропеченное тесто), отчего оружие или получает соответствующие эпитеты, или его название полностью метафорически заменяется…»

На греческом острове Закинф в детский пасхальный хлеб запекают крашеные яйца. Традиция запекания монет, ниток и лучинок известна во всей Европе. Славянские девушки запекали в хлеб иглу, и если острие попадало на язык — это сулило скорое замужество. Интересно, сколько невест погибло, проглотив матримониальный «сюрприз»? Запекали в хлеб сережки вербы, ягоды шиповника (Словакия, Польша), чтобы отвести от животных болезни и увеличить надои молока. Англичане совали в пироги глиняные свистульки в виде головы дроздов с открытыми клювами, и при разрезании, когда под корку попадал воздух, птичьи головы начинали петь.

Однако неодушевленными предметами хлебное дело не ограничивалось. В хлебе, по народным поверьям, воплощалась личная судьба. Считалось, что каравай отражал настрой и характер пекаря, а также силы, преобладающие в доме, где его пекли. Веками бытовала традиция, описанная Владиславом Ходасевичем в биографии Державина: «От рождения был он весьма слаб, мал и сух. Лечение применялось суровое: по тогдашнему обычаю тех мест запекали ребенка в хлеб. Он не умер». Не совсем, конечно, «запекали». Но «перерождение» ребенка символически уподобляли выпечке хлеба. Недужное дитя обмазывали ржаным (только ржаным!) тестом, оставляя свободными рот и ноздри. Дитя в тесте привязывали к лопате, на которой сажали хлебы в печь, и на этой хлебной лопате на несколько мгновений отправляли в протопленную теплую печь. Ребенок никакому риску не подвергался, поскольку огня в печи уже не было. Все это проделывалось трижды в некоем магическом ритме, чтобы дитятко не задохлось. Перед процедурой в дом входила свекровь с вопросом: «Что ты делаешь»? Невестка отвечала: «Хлеб пеку», — и только после этих слов лопата вдвигалась в печь. Свекровь по драматургии должна была благословить невестку: «Ну, пеки, пеки, да не перепеки», — и выйти вон. Только после этого мать выдергивала лопату с недоноском из печи. Именно этот обычай описан в стихотворении Олега Чухонцева «Державин»: «Малец был в тесто запечён…». «Перепекание» не проводилось без свидетелей, будь то повитуха или подружка, стоявшая на подхвате и помогавшая снять ребенка с лопаты.

Процедура «запекания» или «перепекания» неудавшегося, «не подошедшего» младенца была насколько врачебной, настолько и символической. Поскольку мы подчеркнули, что при этой мистерии ноздри младенца оставались не замазанными тестом, нос, запеченный в хлеб, несет в себе отголосок этой процедуры. По сюжету орган получает вторую жизнь, как младенец, которого символически испекли заново. Так же, между прочим, поступали и с черствым, «умирающим» хлебом. Только после совершения (непонятно кем и когда) этого обряда маиорский нос и мог получить право на отдельное от хозяина существование.

Фольклорист и этнограф А. Топорков подробно исследовал феномен «перепекания» детей в ритуалах и сказках восточных славян. Приведем лишь несколько примеров: «На Дону существовала традиция: оповещённая о начале родов повивальная бабка печет хлеб и с хлебом-солью идет в дом к роженице. Скорее всего, приносимый повитухой хлеб является символом младенца. В малых фольклорных жанрах можно найти аналогию между замешиванием теста, его свойствами и процессом воспитания, его результатами. (Дитятко что тесто, как замесил, так и выросло). Если говорить о связи представлений о ребенке с хлебом, то надо прежде всего, как нам кажется, обратиться к родинному обряду, в котором много символического использования хлеба (захоронение куска хлеба вместе с последом и выполнение хлебом функций оберега и др.). Наиболее важные аналогии: «зачатие ребенка» — «посев хлеба», «рождение ребенка» — «приготовление хлеба». Наверное, хлеба в текстах, обслуживавших родильный обряд, много потому, что ассоциируется с процессом зарождения, роста, созревания; ассоциируется с жизнью (жизненным циклом, жизненной силой) вообще. А значит, параллели: дети — хлеб должны были выполнять магические функции (оберега), должны были задать жизнеутверждающий вектор. Отсюда и обряд «перепекания».

Топорков утверждает, будто «в некоторых местах Владимирской губ. «перепекали» всех детей непосредственно после родов», и приходит к следующему выводу: «Более глубокий уровень определяется символическим отождествлением ребенка и хлеба, выпечки хлеба и появления ребенка на свет: его как бы возвращают в материнское чрево (печь), чтобы он родился заново». В нашем случае, если принять эту гипотезу, ровно это и происходит. Только роль ребенка играет нос. Поскольку же дело происходит на Благовещенье, невозможно избежать мотива непорочного зачатия. Нос получает вторую жизнь в сакральной пище — хлебе. Его «родитель», пытаясь избавиться от «тайного плода», бросает его в воду, тем самым совершая пародийное «крещение».

Удивления исследователей по поводу «нетленности» носа должны были бы подсказать ход, который намеком обозначил Анненский. Супруги в «Носе», равно как ветхозаветно идеальная старосветская гоголевская пара, бездетны. Гоголь вообще, как известно, детей избегал. Разве что эпизодические дети Манилова составляют исключение. Но находка в повести «Нос» вполне может быть прочитана по аналогии со сказкой «Колобок», героем которого также выступает хлебобулочное изделие. С его «оживанием» дед и баба получают вместо еды ребенка. Ребенок оказывается непоседой, убегает от «родителей», затем — последовательно — от всех, кто пытается использовать его по назначению, то есть съесть, и наконец погибает в лисьей пасти, пав жертвой лести и собственной доверчивости.

Если хлеб, который испекла Прасковья Осиповна, ставился на дрожжевой закваске, становится понятно, почему нос вырос до размеров взрослого человека: «растет как на дрожжах». Ближе всех к вывернутой наизнанку Благовещенской подоплеке повести подошел Алексей Дунаев в работе «Гоголь как духовный писатель»: «Этой же цели пародирования служат и другие детали-мотивы повести (например, евхаристическое преломление Хлеба — и обнаружение носа в каравае, «купание» носа и крещение, и т.д.»

Но Гоголь не был бы Гоголем, если бы оставил «незаконнорожденный» орган бродить по Петербургу или позволил носу сделать «европейский выбор» и уехать в Ригу, как он было вознамерился. Петр I видел Ригу вторым «окном в Европу» («Слышите, в Ригу? В Пензу, видите ли, не поехал… О, это тонкая шельма». — И. Анненский). «Литературное, кажущееся иногда столь неправдоподобным, слово Гоголя близко и нашей жизни — тоже теряющей границу между мертвыми и живыми душами»,— говорил   епископ Иоанн Шаховской. И сам Гоголь в предсмертной записке начертал: «Будьте не мертвые, а живые души». О «романтическом двоемирии» Гоголя пишет А.С. Смирнов. Мертвое торжествует в мире Гоголя и управляет живым. Так происходит в «Вии», в «Майской ночи» и достигает апофеоза в «Мертвых душах». Но дело тут не в некромантии автора, а в глубоко эсхатологической и апокалиптической природе его гения.

Цирюльник и его жена, в отличие от дедушки и бабушки, от которых «ушел» Колобок, не являются «биологическими» родителями носа. Его «отец», безусловно, маиор Ковалев. Иван Яковлевич, обвиненный женою в профнепригодности, безошибочно реконструирует по носу его владельца, как археолог по черепку восстанавливает чашку времен палеолита. Цирюльник мгновенно просчитывает последствия происшествия и пытается избавиться от «подкидыша». Но от этого первопричина события не становится ему яснее:

— Черт его знает, как это сделалось, — сказал он наконец, почесав рукою за ухом. — Пьян ли я вчера возвратился или нет, уж наверное сказать не могу. А по всем приметам должно быть происшествие несбыточное: ибо хлеб — дело печеное, а нос совсем не то… Ничего не разберу!.. «Смысл носа «определяется» отрицательно, путем противопоставления хлебу…», — уточняет В. Виноградов.

В том, что накануне цирюльник был пьян, сомнений не возникает не только после его слов («наверное сказать не могу»), но и подавно после авторской реплики: «Иван Яковлевич, как всякий порядочный русский мастеровой, был пьяница страшный». Пьянство в сочинениях Гоголя — фон распространенный. Вспомним, к чему оно привело героя «Коляски». К попытке — правда, неудавшейся — членовредительства, в котором Ивана Яковлевича подозревает жена, этот же порок чуть было не приводит и в повести «Невский проспект». Незавершенное событие тоже связано с носом и с профессиональной деятельностью персонажей — Шиллера и Гофмана: «Я не хочу носа, режь мне нос! Вот мой нос. Я спрашиваю тебя, мой друг Гофман, не так ли?» Гофман, который был пьян, отвечал утвердительно. И если бы не внезапное появление поручика Пирогова, то безо всякого сомнения Гофман отрезал бы ни за что, ни про что Шиллеров нос, потому что он уже привел нож свой совершенно в такое положение, как бы хотел кроить подошву».

Предприятие немцев осуществил прямой наследник Гоголя А. Ремизов в повести «Крестовые сестры», где Станислав-конторщик и Казимир-монтер подпоили Еркина-паспортиста, в результате чего «… Станислав попался, сгреб его Еркин да на землю, ущемил, придавил коленкой, хапнул и откусил нос, а случившийся тут же на дворе рыжий губернаторский пес Ревизор откушенный Станиславов нос съел». Кличка губернаторского пса удостоверяет родовую принадлежность эпизода. Но явно намекает и на «Записки сумасшедшего», где «Собачонка…прибежала с лаем; я хотел ее схватить, но, мерзкая, чуть не схватила меня зубами за нос».

Нечто в таком плотоядном духе могло бы спасти цирюльника Ивана Яковлевича, если бы нас, как других читателей повести, интересовал нос. Однако нас интересует загадочное место его помещения после исчезновения с лица маиора Ковалева. Хлеб! И ровно так же, как обладатель чудовищной находки, мы теряемся в догадках: как нос туда попал? Кстати, аналогичный орган самого цирюльника ни разу не упоминается. Хроническое же пьянство, как мы знаем, чревато покраснением именно носа. По народному лечебнику из книги И. Дубровина «Хлеб — всему голова» оказывается, что этот косметический изъян лечится тем же хлебом: «Небольшой кусочек ржаного хлеба размягчите в теплом молоке. Затем натрите на терке сырую картошку и смешайте ее с хлебом. Полученную смесь нанесите на нос, повязку закрепите пластырем.

Данную процедуру лучше всего проделывать на ночь». С хлебом связана и средневековая ринопластика — искусство восстановления утраченных носов. В. Виноградов утверждает, что «анекдоты и каламбуры о носе» Гоголь мог почерпнуть из энциклопедического живописного альманаха на 1836 г. — «Картины света», изданного А. Вельтманом: «Курьезной иллюстрацией величия достигнутых при… пересадке успехов служил небезынтересный для Гоголя анекдот. «Молинетти уверяет, что отец его, получив в теплом хлебе (курсив наш. — МК)… нос одного итальянца, приделал его очень удачно».

Не забудем, что до конца XIX столетия самым распространенным алкогольным напитком в России было именно хлебное вино или полугар. В «Лексикон малороссийский» Гоголь записал: «Оковита, хлебное вино первого сорту». Крепкое хлебное вино — пенник — упоминается Гоголем не однажды: «С лица весь красный: пеннику, чай, на смерть придерживается», — характеризует Плюшкин некоего капитана, набивающегося к нему в родственники или таковым являющегося. «Водка из фруктов ни с каким пенником не сравнится», — утверждает философ Хома Брут. Да и водка делалась изначально на ржаном сырье, позже на пшеничном, так что с хлебом связана неразрывно. К тому же в XIX веке слово «водка» распространялось на все крепкие алкогольные напитки, включая настойки и наливки. Иван Яковлевич, избавившись от носа на Исакиевском мосту, намеревался направить стопы «в заведение с надписью «Кушанье и чай» спросить стакан пуншу». Пуншем в подобном заведении, скорее всего, именовался чай с водкой, т.е. тем же хлебным вином. Так — пуншем — этот горячительный напиток называется и посегодня на русском Севере.

Выпекание хлеба, как мы уже заметили, окружено символами, ритуалами и обрядами. В этом смысле трудно не обратиться к личности

— или образу — пекаря. Во время выпечки хлеба запрещалось выходить из дому, производить шум. Но для Прасковьи Осиповны, видимо, это было обыденной, далекой от сакральности заботой. Благословилась ли супруга цирюльника перед тем, как ставить хлеб? Осенила ли крестным знамением муку и квашню? Перед тем как нарезать хлеб, его трижды закрещивали ножом. Нет никаких данных, что Иван Яковлевич был подвержен подобным предрассудкам. Если хлеб пекла женщина, как в нашем случае, она должна была сохранять ритуальную чистоту — не иметь в течение хотя бы суток половой связи, не быть беременной. Нельзя было печь хлеб и во время месячных. По крайней мере, касаемо первых двух обстоятельствах относительно Прасковьи Осиповны можно быть почти уверенными.

Но вот авторская реплика: «…бросила один хлеб на стол» вызывает сомнения во всем остальном. Хлеб безусловно был огненно горяч, и Прасковья Осиповна, скорее всего, бросает его с хлебной лопаты, сродни той, на какой «перепекали» младенцев. Интонация Гоголя выражает пренебрежение пекарши к мужу, а не к хлебу, но в данном случае налицо и элемент десакрализации. Хлеб почитался как святыня: его недопустимо было «бросать» куда бы то ни было. Над ним нельзя было, например, смеяться. Нет и свидетельств, на голый стол или на скатерть была брошена подачка Ивану Яковлевичу в обмен на лишнюю порцию кофею для его подруги жизни. Непокрытый стол по примете неизбежно приводил к «голой» жизни. Иннокентий Анненский комментирует этот эпизод: «Нос оказывается запеченным в хлеб, который жена Ивана Яковлевича выбрасывает на стол для его завтрака. Это превращение самой своей осязательностью, своей, так сказать, грубой материальностью попадает прямо в цель — тут дело, видите ли, без всяких экивоков… на, мол, ешь меня, подавись; ты ведь этого хотел — не взыщи только, братец, если я стану тебе поперек горла». «Грубая материальность» последней, печатной редакции повести начисто отметает канву первой, где действие происходит во сне. Напротив: повесть начинается с пробуждения Ковалева ото сна!

Неизвестно, какой стороной упал на стол хлеб. Если «вверх ногами» — верхней коркой вниз, это считалось святотатством. В тексте находим, что Иван Яковлевич разрезал хлеб «на две половины» (разрезание хлеба было обязанностью мужчины), то есть пополам, и, не успев откусить куска, увидел «что-то белевшееся». Ровно ли был разрезан хлеб? Если да, это предвещало спокойную жизнь. Судя по всему, так не получилось. Какова судьба «отрезанного ломтя», идиоматического символа разделения семьи, покидания отчего гнезда? Что сделала Прасковья Осиповна с краюхой, в которой обнаружился нос? Ведь хлеб ни в коем случае нельзя выбрасывать и всегда нужно доедать. Нет, не все гладко и чисто было в семье цирюльника! Поневоле вспоминается мифология мельницы — места, где из необработанного зерна оформляется и облагораживается жизнь будущего хлеба. Мельница с незапамятных времен считалась обиталищем темных сил — водяных, леших, русалок и чертей. В противовес этому наши предки верили, что дом, в котором печется хлеб, покидают темные силы. Но находка Ивана Яковлевича явно опровергает эту версию.

Ржаной хлеб имеет пористую, губчатую структуру и плотную текстуру. Нос столь же пористый и плотный. А. Бычкова не упустила этот момент в работе «Ретроспективы и перспективы гоголевской ринологии»: «Мотив носа обнаруживает свою связь с мотивом еды в различных проявлениях: нос, поглощающий запахи и табак, словно сам является органом пищеварения… …нос может быть амбивалентен: отделившись от лица, он воплощается в хлебе и предлагается на завтрак цирюльнику, т.е. уже сам становится едой. Такое превращение содержит в себе очевидную пародию на христианские обряды, где хлеб фигурирует как символ плоти Христа. И, наконец, непосредственную связь носов с хлебом Гоголь устанавливает, превращая лица — место, где находятся или должны находиться носы, в хлеб. Имеет место традиционное гротескное пограничное состояние тела, беспрерывно переходящего из одного состояния в другое: выпеченный хлеб — это почти то же, что и нос, а нос и лицо — это почти хлеб». Бычкова вообще большое внимание уделяет «религиозной травестии» Гоголя и трактовке Святого Причастия — тела, съедаемого как хлеб.

«Религиозный путь Гоголя был труден, в своих изгибах и надломах он не объяснён и вряд ли объясним…», — напоминаем слова о. Г. Флоровского. Травестирование — снижение высокого или, наоборот, возвышение низменного — в народной традиции мирно уживалось с самыми возвышенными религиозными обрядами и ничего кощунственного не подразумевало. Многие травестийные приемы — например, переодевание женщины в мужское платье — нимало не помешали последующей канонизации, как в случае Жанны Д Арк или Ксении Петербургской. Если элемент травестийности и заключен в содержимом краюхи, которой Иван Яковлевич, кажется, так и не вкусил, то, возможно, это связано с пародийным обыгрыванием поговорки: «Хлеб — всему голова». То есть, и самому себе тоже. Если прочесть поговорку буквально, а не метонимически («голова» в поговорке — разредуцированная «глава»), эту тавтологию — или рекурсию — можно отнести к присутствию носа, поскольку лицо неотделимо от головы — точнее, черепа. Череп же является полновесным символом смерти, рассуществления и тления — распада тела на элементы. Череп Гоголя, как известно, был украден из гроба в 1909 году. По легенде, совершил это кощунство московский коллекционер, миллионщик и большой оригинал Алексей Бахрушин, подкупив могильщиков. Говорят, Бахрушин хранил раритет в кожаном медицинском саквояже среди инструментов, которыми пользуются патологоанатомы.

Демонизация Гоголя — человека и писателя — имеет колоссальную историю и библиографию («Никогда более страшного человека... подобия человеческого не приходило на нашу землю». В. Розанов). Ну, уж и никогда! Но травестирование в связи с этим — лишь эвфемизм, прикрытие кощунства, в котором Гоголя обвиняли неоднократно. «Кощунственности» повести «Нос» посвящена, в частности, работа Л. Рассовской. О «едва ли не» кощунственности носа в хлебе говорит и семиотик Б. Успенский. Ему принадлежит открытие особого времени, «которого нет», примененное Гоголем в повести. Не случайны в этом контексте реплики автора: после ужасной находки «Иван Яковлевич был ни жив ни мертв» и «Иван Яковлевич стоял совершенно как убитый». Происшествие с Платоном Ковалевым случается 25 марта по старому стилю — в день Благовещения Пресвятой Богородицы, на что указывали и на чем зацикливались многие комментаторы. И, хотя в этот день позволяется вкушать рыбу, дело все равно происходит Великим постом. Обвинений в антропофагии Иван Яковлевич счастливо избежал — носа не съел. Однако если накануне он «принимал на грудь», пост все равно был нарушен. Кофий, до которого была великой охотницей Прасковья Осиповна и от которого в пользу «хлебца» отказался Иван Яковлевич, также относится к не показанным в постное время продуктам. Зато хлеб разрешен круглый год, а уж черный хлеб в России был основной постной пищей. В Индии в первых веках нашей эры преступников наказывали запрещением есть хлеб. Время наказания определялось тяжестью преступления. Индийцы были уверены, что не едящий хлеба обречен на скверное здоровье и злополучную судьбу. И сегодня утренняя молитва индуистов начинается словами: «Все есть пища, но хлеб есть ее великая мать».

Супруги явно не собираются в храм, в отличие от чиновника Ковалева, обязанного присутствовать на службе в двунадесятый праздник, и там же, в Казанском соборе, встречающегося со сбежавшим органом. В. Яровой в своей лекции о повести «Нос» так прямо и говорит: «Благовещения они не празднуют». На таком элементарном примере — исключительно при помощи умолчаний — Гоголь свидетельствует о массовом отступничестве — апостасии, когда утилизируются последние приметы сакральности и даже хлеб перестает быть ее носителем, а становится вместилищем совершенно неподобающих предметов. И вместо «небесного хлеба» и крови Христовой цирюльник-кровопускатель едва не делается каннибалом.

Срок зияния на физиономии маиора указан в повести точно — две недели. Более того: указано реальное число возвращения — «апреля седьмого числа». На том основании, что Благовещение является непереходящим праздником, литературоведы пришли к выводу, что нос возвращается на свое место в Светлую седмицу — на Пасху. И понаписали всякой всячины о «воскресении носа». Один Яровой, кажется, сделал абсолютно верное замечание об авторе головоломной повести: «Если бы для верности указал еще и год!» Да, Пасха 1835 г. пришлась на 7 апреля по ст.ст. Но с чего, собственно, взято, что речь в «Носе» идет о 1835 г., когда повесть писалась в 183-34 гг., а 18 марта 1835 г., за полтора месяца до Пасхи, была отправлена в «Московский наблюдатель» (и отвергнута им)? Да, повесть вышла в пушкинском «Современнике» в 1835 г., но это вовсе не значит, что Гоголь, опережая события, уложил действие повести в последние недели поста именно этого года. Последняя редакция «Носа» относится к 1842 г., и там-то наконец определена дата начала действия — 25 марта. И все же, скорее всего, в повести подразумевается пасхалия 1833 г. Почему? Потому что в тот год Благовещение совпало с началом Страстной недели.

Только хлеб, вино и елей из всех пищевых продуктов разрешено приносить к церковному алтарю. Хлеб и вино употребляют в первую очередь в таинстве Евхаристии. Православная Церковь использует для Причастия пшеничный и квасной хлеб. Но хлеб — повседневная пища, символизирующая Богоприсутствие в самых обыденных вещах, применяется и в других священнодействиях, напоминающих о чуде умножения пяти хлебов (Мф 14. 13-23; Мк 6. 30-46; Лк 9. 10-17; Ин 6. 1-15). Чин Благословения хлебов совершается после литии. Благословленный хлеб получает силу исцелять болезни и ограждать от вреда. Молитва на благословение хлебов использовалась и для благословения закваски. После вкушения такого хлеба на всенощном бдении предписывается полное воздержание от еды и питья до причащения. Если Благовещение выпадает в неделю Ваий (или Вербную), в Страстную или Светлую седмицы, оно не имеет предпразднства и попразднства, а празднуется один день. Именно так и случилось в 1833 г., когда следом за Благовещением наступил праздник Входа Господня в Иерусалим, или Вербное Воскресение (26 марта) и одновременно началась Страстная неделя, поскольку Светлое Воскресение наступало 2 апреля. Таким образом, нос попадает в хлеб, не освященный чином Благословения, испеченный в семье, не присутствовавшей в храме Божием и не причащавшейся. Все дальнейшие события повести обусловлены этими обстоятельствами. Тончайший исследователь Дунаев, скрупулезно сопоставивший и проанализировавший все даты «Носа», игнорирует эти обстоятельства. 1833 г. первым вычислил Михаил Вайскопф, но Дунаев отчего-то упорствует в отнесении событий к 1832 г.

Кроме того, как отмечает Б.Успенский, в XIX веке разница между юлианским и григорианским календарем составляла не 13, а 12 дней, а «…промежуток времени, — пишет он, — отделяющий одноименные православные и католические праздники, может считаться нечистым, как бы несуществующим…» И далее — о безвремении, которое «создано человеком, а не Богом, и, следовательно, здесь проявляется власть демонов…». Именно 12 дней Нос отсутствует на лице маиора. И. Завьялова подтверждает эту гипотезу. Цирюльник «…узнав в неожиданной находке нос коллежского асессора Ковалева, оказался «ни жив ни мертв», т.е. как бы между этим и тем мирами, существом с неопределенным статусом. Нос появляется у бездетных супругов в виде мертвой плоти. Он рождается из печи, означающей в архаических представлениях могилу; помимо этого, нос не тонет в воде и даже обладает нетленностью, что вновь подчеркивает уникальность героя, неподвластность законам природы и связь с потусторонним миром».

О. Дилакторская обращается к книге Г. Попова «Народно-бытовая медицина», изданной в 1903 г.: «В сюжете пропажа носа героя связана с хлебом. Цирюльник именно в хлебе обнаруживает Ковалевский нос… Как эхо, объяснение цирюльника отзовется в рассуждениях Ковалева о своем недуге: «Черт хотел подшутить надо мной!»; или: «Может быть, я как-нибудь ошибкою выпил вместо воды водку». Сравним: в народно-бытовой медицине указывается, что при индивидуальной порче «какие-то неведомые снадобья и напитки подмешиваются к хлебу…и водке…»

В I томе гоголевской поэмы читаем: «Вам нужно мертвых душ?» спросил Собакевич очень просто, без малейшего удивления, как бы речь шла о хлебе». Вокруг хлеба и смерти — а отнюдь не зрелищ — вращается человек и все, что с ним соединено. Нос исчезает с лица, в анатомическом смысле — головы — маиора и «украшает» символическую вершину биологической цепочки — хлеб. Мы уже вспоминали Евангельское насыщение толпы пятью хлебами. Но, как пишет Евангелист Марк, апостолы не вразумились чудом над хлебами, потому что сердце их было окаменено (Мк. 6, 51-52). И лишь когда Спаситель отвел от маловерного Петра угрозу смерти от утопления, апостолы поклонились Ему и сказали: истинно Ты Сын Божий. Христос прекрасно понимает все устремления своих учеников до их полного духовного преображения: Вы ищете Меня не потому, что видели чудеса, но потому, что ели хлеб и насытились. Недаром «отец всякой лжи» искушал Спасителя мира именно хлебом: Если Ты Сын Божий, скажи, чтоб камни сии сделались хлебами. Маиор Ковалев, флиртующий во время совершения литургии с девицей, вспоминает о Боге лишь тогда, когда осознает весь ужас своего безносого положения.

Хлеб в сознании христианина неразрывно связан с Причастием, а Причастие — со смертью Бога: Ибо всякий раз, когда вы едите хлеб сей и пьете чашу сию, смерть Господню возвещаете, доколе Он придет. Феофан Затворник писал: «То, что нет причащающихся, скорее означает, что христиане хотят заглушить весть о смерти Господа». Гоголь указывает, что в Казанском соборе в светлый день Благой Вести «Молельщиков было немного…». Две недели, в которые укладываются невероятные, а на самом деле — глубоко обусловленные и уставом Церкви, и всем комплексом народной культуры, которую Гоголь знал

176

и чувствовал, как никто до него, проходят как бы вне времени, то есть вне жизни. Ибо смерть не знает времени. Не только печь, но и сам хлеб, органически связанный с землей, символизирует в повести это безвременье, смерть духовную. По многим поверьям считалось, что при выпечке души умерших питаются хлебным духом — духовной субстанцией пищи. Для изгнания смерти хлеб специально клали на место, где умер человек, — в нашем случае человеческий орган, нос. До сих пор существует традиция в день смерти на стакан с водой класть кусочек хлеба, который никто не должен пробовать. Стопку, накрытую хлебом, ставят на стол и на поминках, обозначая символическое присутствие покойного.

Отдельный Нос не становится живым, а остается словно бы зомби, оторвавшимся от хозяина и переставшим подчиняться ему. Исследователь В. Ильин пишет: «В том, что нос оказался выше чином самого майора Ковалева, для обывателей XIX века могло означать только то, что нос после своего неестественного отделения все же телесно был мертв. Так, А.С. Пушкин при жизни был камер-юнкером при Дворе Его Императорского Величества, а после смерти его, в соответствии с действовавшей табелью о рангах, почитали уже как камергера».

Чин Благословения хлебов совершался в храмах ради утоления голода молящихся — не только физического, но символически и духовного. Ковалев пробирается в собор «сквозь ряд нищих старух с завязанными лицами и двумя отверстиями для глаз…». Сегодня такой головной убор называется балаклавой и напоминает о приключениях Pussy Riot в храме Христа Спасителя. В этих балаклавах ряду комментаторов резонно видится намек на дурную болезнь. Маиор тоже закрывает лицо платком, чтобы никто не рассмотрел «гладкое место» на его лице, которое автор сравнивает с блином, традиционной поминальной пищей. У О. Дилакторской читаем: «…в повести намеренно мотив хлеба соотнесен с мотивом порчи, мотивом дурной болезни майора, намек на которую ощутим… Сравним: в народно-бытовой медицине для подобной дурной болезни указывается рецепт: склянка со снадобьями закупоривается и «заминается в сырой хлеб, который садится в печь. Когда хлеб испечется, вынимают пузырек и его содержимое… (Попов, с. 320). Лечение такой болезни принято было производить еще водой, водкой, но рекомендовалось избегать употребления "горячего хлеба" (Попов, с. 320)».

Горячим хлебом обкладывал недоумевающий доктор Клименко тело умирающего Гоголя, пытаясь поддержать уходящую из него жизнь. Запах горячего хлеба — первое, что обоняет роковым утром Иван Яковлевич. И просит у жены не просто хлеба, а именно горячего. А. Топорков подробно описывает связь хлеба со смертью в славянской народной культуре: «Хлебом кормили не только живых, но и мертвых: клали его в гроб, сыпали крошки на могилу для птиц, воплощающих души покойных, оставляли на перекладине креста, предназначали мертвым пар от горячего хлеба или первый из выпеченных хлебов, помеченный крестиком».

Предположение (в частности, и Ю. Манна), что сифилисом страдает сам Ковалев, вряд ли обосновано. Нос маиора не провалился вследствие сухотки, как у нищих старух, — он сбежал с лица, которое перестал считать хозяйским. А вот смех Платона Кузьмича над несчастными вполне мог послужить причиной его собственных несчастий. Здесь невольно вспоминается препирание Ивана Ивановича с нищенкой из другой повести Гоголя: «Бедная головушка, чего ж ты пришла сюда?» — «А так, паночку, милостыни просить, не даст ли кто-нибудь хоть на хлеб». — «Гм! что ж тебе разве хочется хлеба?» обыкновенно спрашивал Иван Иванович». С. Евдокимова, исследуя «Повесть о том, как поссорился Иван Иванович с Иваном Никифоровичем», справедливо пишет: «Идиоматическое выражение «на хлеб», означающее небольшую сумму денег, Иван Иванович интерпретирует дословно и таким образом обессмысливает». Так же смехом Ковалева обессмысливается в «Носе» и «милость падшим», которые ради хлеба, а не молитвы сидят подле храма. Название города, где родился Христос, — Вифлеем — недаром переводится как «дом хлеба».

«Литературные источники повести Гоголя «Нос» выявлены достаточно хорошо», — утверждает А. Плетнева. Оспорить это заявление сложно, хотя при внимательном чтении неизбежно посещает мысль о вчитанности многих источников, знание которых априори приписывается Гоголю. Круг его чтения, в отличие от пушкинского, весьма гипотетичен. Но пройти мимо факта, что Гоголь черпал сюжеты и детали своих фантазий обеими руками из любых источников, невозможно. Это отметил еще Н. Чернышевский: «…буквально пересказывает малорусские предания («Вий») или общеизвестные анекдоты («Нос»)». Но если факт дарения Пушкиным сюжетов «Мертвых душ» и «Ревизора» скрыть было невозможно, да и ради «пиара» не нужно, остальные заимствования наглухо закрытый Гоголь тщательно шифровал. Поскольку А. Плетневу, как и практически всех исследователей, занимает тема носа, а не хлеба, она выпускает из своей работы «Повесть Н.В. Гоголя «Нос» и лубочная традиция» знаменательнейшее открытие В. Виноградова в исследовании «Натуралистический гротеск. Сюжет и композиция повести Гоголя «Нос».

В. Виноградов сопоставляет загадочную и никак не объясненную автором находку цирюльника с Вознесенского проспекта (непосредственно на нем и в его окрестностях и ныне размещаются 19 парикмахерских!) с фрагментом романа англичанина Джеймса Юстиниана Мориера (Морьера): «Особенно соблазнительно в нем видеть пародию на те сцены авантюрного романа "Хаджи-баба"

Морьера, которые под названием "Печеная голова" были напечатаны в "Московском вестнике" за 1827 г., № 419 и в "Сыне отечества" и "Северном архиве" за 1831 г... — "Повесть о жареной голове"... Этот роман пользовался широкой популярностью у читающей публики 30-х годов», — пишет Виноградов.

Роман был настолько популярен, что вышел в России сразу в двух переводах. Тот, в котором повествуется не о печеной, а о жареной голове, опубликован там же, где и наркоманская повесть Де Квинси, проанализированная нами в главе «Гоголь-опиум»,— в «Библиотеке для чтения Осипа Сенковского (барона Брамбеуса) и самим Сенковским-Брамбеусом изготовлен. По воспоминаниям его жены Аделаиды, к переводу Мориера Сенковского подтолкнуло желание приобрести новую лошадь для ее экипажа. Смирдин был очень доволен: первая часть романа пошла на «ура». С остальными вышло не так бойко.

Перескажем эпизод с жареной головой, наводящий на мысль о том, что Гоголь читал перевод Сенковского, несколько подробнее, чем это делает В. Виноградов. Итак, султан, никогда дважды не шьющий наряды у одного портного, просит любимого евнуха найти нового закройщика. Евнух находит такового в суконных рядах. Любопытно немедленное упоминание носа портного Бабадула, по совместительству подрабатывающего муэдзином, на котором «торчали простые, огромные очки». Как мы помним, очки близорукого квартального помогли ему опознать отделившегося от маиора самозванца, собравшегося было в Ригу. За «близорукость» корит работу В. Виноградова С. Бочаров. Как нам кажется, напрасно.

Под покровом ночи евнух ведет портного во дворец. В результате путаницы Бабадул получает узел, где вместо образца одежды оказывается «человеческая голова, облитая запекшеюся кровью, бледная, посиневшая, ужасная». Мудрая жена портного предлагает отнести страшную находку к соседу, Хасану-хлебнику, который «топит теперь печи и скоро начнет печь хлеб для своих покупщиков», предварительно положив голову в горшок, замазав ее тестом. «В горшок никто не заглянет, — рассуждает жена, — он всунет его в печь вместе с прочими; а когда голова будет готова, то никто не пойдет за нею...»

В доме хлебника находку обнаруживает собака. Любопытна реакция Хасана — совершенно гоголевская: «Другой на его месте тотчас упал бы в обморок; но турецкий хлебник не был так чувствителен». Тем не менее, Хасан радуется, что «благодаря нашей звезде и этой собаке, печь наша избежала осквернения, и мы, по милости пророка, будем еще выпекать хлеб чистыми руками и по чистой совести». Но хлебника беспокоит возможность огласки происшествия: «...если соседи о том узнают, то мы пропали: никто не станет покупать наших булок и по городу пойдут слухи, будто мы в тесто подливаем человеческого жиру. Случись же в хлебе хоть один волосок, то как раз скажут, что он завалился в тесто из бороды трупа. Придется умереть с голоду!». На помощь приходит «бесчувственный» сын Хасана, который цинично предлагает подкинуть голову «соседу насупротив, Кёру-Али, бородобрею». Так в романе возникает прямая аналогия с гоголевским «Носом».

«Кёр» по-турецки «слепой». Но слепой брадобрей — это уж слишком для XIX века, и сосед хлебника «слеп одним глазом». Впрочем, для Гоголя это не было бы чем-то сверхъестественным. В связи с этим интересен диалог Гоголя с О. Бодянским из воспоминаний последнего.

Гоголь: — Знаете ли вы? Жуковский пишет ко мне, что он ослеп.

— Как! — воскликнул г. Бодянский, — слепой пишет к вам, что он ослеп?

— Да. Немцы ухитрились устроить ему какую-то штучку…

Письма, впрочем, Гоголь Бодянскому так и не показывает. В этом диалоге — весь Гоголь, про которого С. Бочаров писал, что «загадку человека» у него составляют «соотношения и противоречия вещественного, телесного, духовного и человечески—личностного, во-первых, и части и целого, во-вторых». Яровой подчеркивает «…привычное для Гоголя замещение одушевленного целого неодушевленными деталями, к нему относящимися».

Хлеб в этом смысле неразделен: часть его — тот же хлеб, что и целое. Метафизическая слепота объединяет гоголевского цирюльника и его потенциальную жертву — кавказского маиора. Оба они одинаково реагируют — один на обнаружение носа в неположенном месте, другой — на его отсутствие на месте положенном: протирают глаза, не веря увиденному и относя это к внезапному помутнению зрения. Нос не виден человеку без зеркала независимо от офтальмологии. Хлеб, как и остальная еда, «не виден», попав в желудок, к тому же по дороге изменившись до неузнаваемости, если кусок прожевали, а не проглотили целиком. О связи еды и смерти напоминает поговорка: «Проглотил что похоронил». Как и другая: «Хлеб спит в человеке». Гоголевский нос «спит» в хлебе, ожидая рождения или похорон — в зависимости от авторского замысла. Здесь невольно вспоминается загадка о хлебе: «Режут меня, вяжут меня, бьют нещадно, колесуют — пройду огонь и воду, и конец мой — нож и зубы». Это словно бы перифраз описания утра цирюльника в повести Гоголя. Правда, там до зубов дело не дошло. Но, может быть, зомбические блуждания Носа между Петербургом и Ригой и обусловлены тем, что цикл не был доведен до логического конца, до «похорон» пережеванной пищи в чреве вкушающего?

Вернемся, однако, к турецкому предшественнику Ивана Яковлевича. Сын хлебника проник в цирюльню, приставил несчастную голову к стене и, «чтобы ловче обмануть слепого хозяина, накинул ей полотенце кругом шеи, пристроив кафтан его на скамье так, как будто прихожий уселся на ней для бритья». И Кёр-Али начинает-таки «производство» над отделенной от целого частью. В романе Мориера, как и в повести

Гоголя, подчеркивается пристрастие брадобрея к вину. Он даже Хафиза цитирует. Однако Кёр-Али успокаивает на удивление молчаливого клиента: «…не бойтесь: не заеду бритвой за ухо. Рука у меня ловка и легка, и, буде угодно аллаху, так вам заскребу по лбу сталью, что, эфенди мой! заскрипит у вас на сердце». Профессиональное мастерство Ивана Яковлевича удостоверяется в повести дважды. Первая характеристика — строго негативная — дается Прасковьей Осиповной в состоянии крайнего ошеломления, практически шока. Повторим ее: «Вот уж я от трех человек слышала, что ты во время бритья так теребишь за носы, что еле держатся». Вторая — скорее, позитивная — автором: «Он узнал, что этот нос был не чей другой, как коллежского асессора Ковалева, которого он брил каждую середу и воскресенье».

Итак, налицо не только две очевидные аналогии с «Носом», но и стилистические совпадения перевода Сенковского с манерой Гоголя. Мориер достаточно подробно описывает приготовления брадобрея к работе: «Он выправил бритвы на прикреплённом к кушаку ремне, снял с гвоздя большой жестяной таз с вырезом для шеи, налил в него горячей воды и, держа таз в левой руке, а правою размешивая воду, подошёл к безмолвному гостю, чтоб обмочить ему голову». Гоголь ограничивается упоминанием, что Иван Яковлевич «мылил» коллежскому асессору «и на щеке, и под носом, и за ухом, и под бородою — одним словом, где только ему была охота». Надо признать, русский цирюльник уступает турецкому если не в мастерстве, то в прилежании и заботе о репутации. И клиент Кёр-Али — мусульманин, а не православный, т.е. работа цирюльника заключается в обривании головы, а не только лица. Но здесь приходит простая мысль: может быть, то, что кажется нам в повести Гоголя необъяснимыми умолчаниями, суть сознательные избегания повторов применительно к переводу Сенковского и оригиналу Мориера? Голова превратилась в нос, и здесь снова действует гоголевская подмена целого частью. Сам Платон Ковалев говорит чиновнику газетной экспедиции: «Да ведь я вам не о пуделе делаю объявление, а о собственном моем носе: стало быть, почти то же, что о самом себе». Ну, а уж «пудель черной шерсти», который оказался казначеем «не помню какого-то заведения», отсылает к Фаусту и — через времена — к роману «Мастер и Маргарита». Эту символику и объяснять не надо.

В. Скотт называл Дж. Мориера лучшим современным английским романистом. Умница и байбак Дельвиг с ним не согласился: «…однообразные шутки его растянулись на четыре книги, и поэтому можно поручиться, что все читатели… едва ли дочтут сие длинное сочинение до конца и без скуки. Наитерпеливейший человек вряд ли одолеет оное». Гоголь, судя по всему, одолел, поскольку жареная голова запрятана в самую середину похождений Хаджи-Бабы, кстати, сына брадобрея. Голова, между тем, претерпевает дальнейшие злоключения, леденящие кровь читателя, но прямого отношения к нашей теме они уже не имеют. В 1847 г. в «Светлом Воскресении» Гоголь откажется от всяких иносказаний: «Диавол выступил уже без маски в мир. Дух гордости перестал уже являться в разных образах и пугать суеверных людей, он явился в собственном своем виде. Почуяв, что признают его господство, он перестал уже и чиниться с людьми». Миру, надевшему коллективную маску, якобы предохраняющую от ковидной заразы, стоило бы насторожиться от этих слов. Но мир давно не читает Гоголя!

Елена СКУЛЬСКАЯ. Иза Мессерер
или «Стихотворенья чудный театр».
О Белле Ахмадулиной

От того, что Белла Ахмадулина всегда стояла на пуантах в речи, многие, особенно при начале знакомства, взбирались вокруг нее на котурны, табуретки, подоконники, падали потом в неудачи и ушибали гортани; поднимались с попыткой достоинства, но все-таки продолжали подслащать суффиксами и разными приставочками свои плоскостопные танцы.

Во время первой нашей встречи, в семидесятых еще годах минувшего века, я брала у нее интервью в Таллине. Сидели в роскошной по тем временам гостинице Олимпия, на двадцать четвертом этаже с видом на город — черепичные крыши, отливающие под дождем серебром рыбной чешуи; Борис Мессерер заказал щедрый завтрак. Я задала тщательно подготовленный и изысканный, как мне казалось, вопрос с цитатой из Цветаевой: может быть, все женские стихи написаны одной женщиной? Что вы об этом думаете?

— Творчества не будет! — словно рысь взглянула в глаза. И весь зефир, всё придыхание осенней листвы моментально исчезло из ее голоса.

— О, вопрос мой не отраден вам? — вполне вероятно, что я как-то даже заломила руки или сжала их «под темной вуалью»…

— А чему это я должна радоваться?! — и уже была в голосе хрипотца московского подростка, шестерочки с чинариком, прилепленным к припухшей губе; в пиджаке не по росту, в кепочке воробьиной, поигрывающего ножичком… Бьющим степ во втором отделении концерта по заявкам.

«Как вы относитесь к пародиям на вас?» — спросили ее в телевизионной передаче тех далеких лет. «Благосклонно» — отвечала она. Ловила на готовности прислуживать ей всякими «как хороши гортензии в саду…», «позвольте поднести вам анемоны…», «вдыхая аромат забытых встреч…», сбивала на лету просторечным словечком, но иногда и сама попадала в собственные изящные капканы. Мы были с ней в гостях у моей приятельницы в большом, старинном деревянном доме среди деревьев, дом шел вразвалочку на снос, приседал на нижний этаж, книжные полки повсюду нависали тяжелыми бровями, кипел самовар, мне кажется, Белле было хорошо, и она на мгновение отвлеклась от себя, оставила себя без присмотра. И тут же хозяйка, грузная, разумеется, женщина, опустилась перед ней на колени и, тяжело всхлипывая, запела:

— Белла, умоляю, прочтите нам «Сластёну»! Просит «Сластёну» моё естество! Жаждет мое ненасытное сердце!

А речь-то шла о Мандельштаме:

В моём кошмаре, в том раю,
где жив он, где его я прячу,
он сыт! А я его кормлю
огромной сладостью. И плачу.

И Белла растерялась, не нашлась, что ответить...

* * *

В Абхазии, в Пицунде, у Дома творчества советских писателей был свой маленький пляж. В необыкновенной тесноте, стукаясь локтями, наступая друг другу на полотенца, соприкасаясь потными спинами, принимали солнечные ванны писатели. Они были так близко друг от друга, что когда в одной компании выкрикивали: «Семь треф!» или, там, «Девять бубей!», то в другой какой-нибудь начинающий преферансист успевал взвизгнуть: «Вист!», пока его не приводили в порядок более опытные игроки.

Пляж никак не был огорожен или закрыт, и границы его проходили исключительно в воображении. Он был так же каменист, как и весь окрестный берег. В теплой воде плавали те же мучнистые медузы, что в любой точке побережья создают ощущение супа с клецками. В камышах, как и положено, попискивали те же водяные крысы, селившиеся порой в писательских номерах и выкармливавшие свое потомство в писательской столовой; однажды такое семейство оказалось в моем номере, и я долго наблюдала за веселой возней котят, идиллически прикидывая, кто же именно мог их из жалости подобрать и приютить у меня, пока один из них не развернул ко мне свою острую, как карандаш, мордочку крысы…

Так вот, пляж писательский был крохотным, а рядом, по обе стороны, сколько хватало глаз, простирались необозримые прибрежные пространства покоя и воли, куда каждый мог удалиться в поисках свежих впечатлений или уединения. На этом пространстве куда менее скученно, а, точнее, совершенно не беспокоя друг друга, загорали дикари. Но никто из писателей ни разу на моих глазах не решился перейти Рубикон, отделяющий его от читателей.

— Ты пойми, — объяснял мне Эдвард Радзинский, — здесь, на своей территории, все лежащие знают друг друга и помнят, что они — цвет литературы. Особенно цвет литературы — секретари Союза писателей, редактора журналов и издательств. Не какие уж есть писатели, а — писатели! Но как объяснить это дикарям?

Итак, на писательском пляже лежали в тесноте. Но и в обиде: почти всем хотелось перебраться из своей социальной группы в другую:

выйти замуж с повышением или удачно пристроить рукопись. Когда появлялся над шевелящимся пляжем фарфоровый профиль Беллы, всё земное исчезало. Она шла всегда в сопровождении большой свиты, в белой блузе и белых брючках, не оскальзываясь, в отличие от всех остальных, на крупной прибрежной гальке, но проплывала как во сне, как в рапиде, и все понимали, сколь они нелепы и неуклюжи рядом с ней.

Никто и никогда в Пицунде не смел читать при ней свои стихи. Милейший Роман Сеф, выпустивший новую чудесную детскую книжку, дарил ее всем на пляже с прелестными четверостишиями. Белле и Борису Мессереру он написал:

Дарю я осторожненько
Смешную книжку эту
Белле — как художнику,
Боре — как поэту.

Собирались по вечерам в номере Беллы и Бориса. Борис рассказывал, как однажды в июльскую жару в Ялте встал в безнадежнейшую очередь за пивом; солнце шипело над головой, подступала дурнота. И вдруг Борис увидел, что огромная бочка с пивом, из которой пивница лениво цедила в кружки пенистую влагу, украшена плакатом с изображением Беллы Ахмадулиной. Борис выбежал из очереди и закричал: «Да вы знаете?! Да я же!!!» И осекся. «А что, собственно, я бы мог сказать?!»

Все вежливо засмеялись.

Борис внимательно следил за тем, чтобы аристократизм хозяйки оттенялся его ласковостью и не приводил к излишнему холопству гостей.

Слушали Беллу с замиранием, восторгом, шевеля губами в такт стиху, а потом шли в какой-нибудь другой номер и уж там, размахивая руками и форсируя хрипы, читали собственные сочинения и чувствовали себя анархистами, подпольщиками, готовящими заговор против императрицы, а утром вновь рассыпались в прах.

Приезжали в Пицунду налегке, с какой-нибудь дорожной сумкой, только жена Романа Сефа Ариэлла прибывала из Парижа с огромными чемоданами на колесиках, из которых добывались неведомой нам красоты одежды. Послушав однажды стихи Беллы, она выбежала в волнении из ее комнаты, метнулась к себе, распахнула чемоданы и вернулась к Белле с белоснежным комбинезоном с еще не снятыми бирками Армани или Диора. Белла надела подарок, все спустились в бар выпить кофе, Белла вертела в руках сигарету:

— Ну и как ей объяснить, что мне нужны маленькие линялые джинсики, и больше ничего! Неужели она не понимает?!

— Завтра же Белла передарит эту роскошь, — подтвердил Борис.

Она знала, что рампа горит всегда, сцена не меркнет ни на секунду, и счет обязан быть сухим — в ее пользу. При любых обстоятельствах.

* * *

… У меня дома висит большая фотография, на которой Белла Ахмадулина снялась с Эдиком Елигулашвили. Они снялись обнявшись, с рюмками в руках, и смотрят друг на друга с такой нежностью, что я как-то спросила Эдика:

— Может быть, у вас был роман?

Он ответил:

— Ты думаешь, что может быть роман с иконой?

«Дорогой Эдик, благодарю тебя за долгие годы нашей дружбы, ни разу ничем не омраченной», — написала она ему в 1995 году, спустя не одно десятилетие после начала знакомства.

Белла очень тонко и точно чувствовала, в каком литературном жанре должны складываться отношения. С Эдиком Елигулашвили, которого Евгений Евтушенко прозвал «Ели-гуляли-пили-швили», проводившем половину жизни в грузинских застольях, где нежность нарастает по законам мастерства и ритуала, — жанр должен был соответствовать краткости и афористичности тоста, с броским, запоминающимся финалом, допускающим многократное цитирование.

Эдик, как многие грузины, охотно гулял по берегу моря, но не заходил в воду.

— Неужели, Эдик, ты никогда не купаешься в море? — удивлялся Борис Мессерер.

— Никогда!

— Даже в такую жару?!

— В любую. Я не могу войти в воду, в которой уже кто-то побывал…

— Нет, Эдик, я все-такине понимаю, — продолжал Борис, — как это можно — всю жизнь провести на берегу Черного моря и ни разу в него не окунуться?!!

— Что же тут непонятного, Боря? — вступилась за Эдика Белла, — вот ты, Боря, живешь в Москве, но ты ведь не бегаешь каждый день в Мавзолей?!!

К Белле, сидевшей в баре в Пицунде в большой компании, подошел местный сочинитель и, не веря своему счастью, попросил разрешения поднести ей свой сборник стихов. Ахмадулина с ласковостью медсестры заверила его, что подарок будет принят. Ошарашенный свалившейся на него удачей, поэт остолбенело держал в руках сборник, не в силах приступить к написанию слов восторга.

— Значит, вы разрешаете надписать вам свою книгу?! — всё переспрашивал он.

— Ну конечно, — утешительно кивала ему Белла.

— Прямо вот сейчас вот так возьму и напишу прямо: «Изабелле Ахатовне Ахмадулиной» (Белла Ахмадулина по паспорту, действительно, Изабелла. — Е.С.)? Прямо так и напишу?

— Можете написать: «Изе Мессерер», — улыбнулась Ахмадулина.

…Сидели в духанчике недалеко от Тбилиси. Произносили бесконечные тосты, выпивали. В углу сидел какой-то старик со слезящимися глазами, сидел один, среди шума и веселья, никто к нему не подходил, никто не звал его за свой столик.

— Бедный дедушка, — сказала Белла.

— Не жалей его! — ответили Белле, — он был подручным Берии, все это знают!

— Бедный дедушка—убийца, — отозвалась Белла.

* * *

Еще одна домашняя фотография: мой отец стоит, обнимая Беллу Ахмадулину. Это — 1962 год, писательская поездка в Югославию, мой отец, прозаик Григорий Скульский, включен в делегацию, Юрий Нагибин был с Беллой Ахмадулиной.

Спустя много лет Белла сказал мне:

— Хотите о моей матери? Она писала в ЦК письма с просьбой помочь ее заблудшей дочери встать на правильный путь!

В той югославской поездке она, может быть, скучая среди слишком взрослых людей, по-детски приникла на несколько дней к моей матери. И послала в Таллин, в подарок какой-нибудь из дочек мимолетной покровительницы свой голубой костюмчик с золотыми пуговицами. Он достался мне, двенадцатилетней, и я долго его носила тряпичным предисловием к стихам.

Я очень рано вышла первый раз замуж. Мой товарищ по полудетскому браку к стихам был равнодушен, к моим особенно, и сколько бы я ни ходила с загадочным видом по квартире, кусая карандаш, непременно устраивал скандалы из-за немытой посуды.

— Я — поэт, понимаешь, поэт! — кричала я.

— Вот станешь Беллой Ахмадулиной, тогда и не будешь мыть посуду! — парировал муж.

При этом «Белла Ахмадулина» была для него не реальным поэтом, а неким собирательным «Пушкиным». «А посуду за тебя Пушкин будет мыть?» — мог бы он спрашивать меня на манер классного руководителя.

И вот однажды Белла Ахмадулина с Борисом Мессерером оказались в нашей квартире. Мой муж был так потрясен этой встречей с «Пушкиным», что буквально лишился дара речи, он только что-то шептал, лепетал и припадал к ручке. Уходя, уже в дверях, Белла обернулась:

— А вдруг ваш муж, Лиля, лучше моего? Не прихватить ли мне и вашего с собой?

И мой, сорвав с вешалки пальто, кинулся за ней по лестнице…

… Дома у моих родителей Белла была беззащитна и состояла только из стихов.

— Григорий Михайлович, — говорила она моему отцу, — ведь вас никто, наверное, не называет «товарищ»? Вам, наверное, говорят «сударь», «милостивый государь», признайтесь!

— Кошечка, прелестная кошечка, — расплывался отец.

Борис Мессерер нарисовал в альбомчик маме традиционной граммофон из своей коллекции, а Белла вскочила из—за стола, ушла в отцовский кабинет и оставила такую запись в семейном альбоме:

«Милому и родному семейству Скульских — слабоумный медленный экспромт.

Увы! Нашлась на козочку управа.
Охотник — меток, если незлобив.
Стал Ревель там, где козочка упала.
Печаль, апрель, прощание, залив.

Дом в Ревеле. Прелестна, одинока
Душа весны и города в окне —
Ужель нужна погибель олененка
Дню, Ревелю и мне в апрельском дне.

27 апреля 1986 года»

Скульптура черного олененка стоит у крепостной стены; всякий, кто идет с вокзала к центру, непременно видит эту фигурку. Но мало кто обращает на нее внимание: у нас сейчас на центральной улице сидит на скамье бронзовая корова с золочеными копытами, сидит, закинув ногу на ногу, и туристы непременно присаживаются к ней и фотографируются на память. А неподалеку, буквально за углом, на булыжном возвышении стоит бронзовый трубочист с позолоченными пуговицами; не сразу и не вдруг сможешь с ним сфотографироваться — очередь.

* * *

… О смерти Беллы Ахмадулиной я узнала из короткой записки Тээта Калласа: «Жаль, что больше нет Беллы…Почти все они уже ушли».

В 1980 году Белла приехала с выступлениями в Таллин. Как-то поздним вечером, собственно говоря, ночью ей вдруг пришло в голову, что она должна познакомиться с каким-нибудь настоящим эстонцем. Только настоящим, Лиля! В таком хемингуэевском свитере крупной вязки с оттянутым воротом, с бородой, с трубкой; чтобы попыхивал, а в промежутках тяжело и важно ронял слова — сплошь философские максимы.

Ночью и к тому же выпив, можно было позвонить только Тээту Каллассу. Тээт тут же откликнулся:

— Невероятное везенье! Приехала мама Аллы, и они напекли столько пирогов, что можешь вести за собой всю компанию!

Стали собираться, решили пройтись по ночному Таллину.

— Только, Белла, — говорю, — Тээт хоть и настоящий эстонец, хоть и в свитере, хоть и курит, а, боюсь, он совсем не тот, кого вы хотите увидеть. Он яростный. Ради любимой женщины вошел в клетку к тигру. Да—да, к тигру. И тигр отгрыз у него палец...

Белла поморщилась, моя выдумка отдавала безвкусицей.

— Он уговаривал Аллу выйти за него замуж, — напирала я, — пытался завоевать расположение ее шестилетнего сына. Мальчик пообещал: «Если ты подаришь мне настоящего живого зайца, я всё устрою!»

Поехали в зоопарк, директор был давнишним приятелем Тээта. Алла с сыном остались ждать на скамейке возле клетки с тиграми, а Тээт отправился к начальству. Выпили с директором коньяка, директор вник в проблему и распорядился принести зайца. С зайцем под мышкой Тээт победно подошел к скамейке. Однако шестилетний Роман вовсе не имел на маму того влияния, на которое они с Тээтом так рассчитывали.

— Если ты не выйдешь за меня, — сказал Тээт, — то я открою сейчас клетку с тиграми и войду к ним. Может быть, они снисходительнее и сговорчивее, чем ты.

Директор, во всем сочувствующий тээтовой любви, моментально отпер клетку. Тээт пошел на тигра, тот кинулся, сосредоточив, впрочем, внимание на зайце. И вырвал добычу и проглотил вместе с одним пальцем Тээта.

Всё произошло за секунду. Алла с сыном успели только вскочить со скамейки и медленно на нее опуститься. Тээт стоял перед ними. Из руки хлестала кровь.

— «Скорую!» — орал протрезвевший директор.

— Не надо, — возразил Тээт, — я буду стоять так, пока она не выйдет за меня замуж…

— И вот, — завершила я рассказ, — у них в доме повсюду только книги и тигры, книги и тигры, ну, разумеется, мягкие такие тигры, игрушечные…

Белла раздраженно молчала.

Пришли. Нас ждали пышные горячие ночные пироги и охлажденная выпивка. Тээт рассказывал, как он переводил на эстонский язык Юрия Казакова. Когда они вместе приезжали поработать в какой-нибудь Дом творчества, администрация принимала против них самые решительные меры. Им категорически запрещалось употреблять и проносить на территорию спиртные напитки. Это было во времена пишущих машинок. Писатели брали с собой пустой чемоданчик от «Эрики» и задумчиво выходили за ворота, чтобы постучать по клавишам на природе. Спустя час возвращались с заметно потяжелевшим чемоданчиком, набитым бутылками, и продолжали пьянствовать. Близкая и искренняя дружба не мешала им часто ссориться:

— Не смей со мной спорить, — орал Казаков, — ты же знаешь — я великий русский писатель!

— Я-то знаю, — кричал в ответ Каллас, — а вот ты не знаешь! Я тебя читал, а ты меня — нет! Я сам — великий эстонский писатель!

— Все равно, — гремел Казаков, — я больше тебя!

— Почему же это?

— А потому что Россия больше Эстонии!!!

А Белла очень по-домашнему рассказывала, как в один из приездов в Таллин она захворала: кашляла, поднялась температура. Нужно было вызвать терапевта, но день был воскресный, и поликлиники закрыты. Белла попросила меня, если возможно, все-таки найти какого-нибудь толкового врача. Я позвонила домой Александру Левину — прекрасному доктору и одновременно — поэту и переводчику. Через полчаса в гостиничный номер Ахмадулиной постучали, я открыла дверь, доктор Левин стоял в проеме с огромной, заслонявшей его лицо, стопкой книг: тут были и его сочинения, и сборники переводов и просто книги, достойные внимания Ахмадулиной.

— Видимо, болезнь помешала мне внятно сформулировать свою просьбу, — покорно принимая книги и столь же покорно готовясь слушать стихи, сказала Ахмадулина.

У Тээта с Беллой оказалось много общих знакомых, одним из самых близких друзей обоих был Василий Аксенов, словом, очень быстро они заговорили, как старые давнишние приятели. Под утро стали надписывать друг другу новые книги. Тээт взял ручку, и тут Белла заметила, что у Тээта не хватает на руке пальца; Тээт перехватил ее взгляд:

— Это у меня была не очень удачная встреча с тигром…

Белла воскликнула:

— С какой стремительностью в Эстонии литература становится фактом жизни!..

* * *

В один из следующих приездов тоже в начале 80—х Белла захотела пойти в клуб художников и литераторов «Куку», который и тогда был на нынешней площади Свободы. Сейчас это просто подвальчик с удушливой комнатой для курения, — именно в ней вечно проводятся конференции, с которых не сбежишь; чувствуешь себя рыбой в аквариуме (прозрачная стена в соседние залы), — только нет тебе, рыбе, воды. А тогда в ресторанчик пускали только членов клуба, а принимали в клуб почти как в масонскую ложу — со сложной системой рекомендаций и проверок. Считалось, что именно там, в «Куку», художник может не только напиться (это-то везде!) но и болтать безнаказанно.

Белла моментально почувствовала себя своей в «Куку»: словно внешняя, кажущаяся жизнь осталась за дверями подвала, наступила жизнь иная, подлинная, хранящая тенистые недомолвки. И эти недомолвки, эту тайну, скрытую в табачном дыму, в чуть оплывших от выпитого лицах известных писателей и артистов, Белла прочитала. На нашем столике сменили уже несколько графинчиков; вдруг Белла поднялась, вышла в центр зала, поклонилась до земли и буквально пропела—проплакала, как стихи: «Простите меня! Простите, что я ничего не сделала для того, чтобы ваша прекрасная страна стала независимой! Простите, что я ничего не сделала для вашей свободы, которая непременно придет к вам!»

Стоп-кадр. Выключенный звук. Никто не шелохнулся. Белла растерянно постояла в центре зала и вернулась понуро за столик. К нам подошел один из завсегдатаев клуба и тихо, но категорически посоветовал нам уйти. Борис Мессерер нервно и с вызовом принялся объяснять: Белла — великий поэт, сам он — художник, он потрясен подобной реакцией на искренние слова своей жены.

—Вам лучше уйти! Поверьте, вам лучше уйти. — И нас уже теснили к дверям, и взгляды нас провожали жесткие и холодные.

И только спустя четверть века я узнала, что же тогда произошло. Я рассказала эту историю эпатажному и дерзкому литературному критику Ваапо Вахеру; он угрюмо кивал, вздыхал и сказал, наконец:

— Я ведь тоже выпивал в тот вечер в клубе. Понимаешь, мы тогда все были на заметке в КГБ, а Белла Ахмадулина говорила так вдохновенно и открыто, что мы решили: органы подготовили очередную провокацию…

… Помню несколько ее коротких новелл. В Америке какой-то человек устроил скандал на заправке, всех терроризировал, а она опаздывала на выступление. Белла выскочила из машины и вступила в перепалку.

— А, — заорал тот, — ты смеешь так со мной разговаривать потому, что я черный!

— Я не вижу, какого ты цвета, но я вижу, что ты идиот, — спокойно отвечала Белла. И скандалист сник.

Советских поэтов принимал в Штатах Рейган. Он спросил у Беллы:

— Какой поэт у вас считается самым лучшим?

Белла — под пристальными взглядами сопровождающих гэбистов — ответила:

— Наш лучший поэт находится у вас — Иосиф Бродский.

Подобные истории, наверное, хранятся в памяти у всех тех, кто был с ней знаком или дружен. Но самое главное — нет историй других, в которых она выглядела бы как-то непригладно. «Главное для поэта, — повторяла Белла, — приглядывать за своею нравственностью!»

… Однажды мы сидели в Таллине в кафе и к Белле все время подходили какие-то люди за автографами. И Белла всякий раз вскакивал из—за столика, чтобы их поблагодарить.

— Даме вовсе не нужно вскакивать, — удерживал ее Борис Мессерер.

— Даме не нужно, — оборачивалась Белла, — а поэту, Боря, совершено необходимо!

* * *

Для одного из интервью фотограф очень долго фотографировал Беллу. Снимал в гостинице, водил по парку. Когда снимки были проявлены, то оказалось, что почти везде Белла снята на фоне каких-то решеток — парковой ограды, ресторанного ограждения, но именно — решеток. Бдительный художник газеты «Советская Эстония» Стас Маклаков побежал к главному редактору и, заикаясь и пришепетывая, рапортовал:

— Опять Скульская хочет протащить на наши страницы антисоветчину! Смотрите, поэт у нее за решеткой. Это в нашей советской стране, значит, у него, у поэта, нет свободы слова.

Редактор побледнел и интервью снял. На следующий день Беллу Ахмадулину наградили орденом Дружбы народов. Интервью опубликовали. Там она говорила, что «Таллин — подарок для глаз».

Я рассказала как-то про эти решетки Евгению Рейну. Он тут же ответил. Пришел он в гости к Белле Ахмадулиной. Поднялся на шестой этаж и видит, что вход на лестничную клетку забран решеткой. Стал кричать, звать хозяев; из квартиры вышла Белла и говорит, что Борис ушел, а ключ от решетки унес с собой. Рейн хотел распрощаться, но Белла его удержала: она принесла столик, накрыла скатертью, Рейн открыл принесенный коньяк, сели они по разные стороны решетки, выпивают. Вечером вернулся Мессерер и говорит: «С какой стороны ни посмотри, а поэты у нас сидят за решёткой…»

* * *

Пытаться понять ее лирическую героиню по законам реальности невозможно. Особенно тогда, когда автор сам настаивает на реальности, низведенной до быта, до обыденности. Почему ее героиня все время ходит в гости к немилым людям, которые чужды ей и которые не любят ее?

К Белле обращается хозяйка дома:

— Я вас браню.
Помилуйте, такая одаренность!
Сквозь дождь! И расстоянья отдаленность! —
Вскричали все:
— К огню ее, к огню!

Белла комментирует:

— Когда-нибудь, во времени другом,
на площади, средь музыки и брани,
мы б свидеться могли при барабане,
вскричали б вы:
— В огонь ее, в огонь!

За все! За дождь! За после! За тогда!
За чернокнижье двух зрачков чернейших,
за звуки, с губ, как косточки черешни,
летящие без всякого труда!

В другом стихотворении Беллу Ахмадулину приглашают в гости к литературоведу. И она говорит, что в этом доме она поест и отогреется за «Мандельштама и Марину»…

В третьем стихотворении Ахмадулина просит читателя не плакать о ней, поскольку она постарается как-то выжить, быть «веселой нищей, доброй каторжанкой».

Вероятно, она была убеждена, что всякий Поэт разделяет судьбу всех Поэтов и несет на себе груз страданий и бед, выпавших на долю предшественников. В одном из разговоров она утверждала:

— Никто, как поэт, не умеет радоваться любому проявлению жизни, любому знаку всего живого на земле. Но у поэта разверстая душа, вбирающая благородное страдание, вбирающая боль мира, за который поэт ответствен. А коли груз ему покажется непосильным и он ослабит ношу, то и его звезда—поэзия скажет: «Ступай и благоденствуй, но без меня». Судьба и творчество — неразделимы. Сам дар, само призвание как бы изначально закладывает в художнике сюжет его судьбы. Но это, конечно, не значит, что поэт может быть совершенно безогляден в своих поступках, полагаясь только на путеводную звезду своего таланта. За душою, за совестью своей, за честностью нужно приглядывать, нужно уметь делать выбор и нужно уметь решаться. Важнее всего для меня — не провиниться перед всеми теми, кто мне доверился…

Ахмадулина единственный, наверное, поэт в истории русской литературы, который не нажил себе за жизнь ни одного врага. О ней никогда не сказала ни одного худого слова критика, не ходят о ней в литературных кругах сплетни.

— Сам о себе не расскажешь, никто о тебе не расскажет, — говорила она. — Сплетничают о тех, кто сам о себе распускает сплетни.

Как-то в Москве я была звана в гости в мастерскую к Борису и Белле, где висят штандарты с ее стихами, написанными от руки, где висят прекрасные ее портреты и стоят многочисленные патефоны. Я радовалась встрече, пришла, предвкушая славное и долгое застолье. Но Борис сказал, что Белла даже не выйдет из своей комнаты ко мне, что через несколько часов она должна быть на телевидении, она готовится, и мой коньяк совершенно сегодня неуместен — ей выступать, а ему ее везти. Впрочем, он пытался занять меня разговором и чем-то накормить; отбыв неловкие полчаса, я уехала.

Решила никогда там больше не бывать, но чувство собственного достоинства было обретено все-таки на лестнице, что временами дергало, как больной зуб. Спустя неделю пришла от Беллы книжка: «Милая Лиля, в знак моего искреннего расположения и признательности, во искупление моей случайной неуклюжей негалантности — решаюсь послать Вам бедную книжку». То была «Тайна», вышедшая в 1983 году.

По разным причинам люди приносят извинения: кому-то жаль обиженного ими, кому-то жаль себя, оступившегося в нанесение обиды.

Я бы сравнила пластический дар Беллы Ахмадулиной с пластическим даром Майи Плисецкой. Плисецкая расширила возможности балета, опустившись с небесных пуант на полную ступню, внеся в балет трагическую драматургию пантомимы, жар площадного танца, гомон прозы, бокалы и сигаретный дым; она могла выйти в длинном вечернем платье, встать неподвижно и станцевать одними руками. Ахмадулина перевоплощается в ручей, который не разрушает почву, но течет только по тем местам, какие не противоречат ландшафту, и от этого смирения перед миром, от этого не—бунтарства вода ручья оказывается (парадокс!) прозрачней и чище, чем в бурлящих потоках; в этом ручье нет сорванных веток и раздробленных камней с острыми краями, но можно разглядеть каждый камешек на дне, можно выпить этой холодной чистой воды и прикоснуться к гениальному ребяческому простодушию поэта—артиста, который расширяет поэзию до возможностей балета.

Есть только один повод для слез, — любила повторять Ахмадулина, — искусство!

Вера КАЛМЫКОВА. Сивилла и Царь-Девица.
(Бонецкая Н. К. Сёстры Герцык как феномен Серебряного века. М.; СПб: Центр гуманитарных инициатив, 2020. 768 с.)

Философские сочинения, как правило, адресуются читателю-профессионалу, преимущественно философу и филологу. Однако, помнится, в девяностые годы произведения авторов эпохи Серебряного века осваивали все, от мала до велика; вот и книге Натальи Константиновны Бонецкой «Сёстры Герцык как феномен Серебряного века» хочется пожелать широкого культурного читателя. Кто же он?.. Какой он, каковы сегодня его интересы? Захочет ли открыть объёмистый фолиант — труд философа начала XXI века о поэте и философе начала двадцатого?.. Кому по зубам, по плечу такого рода чтение-следование, чтение-исследование?

И ведь хочется надеяться, что многим.

Хотя книга не развлекательная, не лёгкая…

…но своевременная. Эпоха повального увлечения Серебряным веком, бсзоговорочного принятия всего его, скажем, пафоса (за неимением лучшего понятия, чтобы было и объёмным, и неконкретным) — прошло. Настал момент критического осмысления его наследия — прежде всего художественного, т.е. изобразительного и литературного, а затем и философского. И если первому, по-видимому, в нынешние времена почти не грозит переоценка, а во втором злаки от плевел будут отделены, что называется, в рабочем порядке, то с третьим возникают большие вопросы, и не только потому, что для многих само существование русской философии проблематично. Такое понимание, если и заслуживает отдельного разговора, то не здесь. Но вот смыслы русской философии — об этом поразмышлять стоит, и для такого случая книга Бонецкой бесценна, ибо в ней «сёстрам Герцык» уделяется столько же места, сколько «феномену Серебряного века», т.е. принципам тогдашнего мышления, основным направлениям ума (умов), а главное — различению добра и зла как в теоретическом, так и в жизненном и творческом — жизнетворческом, как говорили тогда — планах.

Бонецкая даёт ёмкое и объёмное представление, по крайней мере, о двух типах личности, существовавших в эпоху Серебряного века: с одной стороны, это «святой» (-ая), с другой — воинствующий богоборец. Безусловно, анализу подвергаются и явления, расположенные по линии соединения крайностей. Только так, через образы человека, становится понятно интеллектуально насыщенное и утонченное время, породившее, однако, грубый кровавый кошмар Революции.

Обычно связь одного явления с другим очевидно неочевидна; обычно мы их противопоставляем, и выходит примерно так: вот жили-были умные эстеты, никому не мешали, строили свои стеклянные замки, налетел железный вихрь, смёл замки с эстетами, до нас дошли только обломки-отголоски, которые мы и собираем, чтобы строить аналогичные твердыни уже для себя…

Однако явления не были однозначными, и Бонецкая не только показывает их двойственность, противоречивость, но и демонстрирует вредоносность. Максимилиан Волошин и Вячеслав Иванов, едва ли не канонизированные современным литературоведением, предстают на страницах её книги как «ловцы душ», причём не самого доброкачественного толка. Мы привыкли размышлять о «Башне» как о «кузнице русского стиха»; однако, желая понять явление как таковое, должны принимать во внимание, что эксперименты Иванова касались не только стиховедения, но и конкретного, иногда даже чересчур, рассмотрения проблемы пола…

Отчасти Бонецкую можно обвинить в односторонности, тенденциозности. В идеале хочется получить исследование, в котором анализ многоразличной активности того же Вяч. Иванова шёл бы с разных сторон и точек зрения: не может ведь быть так, чтобы практически осуществляемое дионисийство было никак не связано с «эллинизацией» русской поэзии. Но это тончайшая и сложнейшая материя; по-видимому, на сегодняшний день наука не располагает методикой описания подобного рода феноменов. Зато можно совершенно точно сказать, что исследование Бонецкой стоит на пути к появлению такой методологии.

В любом случае книга, далеко не первая в ряду исследований Серебряного века, даёт понять, что у сегодняшних исследователя и читателя имеется системный сбой: мы, как правило, не знаем первоисточников. Мало кто нынче открывает сочинения Ницше, ставшие пунктом отправления для множества индивидуальных духовных путешествий начала истекшего столетия. Даже читая, мысленно как бы смахиваем с изданных-переизданных, переведённых-перепереведённых текстов толстый слой мировоззренческой пыли, налетевшей за десятилетия и не в последнюю очередь — за годы литературного постмодернизма, нечувствительно отучившего нас от знакомства с текстами. Меж тем без Ницше нельзя, как показывает далеко не только одно исследование Бонецкой, понять ни психологию культуртрегеров Серебряного века — Волошина, Вяч. Иванова, Андрея Белого и др., — ни их связь с катастрофой 1917-го и меру соучастия в ней передовых творческих сил. Как пишет Бонецкая, мы имеем дело «с многоликим феноменом постницшевского христианства — плодом встречи и компромисса между традиционными христианскими воззрениями и идеями Ницше — учениями о трагедии, о сверхчеловеке, о необходимости "переоценки всех ценностей"». Что это за феномен, как он развивался, влиял на умы и события — этому посвящена не одна страница исследования.

Но ведь мы также не читаем ни Иванова, ни Волошина, ни Соловьёва, ни Шестова и т.д. Иначе с наших глаз давно уже спали бы различные пелены — от ничтожения русской философии до её идеализации, — и мы сумели бы расположить смыслы в исторически отведённых им нишах или на естественных путях и перепутьях, интерпретировав их в соответствии с тем, как написаны оригинальные произведения. Мы же, напротив, осуществляем подмену: вместо сочинений Соловьёва читаем чьи-то, неважно чьи, подвергшиеся цензурному запрету в СССР, отчего неизбежна идеализация, героизация, герметизация и проч. мысли, а сама суть её оказывается или невоспринятой, или искажённой.

И Аделаида, и Евгения Герцык уже с юности проходили через горнило «Так говорил Заратустра» и других сочинений Ницше (как мы знаем, Евгения была переводчиком «Сумерек кумиров», «Утренней зари» и первой главы «Воли к власти»). «На протяжении 1900-х годов Евгения и Аделаида не раз возобновляли свою переводческую работу над текстами Ницше <...>, — отмечает Бонецкая. — Ницше был их "вечным спутником", постоянным внутренним собеседником». И здесь исследователь очень близко подходит к величайшей — и, заметим, нерешаемой — культурно-психологической проблеме воздействия того или иного явления на разных людей: результаты восприятия одних и тех же тезисов великого имморалиста по-разному отозвались в душах сестёр, формировавшихся в одной и той же среде, друживших с одними и теми же людьми, любивших и понимавших друг друга. Если для Аделаиды Ницше оказался вехой на пути к обретению своего рода «святости», то Евгения получила из тех же максим силу для увеличения внутренней пассионарности, вплоть до страсти к разрушению и отказа от христианства к концу жизни. «Отчего ликуешь в душе, когда слышишь о зле, об опасности?» — эти слова Царь-девицы Евгении Герцык, бесстрашно «расковывающей» силы зла в собственной личности, могут многое сказать о подлинной духовной атмосфере эпохи.

Бонецкая верна заявке, сделанной в самом начале: ей важно показать духовный путь сестёр Герцык, проследить формирование их мировоззрений, осуществлявшееся в насыщенной интеллектуальной среде. Поэтому в книге так много страниц посвящено анализу дионисийства Вяч. Иванова, аполлонизма Волошина, экзистенциализма Льва Шестова, соловьёвской Софиологии и др. Всё это, с одной стороны, также стало результатом усвоения ницшевских идей. С другой — возможно, образ немецкого философа немножко слишком много места занимает на страницах книги. Возможно, некоторый перекос в сторону ницшенизации интеллектуального облика Серебряного века всё же осуществлён Бонецкой: нельзя же, в самом деле, совершенно игнорировать стремление к эстетике, «чистому искусству», освобождённому от социальных подтекстов, во многом определившее направление идейных поисков. Однако даже с учётом такого крена работа Бонецкой представляет огромный интерес, ибо подводит нас к более объективному представлению о том, какова же была суть исканий и что же за послание оставили нам деятели искусств и философы предреволюционных лет.

Заметим, что Серебряный век был, вероятно, едва ли не единственной эпохой европейского развития, когда, во-первых, на формирование личности внешние факторы не влияли без согласия этой личности. Во-вторых — это время синхронности внутреннего становления образованного европейца и россиянина. Оценивая ретроспективно, этот период можно было бы назвать эпохой свободы — и неслучайно в это время творчески осуществили себя десятки, если не сотни деятелей мысли и искусства. Среди них сёстры Герцык, конечно, звёзды не первой величины, и Бонецкая сама это понимает. Однако и Аделаида, и Евгения обладали выраженной индивидуальностью и сформировались в то время, когда — впервые в мире и в России — женщина получила возможность реализовываться и действовать в полноте своего творческого дара, если таковой имелся, или своего побуждения, помысла. Предоставим, в конце концов, слово Наталье Бонецкой, которая лучше любого рецензента объяснит свою задачу:

«Почему поэтесса Аделаида Герцык вместе с сестрой Евгенией Герцык — эссеистом и переводчиком — представляются автору “феноменом”, симптомом культурной эпохи? Почему автор наделяет этих скромных женщин, считавших свою жизнь абсолютно приватной, а творчество — камерным, почётной ролью выразителей эпохального духа? <…> Заинтересовавшись в свое время феноменом сестер Герцык и попытавшись вжиться в экзистенциальную ситуацию каждой из них, я увидела, что размышлять о них значит параллельно осмысливать если не весь Серебряный век, то хотя бы ключевые его тенденции. Судьба ввела этих интеллигентных провинциалок в самое жизненно— творческое средоточие тогдашней культурной элиты. Их принял и воспринял цвет Серебряного века. И, вглядываясь в их образы и биографии, видишь, что в этих феноменах, как в зеркалах, отражены лица мыслителей и поэтов, составивших славу эпохи, — размышления же над их творчеством немедленно вбрасывают в водоворот тогдашних философских и религиозных исканий. <…> Сёстры Герцык не были творцами эпохи, — напротив, эпоха сотворила их своими таинственными импульсами и наитиями».

Откровения Владимира Соловьёва о святой Софии, антропософия, неоязычество, новое религиозное сознание и многие другие идейные комплексы затронули восприятие сестёр Герцык. Общаясь с Волошиным или Вяч. Ивановым, они не могли не получить — одна свой миф, вторая мифологическую мету. Так Аделаида Герцык стала

Сивиллой, пророчицей, Евгения же, избежавшая мифологизации со стороны, по воле собственного сознания превратилась в андрогина, внутренне слепленного ею самой по соловьёвскому рецепту. Опять-таки автора можно упрекнуть и в том, что героини исследования как бы потонули в контексте собственного формирования; чтобы понять ту или иную фразу, допустим, в стихотворении или дневнике одной из сестёр, Бонецкая отдаёт много страниц анализу учения то Шестова, то Бердяева. Но обязателен ли такой упрёк, если подобный анализ входил в авторскую задачу, обозначенную буквально на первой странице? Всё-таки любое создание следует судить по-пушкински, т.е. по законам, автором самим над собою признанным…

Словом, исследование Натальи Бонецкой вне всякого сомнения найдёт своего читателя. Другое дело, что рецензенту хотелось бы, чтобы оно разошлось как можно более в широкой аудитории — обществу полезно развенчивать кумиры и под развалинами обнаруживать жизнь. Посмотрим, однако: слово за читателем.

Александр КАРПЕНКО. «Зацепиться за Бога».
Вечерние огни Елены Литинской. Елена Литинская, У Восточной
реки. Чикаго, Bagriy & Company, 2020

Новая книга стихов Елены Литинской рассказывает нам о скоротечности земного пути, о бессмертии живого прошлого, о богатстве сердца, обо всём, что находится в активной памяти человека. «Наше детство давно снесено. Но в кармане остались ключики», — говорит Елена. Лирика — это наши ключи от детства. Чтобы составить хорошую книгу, необходимо жанровое разнообразие и варьирование тематики. И Елена Литинская отлично справляется с этим вызовом. Её книга превосходит многие поэтические сборники разнообразием жанров.

Пробегают дни — пусты,
как сожжённые мосты
меж девицей и старухой,
меж расцветом и разрухой,
между летом и зимой,
между небом и землёй,
меж презреньем и почётом,
между ангелом и чёртом.
между сказкою и былью,
между негою и болью,
между страстью и рассудком,
меж обманом и посулом,
между миром и войной,
правотою и виной,
меж Пикассо и Матиссом,
меж рекой Иордан и Стиксом,
между Библией и Торой,
между клеткой и простором,
между телом и одеждой
пробежать скорее между…
Между тем и между этим
проскользнём и не заметим,
что сужается просвет,
а назад дороги нет.

Нам казалось, что жизнь — забег на очень длинную дистанцию. Ан нет. Дистанция марафона неумолимо сокращается, и стайеры по ходу забега вынуждены приобретать навыки спринтеров. Когда-то поэзия считалась уделом молодых. В стихотворении «Что ты молчишь, поэзия моя?..» Елена Литинская высказывает парадоксальную мысль о том, жизненная необходимость поэзии возрастает прямо пропорционально возрасту поэта.

Любые стихи — это, прежде всего, автопортрет автора. Даже если он пишет в третьем лице или вообще пишет об отвлечённых предметах. В тех или иных предпочтениях видна творческая и человеческая индивидуальность. У Елены Литинской прекрасное образование. Она — человек высококультурный и эрудированный. Это видно буквально с первой строчки, хотя она и не стремится ежестрочно это демонстрировать. Елена пишет легко и вдохновенно: ей дарована поэзия как стихия. Стихи Литинской — лирический дневник, полный горечи и утрат, забот и обретений. Поэт говорит не только о частном, но и общечеловеческом.

Сколько крови в нашей земле!
Натерпелась старуха Гея.
Зреет память добра во зле
И становится зримо злее.

Что делает человека поэтом? Неравнодушие. Сопричастность. Через него проговариваются важные для людей вещи. На что обращаешь внимание в первую очередь, читая книгу Елены? Виртуозное владение рифмой. Чувствуется, что автор обращает на это внимание, когда пишет стихи. Рифма, на мой взгляд, один из важных элементов поэтики Литинской. Особенно мне понравились её ассонансные рифмы. «Вазы — визы», «сын — синь», «слёз — слез», «обман — обмен», «дымке — дамка — Димки». Я что-то и не припомню, чтобы кто-то так часто использовал ассонансные рифмы в эмигрантской поэзии. Елена охотно пользуется и самоиронией (например, в стихотворениях «Муки творчества», «Звёзды больше не падают…», «Я хочу тебя понять…»). Её героиня знает себе цену. Но одновременно она признаётся собеседнику в том, что она — «земная». Это создаёт объёмное представление о человеке. Ещё она — добрая. Ей жалко осыпающуюся новогоднюю ёлочку. Грустно прощаться. Жалко хвойных слёз маленького деревца. Но потом приходит понимание, что в лесу осталось ещё много других деревьев. Жизнь продолжается! В некоторых стихах, вошедших в книгу «У Восточной реки», особенно заметно, что родник Елены Литинской соседствует с пушкинским.

Убери свой щит и меч!
Скинь дешёвую кольчугу,
дай нам обрести друг друга!
Приходи, растопим печь,

отогреем души, пальцы,
и натянем жизнь на пяльцы,
чтоб судьбу за пядью пядь
вольнодумно вышивать.

Из того же родника возникают и шуточные стихи Елены Литинской:

Ах, если бы вы только знали!
Ах, если бы вы знать могли,
Как было классно на Канале
Увидеться с Еленой Ли...
Александр Долинов

Ах, если бы вы только знали!
Я вся — волненье от и до.
Как мне приятно в этом зале
увидеть Александра До!

Его car service безотказен.
Вмиг запрягает он коня
и в добровольческом экстазе
куда-нибудь везёт меня.

Он лёгок в мыслях, словно Пушкин.
Красив, как Вася Лановой.
К нему и девы, и старушки
стремятся жадною толпой.

Я с ними целиком согласна,
И будь я хоть Брижит Бардо,
хоть Шер — движима страстью властной, —
сказала б «Да!» я Саше До.

Эпиграммы Литинской настолько хороши, что мне захотелось, чтобы в книге их было побольше. Самая лучшая эпиграмма — конечно, та, которая одновременно ещё и пародия. Это редкий и необыкновенный талант у Елены. Вспоминаются театральные капустники, на которых актёры импровизируют весёлые стихи. А вот подзаголовок этого раздела — «О тяжкий труд и головы томленье» — возвращает нас к авторской самоиронии. Что ещё запомнилось в книге Елены? Редкая для женской поэзии шахматная терминология — гамбиты, ферзи. Стихи Литинской очень эмоциональны. Разные жизненные ситуации выявляют у неё широчайший спектр эмоций. И она талантливо это проявляет в поэтической речи:

Пишешь, у тебя ко мне привязанность.
Слово-то какое отыскал.
Недочувственность и недосказанность.
Ретро-ребус, робость и тоска…

Как понять мне это слово зыбкое?
Привязаться сам ты захотел?
Или повязали по ошибке
и вели ко мне, как на расстрел?

Какой великолепный сарказм и бурлеск! Мы ощущаем, как сердится героиня. Знаки препинания передают всю степень её возмущения. Ни одна женщина в мире не хочет слушать о «привязанности». Надо говорить прямо, без обиняков, о любви! Но не каждый мужчина это понимает. Есть такая ужасная мужская черта — говорить женщине правду, которая не нужна. Впрочем, подобное случается и с женщинами. «У Восточной реки» — очень искренняя книга. Мы можем узнать, например, когда Елена отмечает свой день рождения. Когда множатся потери, отказывают силы, всегда можно опереться на поэзию. Она — единственная надежда и опора.

Звёзды больше не падают
по закону инерции.
Не увижу я Падую,
не увижу Венецию.
Ни желанья загадывать,
ни разгадывать коды.
Ох, какие же гады вы,
мои поздние годы!

Прекрасная миниатюра! Елене Литннской хорошо удаются и трагические ноты. Раздел книги, который озаглавлен «Память золы», не оставляет в этом никаких сомнений».

У Елены Литинской — высочайшая культура рифмы. Даже если предположить, что она «вывезла из СССР» мастерство в этой области поэтов—шестидесятников, это ровным счётом ничего не объясняет. Если честно, я давно уже не получал такого удовольствия от брачующихся окончаний строк.

Чаю, кофе? Всё не то пью.
Холодно вдвоём.
Дни засасывает топью
времени проём.

Книга Елены Литинской «У Восточной реки» — промежуточное подведение итогов. У меня возникло ощущение «паритетности» для автора советского и эмигрантского периодов жизни. Поэт всячески защищает от возможных нападок советский период своей жизни. «Я уже — дольше здесь, чем там. / И что было. Того больше нет. / Но ту девочку не продам / за серебряных тридцать монет». Хорошего, по её мнению, что там, что там, было примерно поровну. Тем не менее, возможно, из—за неуёмного максимализма, многое в жизни хотелось бы переиначить. «Жизнь не так, как надо, прожита», — говорит поэт. Книга Елены Литинской — по выражению Афанасия Фета, «вечерние огни». Большая часть жизни уже прошла, но осталось много желаний и творческих задумок.

> Зацепиться за Бога.
>   Не важно, он есть или нет.
> Когда катишься вниз
>   с ускореньем безжалостных лет.
> Зацепиться за друга,
>   который подставит плечо,
> остановит твой бег
>   и не спросит тебя ни о чём.
> Зацепиться за памяти
>   детские дни и часы,
> когда ноги твои
>   не боялись простуд от росы.
> Зацепиться за ломкой соломинки
>   светлый обман,
> что бессмертье сулит
>   на благие деянья в обмен.
> Зацепиться за древо,
>   прилипнув руками к смоле,
> чтоб хоть так, барельефно,
>   остаться навек на земле.

Евгений ГОЛУБОВСКИЙ. Страницы фб-дневника

23 марта

«Огромное пирожное с кремом», — так пошутил про одно из зданий Одессы писатель Лев Славин.

Думаю, что все вы хорошо знаете это здание, может быть, фотографировались на его фоне.

Но видеть здание, любоваться зданием и знать всё про здание — это, как у нас говорят — две большие разницы.

Вот мы уже вступили в пространство одесского языка. А как иначе говорить об одном из самых одесских зданий – о Пассаже Менделевича.

Вчера Евгений Волокин привез мне «Историю и легенды одесского Пассажа», которую Олег Губарь и Евгений Волокин написали в 2020 году. Тогда она и вышла, несколькими экземплярами, Олег успел подержать её в руках, и лишь сейчас появились деньги, чтоб отпечатать весь тираж, 500 экземпляров.

С большим интересом прочитал и посмотрел эту книгу. Она входит в серию, придуманную Евгением Волокиным «Старая Одесса в фотографиях». Это уже пятый том. Кстати, вместе с Губарем, Волокин работал над ещё одним томом серии — рассказом о доме на Дерибасовской угол Ришельевской.

Несколько слов о вышедшей книге.

Нередко, говоря о доме на углу Дерибасовской и Преображенской, мы говорим — дом Крамерова. Это правильно и неправильно. Да, действительно, до Пассажа Менделевича, построенного архитектором Львом Влодеком, здесь был и дом Крамерова. Но и до него здесь были дома. Небольшие бедные. Об этом всем знал Олег Иосифович. Теперь и мы. Крамеров приобрел этот участок в 1822 году. Вскоре начал строительство. И в 1825 году один из самых величественных доходных домов в старой Одессе был построен.

Так что Александр Сергеевич Пушкин в 1823-24 годах, когда шел в канцелярию Воронцова, надо думать, чертыхался, так как рядом шла грандиозная стройка. Зато его брат Лёвушка снимал квартиру в доме Крамарёва. Это благодаря Олегу Губарю и Олегу Борушко на бывшем доме Крамарева висит мемориальная доска Льву Сергеевичу Пушкину.

В конце XIX века здание принадлежало уже Анне Синицdireной. Когда она умерла в 1886 году, братья Менделевичи выкупили здание (дата продажи в 1898 году) и заказали Льву Влодеку проект Пассажа. А дальше — чудо. Через два года величественное сооружение было построено, принято и 28 января 1900 года открыто.

Надо ли объяснять, что вся Одесса хотела увидеть Пассаж. Играл военный оркестр. Пел украинский народный хор. Рекой лилось шампанское под тосты и речи.

Здание было оборудовано по последнему слову тогдашней техники. Электричество. Паровое отопление. Многоуровневые подвалы. До сих пор, кстати, в них случаются находки. И помещения для 28 магазинов. А выше и гимназия для девочек, и газета «Одесские новости», институт, где немецкими аппаратами лечили травмы опорно-двигательной системы.

Газеты Одессы были заполнены рекламой фирм, торгующих в Пассаже. Мне приходилось видеть немалую их толику, так как там же процветал магазин предка моего коллеги Феликса Кохрихта — Якова Кохрихта.

Правда, благополучие длилось недолго. Одессе не везло с пожарами. Так сгорел первый Городской театр, детище Ришелье. Горел, но к счастью был потушен 30 октября 1901 года Пассаж Менделевича. Погибли три человека — одна из учениц гимназии и двое пожарных. Хоронил их весь город.

Здание тоже пострадало. Сегодня на нём две скульптуры со стороны Дерибасовской — Меркурий на паровозике и Церера на носу пароходика. Точно такие же украшали крышу здания со стороны Преображенской, но они погибли при пожаре и не были восстановлены.

Кстати, скульптур в здании Пассажа море. И все они выполнены двумя одесскими скульпторами Товием Фишелем и Самуилом Мильманом. Увы, в книге нет ничего об этих мастерах. Но зато впервые появились сведения об архитекторе здания Льве Влодеке. Очень рад этому. Я и сам искал о нём сведения и не находил. Пока однажды мне не написала правнучка Влодека адвокат Юлия Бойко. Она нашла документы рода Влодеков, потомственных дворян, выходцев из Польши. Я связал Юлию с Волокиным, и в книге опубликован и герб Влодека, и документы из архива. Думаю, это только начало, Юлия Бойко опубликует статью, а то и книгу о своих разысканиях, ведь Лев Львович Влодек оставил Одессе СОРОК сооружений, признанных памятниками архитектуры.

Много ещё любопытного в этой книге. Помните силуэтистов, работавших в Пассаже? А я знал когда-то Изю Медведовского, который за десять секунд вырезал из черной бумаги ваш силуэт. Кстати, искусство силуэта древнее. И до революции в Одессе были силуэтисты. У меня, к примеру, хранится портрет доктора Цомакиона, вырезанный в 1910 году на Одесской выставке… Думаю, что во многих домах хранятся силуэты. И Евгению Волокину пришла хорошая мысль, закончится пандемия, собрать силуэты на выставку во Всемирном клубе одесситов.

Об этой книге в 180 страниц, где опубликованы 282 уникальные фотографии, можно рассказывать долго. Но правильнее посмотреть её, прочитать её. Ведь сквозь один дом видится вся Одесса.

27 марта

Девять дней.

А вот таким, как на этом фото, увидел я Олега Губаря сорок пять лет назад, когда он пришел ко мне в «Вечёрку».

Молодой Пушкин. С тем же обаянием. С пачкой первых романтических рассказов.

Взрослел на глазах. Часами сидел в архиве. Выписки, выписки. Всё от руки.

Но он никогда не был книжным червячком.

Веселый. Кумир девушек. Певец с гитарой. Знаток алкогольной топографии Одессы.

Как же это сочеталось?

Гармонично.

Не забудем — участие в археологических раскопках. А бесконечные поездки по области, когда стал корреспондентом «Вечёрки» с Ваней Череватенко, а ежегодная жизнь в лесу, чтоб отдохнуть от города…

И при этом невероятная работоспособность. Он знал и понимал старую Одессу, ему ясна была логика её первостроителей.

И поэтому он стал защитником Одессы от варваров, от манкуртов.

Вначале казалось, весь уходит в науку, даже литературу воспринимал, как второстепенное дело. Но постепенно в нём рос общественный темперамент.

Я мог бы назвать дату.

После 2 мая 2014 года он стал не только кабинетным учёным, правда без кабинета, но и трибуном, не побоюсь пафоса — совестью города.

Нежно любил Губаря Михаил Жванецкий. Вот лишь один его текст:

«Олег Губарь. Мой любимый писатель. Он прекрасен среди умерших и живых. В его книгах Одесса, перевернутая прошлым вверх. До нас он еще не дошел. Мы к нему в длинной очереди, заказываем свои портреты. Пиши нас, милый Губарь! А мы отведаем из старинной бутылочки чего-то современного. Твой неподалеку — Михаил Жванецкий».

Как ни трудно поверить, представить — сегодня они действительно неподалёку.

Но неподалёку Олег Иосифович и от каждого из нас.

Мы читаем Губаря. Мы издаём Губаря. Мы продолжаем дело Губаря.

9 апреля

Сегодня в нашем городе появилась еще одна мемориальная доска.

Увековечено имя освободителя Одессы в 1944 году, полного кавалера Ордена Славы с трудно произносимыми именем и фамилией Шмуэль Зискович Шапиро.

Ещё одна пощёчина тем, кто рассказывает о «ташкентском фронте».

Стоял возле этого старого дома на Малой Арнаутской, 109, буквально в десяти шагах от музея холокоста, где открывали доску, и думал, как избирательна память

Все мы знаем слова песни — тогда лишь становится город героем, когда стал героем солдат — и не помним тех солдат, кто принёс нам Победу.

Вот несколько слов из очерка Павла Козленко, директора музея Холокоста:

«Как он ждал и надеялся, что доживет до дня освобождения Одессы, его родного города. Он получил разрешение командира полка и отправился на улицу Бебеля. Вместе с ним были его друзья по отделению разведки Анатолий Бобрицкий, Агос Вартанян, Леонид Хижняк и Петр Петренко… 10 апреля 1944 года он «не шел, а бежал мимо Соборной площади, по Тираспольской, через Александровский проспект на улицу Еврейскую, 39. Что сейчас увидит? Двери его квартиры были открыты, в разбитые окна залетал ветер, шевеля клочья отклеившихся обоев. Окаменев, смотрел на безлюдное жилище. Ноги в кирзовых сапогах словно приросли к порогу. Он искал хоть какие-нибудь следы дорогой ему семьи. В уголке комнаты увидел медную, позеленевшую от времени головку гвоздика, забитого в деревянный плинтус. Это сынок забил, когда отец ремонтировал диван... Михаил достал из чехла на поясе нож, вытащил гвоздик и бережно положил в нагрудный карман гимнастерки... Спустя полстолетия не могу забыть — до деталей его рассказ», — вспоминал автор книги «Повесть о храбрых» Борис Дубров.

От соседей Шмуэль Шапиро узнал о судьбе сына и жены, ждавшей рождения ребенка. Оккупанты расправились с невинными людьми. Его сын, беременная жена и её родители, были выданы дворником и погибли вместе с другими еврейскими семьями Одессы.

К 10 апреля 1944 года, за его спиной были километры пройденных фронтовых дорог и два ранения, а на гимнастерке медали «За оборону Сталинграда», «За боевые заслуги» и медаль «За отвагу». Он был не из робкого десятка и часто смотрел смерти в лицо, но гибель жены и сына останется на всю жизнь открытой раной в его душе. Он поклялся отомстить нацистам за смерть близких и отомстил, получив за свои подвиги три ордена Славы и 12 благодарностей от Верховного Главнокомандующего.

Шмуэль Зискович (Михаил Александрович) Шапиро, наш земляк, полный кавалер ордена Славы, помощник командира взвода управления 507-го Кишинёвского Краснознамённого ордена Кутузова армейского истребительно-противотанкового артиллерийского полка (5-я ударная армия, 1-й Белорусский фронт).»

Путь от советско-румынской границы, от Обороны Одессы до Освобождения Одессы, а затем до взятия Берлина. Ранения, контузии не останавливали, он возвращался в свой полк. Демобилизовался после войны, родной дом был занят, поселился на Малой Арнаутской, 109, в квартире без элементарных удобств, еще раз женился, работал слесарем на заводе, здесь на Малой Арнаутской умер в шестьдесят лет.

Заботами Почётного гражданина Одессы, доктора технических наук Михаила Пойзнера появилась эта мемориальная доска.

Когда-то великий полководец Александр Суворов сказал — война не окончена, пока не похоронен последний солдат.

Боюсь, что Великая Отечественная для нас никогда не будет окончена. Миллионы солдат до сих пор значатся «Без вести пропавшими». Только на этой неделе я получил письмо от одессита Леонида Дмитрешко, ему 80 лет, он не видел своего отца. В 1941 году его мать получила извещение, что её муж, Василий Дмитрешко без вести пропал на фронте. Всю сознательную жизнь ищет сын, где погиб, где захоронен отец. Не кончается для него война…

Думаю, наша обязанность помнить имена тех, кто раздавил фашистскую гадину. И как славно, что еще одно имя увековечено в городе перед 10 апреля

10 апреля

Как и договаривались с издательством «Черноморье» к 10 апреля, дню освобождения Одессы, вышла из печати книга Виктории Коритнянской «Истории, которые останутся с нами…»

Лет пять тому по рекомендации Олега Губаря пришла Коритнянская в студию «Зеленая Лампа». За эти годы мы публиковали её повесть, рассказы и вот — большая документальная книга.

Книга народной памяти.

22 июня 2021 года мы будем отмечать трагическую дату в истории народа, а по сути, в истории каждой семьи, проживавшей 80 лет назад на территории СССР. Казалось бы, время лечит, уже четыре новых поколения пришли на землю, а боль не проходит, саднит.

Простенькие слова песенки Бориса Ковынева — «22 июня, ровно в четыре часа, Киев бомбили, нам объявили, что началась война» — стали народными. Это уже потом — «Вставай, страна огромная, вставай на смертный бой…». И встали, и победили. И вновь с песней — «мы за ценой не постоим…».

Великая война породила великую литературу. Виктор Некрасов написал «В окопах Сталинграда», Эммануил Казакевич «Звезду», Борис Полевой «Повесть о настоящем человеке», Василий Гроссман «За правое дело», Константин Симонов «Живые и мертвые», публицистика Ильи Эренбурга, стихи Константина Симонова и Александра Твардовского…

Читатель хотел получить мемуары. И этот читательский запрос, казалось, был удовлетворен. Чуть ли не все маршалы надиктовали свои воспоминания. Им помогали профессиональные журналисты, иногда даже писатели — важно даже не то, что имена этих «литературных негров» мы не знаем и не узнаем, а то, что мыслили военачальники дивизиями, полками, а человек, солдат, жена солдата, ребенок солдата были песчинками в этих рассуждениях о героизме, о подвиге, о славе…

Отгремели салюты. Помянули павших. И всех вместе, и каждый своих родных.

Не оставляла мысль, что лакируем мы представление о той войне.

И вот подобная по значимости книга родилась в нашем городе, на материале и Одессы, и всей Украины — большая книга. Не парадное описание войны, подвигов и фанфар, а сострадание к тем, кого покалечила война, боль, боль, боль…

В этой книге нет пафоса. Но есть осознанная цель — показать немыслимость войны, разрушающей в человеке человека.

Мы поставили памятники в честь Победы, назвали улицы в память о героях, но все мемориалы мертвы без человеческого сострадания, без ненависти к войне. Поэтому я жду эту книгу. Она нужна сегодня Одессе. Книга народной памяти.

Олег ГУБАРЬ (1953 — 2021).
О том, как Одесса всем миром собирала деньги на памятник А. С. Пушкину

...Для начала замечу лишь то, что бронзовый Пушкин повернут как раз лицом к Думе, помещавшейся до конца позапрошлого столетия в правом полуциркульном здании, за спиною вовсе другого монумента, Дюка. Стало быть, это герцог Ришелье, возможно, недоволен прижимистыми думцами. Поэт же на самом деле как бы отвернулся от Старой Биржи, в которую Дума перебралась только в 1899—м, после постройки Новой — где ныне филармония (к этому времени памятник—фонтан стоял на своем месте уже 10 лет). Но и тут получается неувязка, ведь именно обитая в меркантильной Южной Пальмире, Пушкин получил первые, неслыханные по тем временам литературные гонорары. Именно прагматичная Одесса надоумила, что его продукция такой же товар, как и всякий другой, что «можно рукопись продать», навела на «Разговор книгопродавца с поэтом». Пушкин жил в доме барона Рено, где проходили биржевые собрания, дружил преимущественно с негоциантами, биржевиками, столовался у них, играл с ними в карты, развлекался на их приморских хуторах. Так что никакого зуба на биржу не имел.

Во избежание разночтений, казалось бы, остается принять равнение налево (на Английский клуб), на худой конец, направо (на море и обратно). Однако и оные варианты могут интерпретироваться как экивоки. Действительно, повышенное внимание к туманному Альбиону, а тем паче к «свободной стихии» грозит отозваться обвинениями в безродном космополитизме со всеми вытекающими отсюда последствиями, не исключая депортации монумента. «Куда ж нам плыть?» Бедный Пушкин, как он был прав.

Для пресечения хорошо проверенных слухов остаётся лишь одно: рассказать, как всё было реально — кто инициировал сооружение памятника, как собирались необходимые средства, кто эти средства предоставлял, как этот проект осуществлялся, каково было фактическое участие Городской Думы.

Дело было так. В 1880 году, в день рождения Пушкина, состоялось торжественное открытие монументального памятника поэту в Москве работы А. М. Опекушина. В торжестве принимала участие делегация Одессы — города не только неразрывно связанного с биографией и творчеством поэта, но и университетского. Поэтому и здесь синхронно проходили памятные пушкинские дни. Накануне на заседании в Императорском Новороссийском университете была озвучена инициатива Славянского благотворительного общества имени Кирилла и Мефодия, Одесского городского общественного управления и университета увековечить память Пушкина в Одессе.

В тот же день установили мемориальную мраморную доску на доме Сикара по Итальянской улице, связанном с пребыванием поэта. 25 июня последовало постановление Думы относительно отвода места на Николаевском бульваре, против здания Биржи, для сооружения фонтана с бюстом по частной подписке (изначально памятник предполагалось установить на Театральной площади, меж Городским театром и Английским клубом), причём тут же Славянскому обществу из городских сумм было выделено 300 рублей на премию за лучший проект. Тогда же Итальянскую улицу переименовали в Пушкинскую. Конец 1880-го ознаменовался формированием особого Комитета по сооружению памятника, в состав которого вошли представители университета (профессора Н. П. Кондаков, А. А. Кочубинский), Городской управы (Н. В. Велькоборский), Общества изящных искусств (Д. Е. Мазиров, Ф. О. Моранди, В. А. Красовский, впоследствии Л. Л. Влодек), Славянского общества (И. И. Бобарыкин, председатель Комиссии, и Р. И. Мрачек). Как видим, люди не только известные, но и высокопрофессиональные. Комиссия открыла свои действия 29 мая 1881 года.

Поскольку сбор средств назначался по частной подписке, стартовали в июне газетными воззваниями к одесситам и лицам, связывающим свои коммерческие и прочие интересы с городом. Вот образчики этих текстов.

«Граждане! Поспешите своими пожертвованиями осуществить дело увековечения памяти Пушкина в Одессе. Принесите вашу дань в честь искусства, засвидетельствуйте перед грядущими поколениями свою благодарность за чудные строки, которыми поэт запечатлел былое степей Бесарабии, скал Тавриды и нашего города — этой столицы Юга; заплатите ваш долг за восхитительные картины нашего многошумящего моря!»

«Говорят, по множеству памятников можно судить об умственном развитии страны. В справедливости этого трудно сомневаться; можем только прибавить, что счастлив народ, имеющий великих сынов, но счастливее тот, который сумеет оценить достоинства их».

«Наш край — южная окраина русской земли — к великому поэту имеет свои, особые отношения. Наша окраина — Кавказ, Таврида, Бесарабия и Одесса — теснейше связаны с творчеством русского гения: многие и не последние его произведения навеяны ею. Естественно было потому желание — эти наши местные отношения к поэту увековечить в монументальном памятнике. Когда остановились мы на этой мысли, мы были далеки от стремления конкурировать с памятником поэту в Москве, и не взыщут с нас, если скромные размеры нашего памятника не будут в гармонии с размерами чествуемого гения, не скажут, что мы оскорбляем ими. Мы остановились на фонтане с бюстом Пушкина в Одессе — на бульваре, против Биржевого здания, где начинается улица имени поэта... Комиссия не ищет многого — она помнит русскую поговорку «копейка к копейке — рубль»; пусть только каждый, кто хоть в школе познакомился с Пушкиным, принесет свою лепту, в копейку, и искомая сумма налицо».

Намечалось отпечатать подписные листы, поручить сбор денег представителям Комиссии и, по ее выбору, другим лицам, организовать мероприятия — концерты, спектакли, публичные лекции, праздники, выручка от которых пойдет в казну устройства памятника-фонтана. По условиям конкурса на лучший проект смета определялась в 5000 рублей, две премии соответственно в 300 и 100 рублей, а срок подачи — до 31 декабря 1881 года. К означенному термину подоспело четыре работы, но все они были по разным причинам отклонены Комиссией и экспертным советом, в который входили весьма и весьма достойные и почтенные специалисты: архитекторы А. И. Бернардацци, А. Д. Тодоров, А. Э. Шейнс, инженер А. А. Швенднер.

Конкурс пролонгировали до 1 мая 1882 года, и к этой дате поступило пять новых предложений. В итоге первая премия досталась проекту под девизом: «Это — тот ничтожный мира, что, когда бряцала лира, жег сердца нам как пророк», вторая — с девизом «Поэту — зодчий». После раскодирования девизов оказалось, что первым назван архитектор Х. К. Васильев, а вторым З. И. Жуковский. Несмотря на успех, эксперты указали Васильеву, как именно следует переработать эскизный проект для его воплощения в жизнь. Впоследствии зодчий составил детальные чертежи с учётом замечаний экспертов, и в итоге получил ещё 200 рублей, предусмотренных условиями конкурса. Между тем, расчётный бюджет памятника постепенно увеличивался: по смете Васильева он составлял уже 5820 рублей, затем, когда выяснилось состояние грунта в основании, расходы увеличились ещё на 700 рублей.

Здесь хочу сделать небольшое отступление. В своё время мне попалась занимательная информация о том, что ещё до сооружения памятника—фонтана на месте его установки в ходе земляных работ обнаружились старинные подземные выработки, проходившие с морской стороны. Некогда, вероятно, в первые эпохи существования Одессы, они использовались в качестве жилых помещений: там нашли деревянные топчаны, ветошь, предметы материальной культуры. Следовательно, грунт надо было укреплять.

Переговоры со скульптором Жозефиной Полонской, супругой лично известного многим одесситам поэта Якова Полонского, начались по инициативе Х. К. Васильева. По его же рекомендации связались с профессором ваяния Н. А. Лаврецким. Первая должна была исполнить бюст в должную величину, а второй наблюдать за этой работой, а затем изготовить все другие художественно—металлические части и отлить вместе с бюстом из бронзы. Переговоры эти (1883—1885 гг.), впрочем, шли чересчур пассивно, ибо сбор средств по подписке тоже продвигался очень слабо: меркантильная Одесса некоторое время оставалась меркантильной, несмотря на все воззвания и увещевания.

Проект затянулся на годы, и в марте 1886 года Комиссия обратилась с челобитной к городскому общественному управлению, не возьмётся ли оно соорудить памятника за счёт средств города к 50-летию кончины поэта, то есть к 29 января (10 февраля по новому стилю) 1887 года. В заседании 22 апреля 1886 года Городская управа отклонила просьбу Комиссии, отчего, вероятно, весь сыр-бор, изустные предания относительно неучастия Думы в сооружении памятника Пушкину. На самом же деле Управа нашла неудобным входить в Думу с означенным ходатайством, поскольку оно совершенно изменяло первоначальную идею. Другими словами, поначалу Высочайше утверждалась общественная инициатива, а теперь выходило так, что памятник устраивается за счёт городского бюджета. В таком случае пришлось бы, вероятно, повторять всю бюрократическую процедуру подачи и утверждения, что явно компрометировало Одессу во всех отношениях.

Сознавая правоту Управы, Комиссия 26 января 1887 года обратилась в правление Славянского благотворительного общества с предложением взять всё дело на себя, изготовить новые подписные листы и приурочить закладку памятника к годовщине смерти поэта. Судя по всему, сосредоточение ответственности в одних руках пошло на пользу проекту: 2 февраля произошла торжественная закладка памятника при участии высших административных властей, представителей муниципалитета и многочисленной публики. «Праздник закладки, — читаем в „Отчете Комиссии по сооружению памятника-фонтана А. С. Пушкину в г. Одессе”, — дал блестящие результаты, К этому дню было собрано 600 р., и кроме того он возбудил большой интерес среди граждан. К председателю Общества начали поступать заявления о пожертвованиях.». Частные лица и предприятия предложили пожертвования строительными и прочими материалами. Так, еврейское общество «Труд» уведомляло, к примеру, что готово безвозмездно исполнить для памятника все работы из чугуна. Известные зодчие Ф. О. Моранди и Ю. М. Дмитренко обязались бесплатно руководить работами по сооружению. Сотрудник Товарищества разработки залежей Городищенского лабрадора Н. И. Баринов исходатайствовал согласие этой структуры на поставку лабрадора без оплаты. Вслед за ним пришло заявление арендатора Гниванских гранитных ломок о пожертвовании гранита. Все эти и многие последующие мероприятия и инициативы осуществлялись при самоотверженном участии руководителей и активистов Славянского благотворительного общества М. В. Шимановского, Л. П. Долинского и К. О. Рандича, без которых позитивный результат едва ли был бы достигнут.

Тотчас возобновились переговоры с Х. К. Васильевым, Ж. А. Полонской и Н. А. Лаврецким. Полонская согласилась изготовить бюст

Пушкина за 1200 рублей. Наученный предыдущим горьким опытом академик Лаврецкий отказался принять участие в продолжении проекта, а потому исполнение остальных деталей поручили скульптору Реутову (500 руб.) под надзором академика Чижова. Отливку производили на петербургском заводе Морана (700 руб.). После экспонирования бюста и деталей памятника в Академии художеств Ж. А. Полонская удостоилась академической награды. Видя, что всё идет на лад, Общество Юго-Западных железных дорог также решило внести свою лепту в копилку прекрасного начинания и отказалось от оплаты за доставку бюста и бронзовых украшений в Одессу.

Тем временем первый гражданский порыв одесситов-жертвователей иссяк. Сбор средств по подписным листам затормозился, надо было искать другие способы пополнения благотворительной кружки. 12 декабря 1887 года состоялся весьма продуктивный музыкально-литературный вечер с «живыми картинами» в исполнении светских дам, давший 1446 рублей с полтиной сборов. Довольно заметить, что в числе его распорядительниц были Н. М. Зеленая, Л. И. Курис, М. Ф. Кич (урожденная Наркевич, супруга председателя Одесского коммерческого суда, а впоследствии жена Г. Г. Маразли). 31 января организовали благотворительный бал в Одесском военном собрании, принёсший 1092 рубля 30 копеек. Помимо уже упоминавшихся распорядительниц, в мероприятии участвовали, скажем, супруга генерал-губернатора М. С. Рооп, княгиня Горчакова, М. А. Бродская. В конце мая устроили музыкально-драматический пушкинский праздник в Городском театре с участием популярных артистов, гулянья на Малом Фонтане, в «Гранд-отеле» и в саду Благородного собрания. Несмотря на непогоду, выручка дала почти 1900 рублей.

Хочется непременно перечислить хотя бы некоторых из тех, кто бросил свою лепту в копилку сооружения памятника Пушкину. Замечательно то, что мы находим в этом обширном реестре представителей разных социальных, профессиональных, культурных, этнических групп — всю многокрасочную палитру городского гражданства, весь цвет старой Одессы. Начнем с высокопоставленных чиновников а аристократов: генерал-губернатор Х. Х. Рооп и градоначальник П. А. Зеленой, графы М. Д. и М. М. Толстые, М. В. и А. В. Шимановские, Н. Ф. Фан-дер-Флит — по 100 рублей, И. П. Скаржинский, М. Н. Бухарин, Н. Ф. Сухомлинов — по 25 рублей, князь Г. И. Манук-Бей — 10 руб., князь Юрий Гагарин и баронесса Бистром — по 5 руб., граф Мархоцкий — 3 руб.

Представители крупного и среднего бизнеса: братья Анатра, «Арист Мас и Ко» — по 100 руб., «Рафалович и Ко», «работти и Ко», Ф. П. Родоканаки, А. Ш. Гринберг, «Дрейфус и братья», Мавро-Биязи, Моисей Ашкинази — по 50 руб., Р. А. Бродская, А. А. Бродский, Я. А. Новиков, «С. И. Бродский и Ко», Лев Бродский, Леон Рабинович, Иван Диалегмено, А. П. Руссов, Иван Вучина, Соломон Баржанский — по

25 руб., К. Я. Ринк-Вагнер, П. С. Ралли, Ф. Шполянский, С. Зусман, Р. Зонштейн, О. Хаис, Л. Левенсон, «Бланк и Ефрусси», А. Бродский, В. Санценбахер — по 10 руб. Фабриканты, заводчики, банкиры, хлебные экспортеры...

В числе жертвователей известный адвокат Я. И. Вейнберг, владелец магазина мод в Пале-Рояле Л. Лантье, будущие владелец «Пассажа» М. Менделевич и содержатель этой гостиницы Я. Кулинец, автор книги о коммерческой истории Одессы Симон Бернштейн, владелец гостиницы Авдей Ящук, производитель вин Склаво, издатели газет Навроцкий и Гроссул-Толстой, владелец магазина часов и драгоценностей Мель, сын знаменитого медика Андреевский, старейший одесский фотомастер Гааз, хозяин магазина военно-офицерских и церковных вещей Хакаловский, реализатор лучших зарубежных горячительных напитков Гинанд, архитектор Рейнгерц, переплётчик и издатель почтовых открыток Гезелле, выдающийся аптекарь Гаевский, отец выдающегося художника думец Буковецкий, профессор-минералог Прендель, книготорговцы Белый и Руссо, типограф Кирхнер, владелец гидропатического заведения Исакович, содержатели частных гимназий Бален-де-Балю, Бракенгеймер, Шольп, мануфактурщик Пташников, гастроном Дубинин, кондитер и хлебник Либман, табачный фабрикант Асвадуров, торговец игрушками Калпакчи, производитель шляп Дельпеш, бакалейщик Ветков, ювелиры Мангуби и Кохрихт, оптик Энгель, производители обоев братья Тарнополь, фортепьянщик Рауш, мраморщик Менционе...

Сотни одесситов — русских, украинцев, евреев, греков, немцев, поляков, французов, армян, караимов, молдаван, болгар, итальянцев, от градоначальника и городского головы до провизора и акушерки, — жаль останавливаться в их перечислении. 45 рублей было собрано попечителем Одесского учебного округа, 300 руб. поступило решением собрания акционеров Одесского общества взаимного кредита, 100 руб. предоставила Комиссия народных чтений, да 3 рубля 96 копеек «с кружки при аудитории народных чтений», 25 руб. пожертвовало правление Общества взаимного вспомоществования тружеников печатного дела города Одессы, 13 рублей 35 копеек передали «господа офицеры 13-го стрелкового батальона»...

Во всей этой истории зафиксирован и курьезный эпизод, описанный одним из главных сборщиков пожертвований, председателем Славянского общества М. В. Шимановским. «Как обыкновенно, — рассказывает он, — вначале взялись горячо за дело, потом большинство остыло, и после долгого перерыва, который наполнен был лишь одними добрыми пожеланиями, идея сооружения памятника начала получать реальное осуществление лишь в 1887 г.». Вместе с будущим председателем Общества, С. И. Знаменским, они побывали у некоторых заметных фигур города, включая графа М. Д. Толстого и графа А. Г. Строганова. Оба знали Пушкина лично, но если первый с видимым удовольствием пожертвовал 100 рублей, то второй сильно сконфузил просителей своей неадекватной реакцией. Вот несколько произнесенных им фраз: «Я кинжальщикам памятников не ставлю!.. Я до этого еще не дошел!.. Что же это такое — Пушкину памятник!.. А?.. Но что же полиция смотрит?.. Что она смотрит?.. Подписка!.. И кому?... Нет, я не могу допустить подобного образа действий... Нужно сообщить полиции...»

Современники объясняют подобное отношение к памяти Поэта личной неприязнью как самого Строганова, так и его единокровной сестры И. Г. Полетики. Рассказывают даже, будто они оба, уже глубокие старики, специально приближались к памятнику, чтобы плюнуть в его сторону. Заметим при этом, что Строганов — заслуженный боевой генерал, один из самых образованнейших и гуманнейших высокопоставленных чиновников своего времени (с его подачи, например, у нас открыт университет, в фондах научной библиотеки которого нынче находится феноменальное книжное собрание Строганова), «первый вечный гражданин Одессы». Впрочем, многие мемуаристы отмечают невероятное сумасбродство графа, в том числе "его оригинальный взгляд на пожертвования". Известно, что он тайком материально поддерживал своих знакомых. Высказываясь же о благотворительности как таковой, констатировал, «что не считает себя в праве распоряжаться имуществом, которое принадлежит его наследникам".

... Кроме упомянутых выше пожертвований услугами и материалами, отметим ещё вклад Н. Шевцова (плиты для фундамента, цемент, песок, всего на 1189 руб.), З. Чернобыльского (лес на 73 руб. 45 коп.), Я. Новикова (канаты на 120 руб.), еврейского общества «Труд» (отливка ваз на 300 руб.), Абрама, Моисея и Мордку Розенов, Лейзера Циммермана, Захария Логинова (штучный камень на 160 руб.). Знаменитый газетчик В. В. Навроцкий бесплатно отпечатал афиши и билеты на пушкинский бал и праздник; безвозмездно выполнялись разнообразные скульптурные, каллиграфические, водопроводные, асфальтовые и другие работы.

Столь серьезный наплыв ресурсов (Славянское общество, кстати, ежегодно освещало ход сооружения в своих отчетах), понятно, обнадеживал, однако предположенная когда-то сметная стоимость в 5000, а затем 6520 рублей увеличилась почти втрое. Непредвиденные расходы появлялись одни за другими. Скажем, хотя железная дорога доставила гранитную глыбу бесплатно, но перевозка её с вокзала на бульвар требовала весьма значительных затрат. Мало того, обработка прочного гранитного материала стоила около 10.000 рублей! Поэтому в 1888 году Комиссия по сооружению, несмотря на все свои неимоверные усилия и достижения, вновь оказалась в безвыходном положении. Вот тогда-то и было принято решение повторно обратиться в Городскую Думу с тем, чтобы та добавила недостающие для окончания памятника средства. В своём обращении от 18 августа Комиссия мотивировала тем, что недостающие деньги могут быть постепенно собраны ею тем же законным путем — подпискою, концертами, гуляньями и т. д., однако это потребует еще не менее двух лет. А между тем для установки памятника всё уже собрано, и ничто не может помешать его установке, чуть раньше или чуть позже.

Рассмотрение этого обращения затянулось до ноября, однако оно было удовлетворено, ведь в данном случае ситуация выглядела совершенно иначе: народная инициатива, поддержанная на самом верху, нашла своё живое воплощение в делах, а потому Дума имела моральное право принять долевое участие в благородном проекте. 5 декабря 1888 года Славянское благотворительное общество Кирилла и Мефодия получило отпущенные из городского бюджета 9.000 рублей, то есть половину всех средств, необходимых на устройство памятника Пушкину! Будьте же посрамлены сплетники, утверждающие, будто бронзовый Поэт отвернулся от одесского городского общественного управления. Здесь уместно напомнить тот факт, что и сам конкурс на создание памятника финансировала та же инстанция.

А дальше всё пошло по накатанной колее. Правда, суровая зима помешала открытию уже оконченного монумента в годовщину смерти Пушкина (закладка произошла 2 февраля 1887-го, а к 1 октября 1888-го памятник был уже практически готов). Зато 16 апреля 1889-го буквально вся Одесса повернулась лицом к своему великому певцу. Об этом событии можно написать немало страниц, но тут мне видится совершенно другой сюжет.

Согласно проекту Х.К.Васильева, на постаменте предполагалось со всех четырёх сторон высечь цитаты из пушкинских произведений, относящиеся к Одессе и Югу. Однако кураторы строительства нашли, «что самое лучшее и более всего соответствующее обстоятельствам, как сооружался памятник и на чьи средства», сделать лаконичную надпись на его лицевой стороне: «А. С. Пушкину граждане Одессы», а с противоположной — «Сооружен в 1888 году»…

Юлия МЕЛЬНИК. Королёва, 14…

* * *

Просыпанных старушкой хлебных крошек
Не жаль, а жаль, что тает сказки миг...
А жизнь без сказки стоит медный грошик —
Без сладких тайн, без похищения кошек,
Без ветра, что залез за воротник.
А жизнь без сказки...Что с ней делать, право?
И снова камень ляжет на пути,
Глядящий деловито и упрямо,
Пойдёшь налево иль пойдёшь направо,
Чтобы в конце полцарства обрести.
Лик волшебства —   в любом простом предмете —
Начертан солнца золотым лучом,
И перед тайной — мы опять, как дети,
И эта тайна не утонет в Лете,
И в миг печальный тронет за плечо.
И в страха миг поёт чудная птица,
И верится — мы больше, чем песок...
Ты сказку не гони, пусть сказка длится
В обычном дне, что шелестит страницей —
Стук сердца — от чудес на волосок.

* * *

Полдня оттикало.
У полдня — светлый норов.
Там, за окном — спешащий, шумный город.
Здесь, в комнате, — так тихо и светло,
Как будто за оконное стекло
Нас спрятали, как детские секреты —
Три бусины, обертку от конфеты…
Ты помнишь это?
Чудо под песком.
Цветок сирени — с пятым лепестком,
Крыло жука, перо — потерю чайки…
Дороже этих кладов не случалось
И, может, не придется отыскать.
Жизнь — всё быстрей.
Всё толще — слой песка.

* * *

Средь деревьев застыть и остаться одним из них,
Чтобы, в землю врастая, держать на ладони птиц,
Чтобы кто-то пришёл и укрылся в твоей тени,
Стать шуршаньем листвы — как шуршаньем книжных страниц.
Стыть на зимнем ветру и высокие петь псалмы,
Пересказывать сказки играющей детворе,
И почувствовать вдруг — на исходе долгой зимы —
Всех, кто раня, готов написать на твоей коре
О весне и любви… И проклюнуться в яркий день
Самым первым листом — горьким, терпким, хмельным на вкус…
И мечтать о дожде, и мечтать о таком дожде,
Чтобы мог напоить навсегда и прогнал тоску.
Средь деревьев застыть — это вовсе не оттого,
Что непросто быть человеком — спешить, дрожать…
Но поверив в своё деревянное естество,
От себя никогда ты не вздумаешь убежать.

* * *

Королёва,14…
Ранка на пыльном колене…
Каждый вечер, как добрые звери, сбегаются тени,
И в глазах снежной бабы — ещё не увидишь хандры,
И манят, как заморские страны, чужие дворы.
Королёва,14…Я бы ещё погостила
В своём детстве, где я ничего не умела в полсилы —
Не любить, не дышать, где луна мне казалась лисой,
И, сандалии скинув, я в лето входила босой.
Королёва,14… Мне не уехать отсюда,
Где дыхание Гриммовской сказки уносит простуду…
Сохрани меня, старый мой, добрый мой, вечный мой дом,
Одинокую, взрослую, с этим промокшим зонтом.

* * *

Кто научит покою, ладони обдаст холодком?
И останется — горькие травы залить кипятком,
И молчать дни подряд, и светить, как фонарь на углу,
Пить румяный рассвет так же тихо, как синюю мглу.
Кто подарит не хмель, а студеную тишь родника?
Ни скворца, ни синицы в тот миг — не слетит с языка…
И когда заколышутся сумерки в каждом окне,
Царскосельскою музою вечер покажется мне.

* * *

Ты на помощь придёшь…
Через будней косые ступени
Перепрыгнешь легко.
Через ветер и гулы машин
Переступишь, смеясь.
И одно из простых воскресений
Воскресит всё, что умерло там, в закоулках души.

Там, где осень макала перо в непролазную слякоть,
Ты отыщешь листок, разукрашенный светлой охрой.
Там, где город пугал немотой, где хотелось заплакать,
Ты подаришь мне дерево с тёплой, шершавой корой.
Там, где дым целовал нас по-рыбьи губами пустыми,
Там, где ссорились дети, каштаны деля меж собой,
Ты расскажешь о чудной стране, что лежит за пустыней,
И тихонько вздохнёшь, что открыта она не тобой.

Владислав КИТИК. Поздняя Пасха

Михаил Петрович долго вдыхал запах сырой весенней земли, ещё тяжёлой от сна. По случаю внезапного тепла, он решил раньше начать дачный сезон. И теперь сидел на чемодане, обдуваемый искрящимся степным воздухом. Слушать тишину не мешали ни щебет скворцов, ни шарканье веника за деревянной переборкой веранды. Ни сама девочка-студентка, прибиравшая комнату, снятую в наём. Худенькая, ушедшая в себя, с кришнаитскими чётками в руке, она искала уединённости в этом большом пригородном доме. Петрович пустил её пожить, уступив просьбе бывшего сослуживца, и с тайной надеждой избежать одиночества.

Привыкший к размеренности мыслей, он впервые понял, что память может быть непрошенной. Или это была совесть? Особенно становилось муторно, когда внутренне он вдруг снова видел себя в длинных, застланных бордовыми дорожками коридорах закрытых учреждений. Снова — двери с табличками, громоздкие письменные столы, чёрные телефоны, графины с мутной водой. Эти принадлежности кабинетного интерьера, колонны с массивной лепниной под потолком подавляли, словно приоткрывая назначение власти.

Однако при чём здесь совесть, если он честно и пунктуально отработал много лет в системе госсслужбы?! Да аппаратным клерком, молчаливым исполнителем. Ну и что, — не всем же в космос летать!

… Шарканье за стеной закончилось. И после небольшой паузы потянулось однообразное «харе-рама, харе-рама…». Девочка монотонно бубнила в нос. Пела бы что ли от души. А то, словно стесняется своих восточных речитативов. Непонятных, но обязательных в воспроизведении.

Вот так и он. Принимал мнение начальства как установку, профессионально лукавил, где нужно. Преодолевая недоверие к надуманным цифрам, писал безупречные отчеты. Докладные? — тоже! Без этого не бывает административной карьеры. Сообщал кое-что шепотком в прикрытую ладонью трубку. Терпел чужие прихоти, чтобы заработать хорошую пенсию. Потом — чтобы не попасть под сокращение как лицо пенсионного возраста. А чем плоха обеспеченная старость? Да и не стар он вовсе…

И то, что Пасха в этом году поздняя, разве плохо? Май распустился вербами, зазеленел. И, наконец, дождавшись красного часа, грянул в воскресные колокола.

А к полудню из соседней церквушки уже возвращались в поселок нарядные женщины с корзинками, полными снеди. Двое хмельных парней из местных с гоготком: «Христос воскрес», — лезли к ним целоваться. Жарко тискали молодух, крепко прижимали к забору, за которым возвышалась дача Петровича. И те хихикали и отталкивали их. Но совсем не сильно, а настолько, насколько этого требует прихотливая брачная игра.

Вот и к его квартирантке пришел паренек с косичкой. И на веранде был слышен их чудной разговор о поиске пути, познании сути, высшей истины. Когда они вышли на свет, он не удержался:

— Что говорят ваши религиозные идеологи: постижим ли простым гностиком смысл жизни?

— Да, в жизни есть момент, — он свой у каждого человека, — когда ему вдруг открывается тайна, — рассудительно ответил паренек. — И с этой вершины понимания видны и его главное предназначение, и те ошибки, которые не дают его исполнить. Но бояться не надо. Ведь часто вся жизнь — только прелюдия, подготовка к этому мигу. Так ведь называется прозрение, Кристина? — он повернулся к своей спутнице, обращённой к нему восторженным взглядом. — Остальное уже не важно.

Петрович посмотрел, как они спустились с крыльца, пошли по улочке, как осторожно и бережно коснулся этот долговязый подросток руки своей спутницы, забыв о целомудренных заветах эзотерики.

А что было вершиной у Михаила Петровича? Нервный стресс, когда его чуть не выгнали с работы? Когда он сорвал план подготовки района к зиме, и как руководящее лицо мог быть привлечён к ответу? Он тогда пережил много, потерял сон, поседел даже. Но — выдержал. В который раз помогла ему природой заложенная цепкая способность выживать, упорство, с которым сельский человек любой ценой удерживается в городе.

Когда-то и он робко приехал сюда поступать в институт. А к пятому курсу был освобождённым комсоргом, произносил речи. Только стыдливо розовел, подавая руку черноглазой Рае. Его вызвали в первый отдел и сказали: если хочешь продвигаться по идеологической линии, отношения с девушкой еврейской национальности придется прекратить. Тогда же в знак прощения ему доверили написать первую докладную информацию. На Раю. К счастью, она уехала с родителями в Хайфу, так и не узнав причину внезапного решения Миши расстаться.

Теперь что? Может, в церковь сходить? Ему, неверующему, эта мысль показалась забавной. Но одновременно даже интригующей.

Заиграло солнце. На подворье лежала круглая тень купола. Из певчей темноты беленого к празднику здания пахло ванилью, воском. Зайти он не решился. Старуха-богомолка неодобрительно покосилась на него. И тогда Петрович неожиданно для себя, сложив пальцы в щепоть, неумело перекрестился. Наверное, по привычке соответствовать обстоятельствам. Потом украдкой глянул на старуху. Но она истово била поклоны.

Ударил колокол. Раз! Ещё!.. От медного эха завибрировало в груди. Когда-то он со своей женой, — женщиной с проверенной репутацией, — поссорился. Тоже на Пасху. Торжествовало советское время, и ему было положено быть атеистом. Яйца он ел, но не крашеные. И кулич ел, но называл его кексом. С этим супруга мирилась. Но их навеки разделяла стена формальностей. За её тупой толщей он не расслышал упреков своей Дарьи Григорьевны, не разглядел подавляемого ею огорчения на настороженную сдержанность мужа в чувствах.

Они разошлись тихо, без скандала, чтобы не повредить карьере. Он должен был оставаться для подчинённых партийным эталоном. Хотя никому не было дела до его заслуг нержавеющего ленинца.

И теперь, спустя годы, Петрович понял, что эта скромная чиновничья жена — единственное настоящее, что он имел.

— Только Дарья ждала меня, терпела, чистила брюки, вечно обед держала на плите, чтобы горяченький был, — вспоминалось некстати. — А когда разъехались, безропотно оставила и белую «Волгу», и эту дачу, добротную, обустроенную, только пребывание на ней разделить не с кем.

Он знал, что Дарья тоже так ни с кем и не сошлась. Но ни разу не навестил её, даже когда от знакомых узнал, что она болела.

И вдруг захотелось увидеть её. Извиниться что ли, поблагодарить за то, что была в его жизни....Подъезд бетонной пятиэтажки. Ленивый кот на пороге. Глупость, нацарапанная гвоздём на стене. Когда-то такое же словцо написал и его сын. Был примерно наказан. И после этого затаил желание уехать из дома. Вырос. Закончил военное училище и теперь служит на Северном флоте. Далеко…

— Заходи, — сказала Дарья без удивления. Словно между их последней встречей и сегодняшним днем не было провала в четверть века. Ему даже показалось, что она ждала этого дня.

— Как ты?

— Да так, живу.

— Христос воскрес.

— Воистину, — ответила она и легонько коснулась его щеки теплыми выцветшими губами. Вечереющее солнце скрадывало её морщины, золотило седину.

— Хоть бы предупредил, я бы прибралась…

— Я это… — перебил он её, — сказать пришел. Я …я… Даша, я ведь тебя всю жизнь любил. Вот как.

— Чай будешь? — не зная, что ответить предложила Дарья.

— Нет, — грустно ответил он. — Вот… сказал. Пойду. Поздно уже.

Он вернулся на дачу, сел в кресло на веранде, накрылся пледом…

— Уж поверьте старому прозектору, нет тут никакого криминала, — утвердительно говорил врач на дежурстве, деловито разбавляя спирт. — Актик вскрытия мы сейчас составим... Что поразительно: какой организм крепкий, запала ещё лет на двадцать.

— А сердце, значит, не выдержало? — прищурился участковый.

— Случай, бесспорно, редкий. Ну, давай, не чокаясь.

Людмила ШАРГА. Одесский дневник

В поисках тепла

Южный ветер вздохнул, и дожди пришли в город у моря, спящий под снегом.

Короток снежный век. Век первого снега — тем более.

Падал, летел, кружил, выманивал из домашнего тепла, обещая что-то несбыточное, несусветное — и исчез, не оставив ничего, кроме мутной талой воды и растерянности.

Снег второй не заставил себя ждать — сошёл с небес, осыпался колкими иглами ледяного дождя, но опомнился — сжалился и к полуночи стал мягче, теплее.

Второе сошествие радует не так, как первое.

Облачаясь в белое, город тонет в иссиня-чёрном, жёлтом, зелёном, и иногда — в красном. Белый — хранитель цвета, хранитель радуги.

Выйти бы в снегопад, пройти под радугой и сквозь, на миг стать счастливым — да и остаться им, сохранив неуловимое эфемерное ощущение беспричинной радости — счастья — тепла.

Возможно ли?

Мечемся, бросаемся туда, где тепла нет и в помине, где свет ярче, где веселье так похоже на радость, но не радует, и не согреваемся, не становимся счастливее.

В жизни намешано множество цветов и оттенков, и в чёрном не разглядеть с первого взгляда голубое и зелёное, и серый далеко не всегда лёгок — жемчужен и серебрист.

Всё открывается лишь под определённым углом зрения. Угол зрения и точка у каждого свои, и видится каждому своё.

Акации, чайки, львы и грифоны, кариатиды и атланты, булыжные мостовые и мосты, маскароны, меандровые побеги на стенах старых домов, вязь балконных решёток, ворот, колодцы, чудом уцелевшие в старых дворах, галереи, тени на ступенях мраморных лестниц… Летящие трамваи, троллейбусы, лениво плывущие в потоке авто, люди — всегда спешащие и всегда опаздывающие. Всё это — Одесса, яркая, пёстрая, живая.

Всё это — жизнь.

Моя? Быть того не может.

Стоя у окна, ловлю ускользающие слова, смотрю, как заносит снегом мой маленький двор, как исчезает надпись на странном сооружении без названия — строчка из песни о лучшем городе на земле и рисунок: Воронцовский маяк, чайки над морем, над миром…

Есть город, который я вижу во сне…
Вот и многоточие замело, и дорожки во дворе.
И город, который я вижу во снеге.

Переменная облачность

Двадцать непринятых звонков от тебя на твоём телефоне.

Где-то на грани сна и яви набираю заученный наизусть номер, и сквозь помехи, свист и хрип эфира?

Так бывает, когда настраиваешь радиоприёмник, ловишь волну; кто помнит, как это было, поймёт.

Слышу родной голос.

Вижу записку на столике.

Читаю, окончательно просыпаясь.

Между этой запиской и сегодняшним сном расстояние в четверть века.

Измеряю время привычными земными мерками.

Что ты хотел сказать, о чём предупредить, от чего предостеречь?

“Что-то вы загуляли, мои бесценные…”

Мы часто писали друг другу такие коротенькие записки, уходя из дому.

Сегодняшний сон скомкал огромный отрезок времени, оставив твой голос и записку.

Откуда-то вырвалось вечное цветаевское:
“Пора снимать янтарь,
Пора менять словарь,
Пора гасить фонарь
Наддверный… ”
Вместо наддверного фонаря гашу свет, оставленный на лестнице на ночь — забыли с вечера выключить.

Низка янтаря рассыпалась давным-давно.

Перебираю медовые бусины, рассматриваю.

На первый взгляд — одинаковые.

На второй и на третий — разные.

У каждой свой рисунок внутри. Потаённый.

Всё, что осталось от низки янтаря, подаренной когда-то тобой, тридцать три бусины.

Сколько их было в той низке — не сосчитать теперь, да и ни к чему.

Мои остались со мной. Чужие — рассыпались, раскатились по земле.

— Надо перенизать, — повторял ты. — Нитку хорошую найду, воском пропитаю…

Не успел.

Меняю словарь. Меняю фотографии.

На одной грифон весенний, майский — остался от вчерашней прогулки.

На другой я — фотография, сделанная Катей.

Год тому назад она подарила мне весенний праздник, подтверждая ещё одно вечное цветаевское: любовь — есть действие.

В подаренный день часто заглядываю, пытаясь отыскать саму себя.

Или, хотя бы, след от той меня, ещё живущей надеждой.

За окном новый май.

Пробуждается виноградная лоза.

Небо над городом тревожное и хмурое, с проблесками синевы.

Переменная облачность, как и было сказано.

Жить настоящим, дышать — прошлым

— К морю?

— Если ты настаиваешь.

— Ты не хочешь?

Представила сколько людей, изголодавшихся по солнцу и небу, по удивительному чувству свободы, которое можно испытать только здесь, стоя на краю земли, на влажной песчаной кромке, отправится сегодня к морю, преступив карантинные границы и меры.

Да и кого в Одессе испугаешь карантином.

Само слово настолько тесно вплетено в историю города, что стало своим, привычным.

И звучит, позванивая, как старинный брегет с боем.

Карантинный спуск. Карантинная гавань. Карантинная стена. Карантинный мол.

Но мне нужно только моё море. И чайки.

И никого, кроме моря и чаек.

Никудышний из меня компаньон для совместных походов на пляж, для трёпа о том, что бы такого съесть, чтоб похудеть, для времяпровождения, времяубиения.

Я не хожу на пляж.

Я иду к морю.

В радости и в скорби.

Чтобы слушать, смотреть, говорить. Без слов.

И даже смерть не разлучит нас.

— Очень хочу. Но не сегодня.

Не сговариваясь, идём по улице Льва Толстого — на Соборку, оттуда в Горсад, где вовсю цветут "иудино дерево" и каштаны.

Заглянув в гости к грифону, переходим по Тёщиному мосту — на Приморский бульвар.

Мост раскачивается. Зыбкость его — самое постоянное состояние.

Порт — как на ладони. Всё, как обычно. Почти.

— Стоп. А ежемайский снимок с грифоном?

— У меня тысяча таких снимков. Ну не тысяча, ладно. Но сто точно наберётся.

— Значит, будет сто первый. Возвращаемся, пока люди не налетели. Людей нет поблизости.

Они гуляют во вполне обозримом отдалении, в основном по двое, реже по трое.

И все без масок. Почти все.

У некоторых маски закрывают подбородок.

Так удобнее. В любой момент её можно поднять на нос.

Только сейчас, дома, рассматривая то, что наснималось на ходу, поняла, что страшно устала. И очень соскучилась по городу, в котором живу.

В который проросла, как прорастают лишь в родные и любимые города.

Мы в них. Они — в нас.

Болью. Радостью. Бедой и счастьем.

Вот она, тень от завтрашнего дня над цветущим "иудиным деревом", над портом, над молодой беспечной зеленью весенних улиц и бульваров.

Над нашим домом.

Надо мной и во мне.

Тень от второго мая 2014.

— Переменная облачность…

— Вся наша жизнь теперь сплошная переменная облачность.

Неторопливая весна

В нынешней неторопливой весне есть свой, особенный смысл.

Осторожными, едва уловимыми мазками пишется апрельское полотно, и каждый новый штрих заметен, лёгок и невесом, и можно, никуда не торопясь, наблюдать, как изменяется холст и ощущать себя там, внутри каждого мазка, каждого оттенка и цвета.

Холодная весна позволила увидеть, как пробуждается цвет на персиковых и абрикосовых деревьях, как открываются бутоны первых весенних нарциссов и тюльпанов, по одному, никого не догоняя и не обгоняя, как осторожничает миндаль на углу Купального переулка и Черноморской улицы — Очень Осторожный Одесский миндаль.

Всё живое, истосковавшись по теплу, тянется к солнцу и свету.

И я за ним, из апреля в май, неторопливо, тихо, осторожно, улиткой, попавшей в ловушку линий судьбы, жизни и смерти, в вечную триаду: рождение – жизнь – смерть, в вечном поиске смысла, которого нет.

"Нелепая смерть"… прозвучало в ночном разговоре.

Не бывает нелепой смерти.

Вот жизнь может быть нелепой, — хоть и всегда права.

Но и то, и другое в руках Господа, сколь бы громогласно ни кричал человек о своём могуществе.

Улитка на ладони замерла.
Она в моей руке, вроде бы…
Но обе мы в руках Творца.

АВТОРЫ

Ефим БЕРШИН. Поэт, прозаик, публицист. Родился в Тирасполе. Живёт в Москве. Автор пяти книг стихов, двух романов и документальной повести о войне в Приднестровье «Дикое поле». Произведения Бершина печатались в «Литературной газете», журналах «Новый мир», «Дружба народов», «Континент», «Стрелец», «Юность», антологии русской поэзии «Строфы века» и проч.; многие его стихи переведены на иностранные языки. Работал в «Литературной газете», вёл поэтическую страницу в газете «Советский цирк», где впервые были опубликованы многие неофициальные поэты.

Владимир ГАНДЕЛЬСМАН. Родился в Ленинграде, закончил электротехнический вуз, работал кочегаром, сторожем, гидом, грузчиком и т. д. С 1991 года живет в Нью-Йорке и Санкт-Петербурге. Поэт и переводчик, автор пятнадцати поэтических сборников. Переводил Шекспира, Льюиса Кэррола, Уоллеса Стивенса, Томаса Венцлову и др. Лауреат «Русской премии» (2008) и премии «Московский счет» (2011).

Евгений ГОЛУБОВСКИЙ. Журналист, составитель и комментатор многих книг, связанных с историей, культурой Одессы. Родился в 1936 году в Одессе. В штате газет «Комсомольская искра», затем «Вечерняя Одесса» работал с 1965 года. Вице-президент Всемирного клуба одесситов (президент Михаил Жванецкий). 15 лет редактор газеты клуба «Всемирные Одесские новости», последние пять лет одновременно заместитель редактора историко-краеведческого и литературно-художественного альманаха «Дерибасовская-Ришельевская». Лауреат журналистских премий.

Олег Иосифович ГУБАРЬ (1953-2021) — историк-краевед. Почетный гражданин Одессы, автор более 30 краеведческих и художественных книг и многочисленных публикаций, член бюро историко-краеведческой секции «Одессика» одесского Дома ученых, президиума Одесского отделения Украинского общества охраны памятников истории и культуры, а также историко-топонимической и комиссии по вопросам развития городских парков, созданных при одесской мэрии. Известный одессит, являлся Почетным членом Всемирного клуба одесситов и Почетным членом Европейского интерклуба «Дом Де Рибаса». Входил в редколлегию одесского литературно-художественного, историко-краеведческого альманаха «Дерибасовская-Ришельевская».

Елена ДУБРОВИНА. Поэт, прозаик, эссеист, переводчик, литературовед. Родилась в Ленинграде. Уехала из России в конце семидесятых годов. Живет в пригороде Филадельфии, США. Является автором ряда книг поэзии и прозы на русском и английском языках, включая сборник статей «Силуэты» Составитель и переводчик антологии «Russian Poetry in Exile. 1917-1975. A Bilingual Anthology», а также составитель, автор вступительной статьи, комментариев и расширенного именного указателя к трехтомнику собрания сочинений Юрия Мандельштама («Юрий Мандельштам. Статьи и сочинения в 3-х томах». М: Изд-во ЮРАЙТ, 2018). В том же издательстве в 2020 г. вышла книга «Литература русской диаспоры. Пособие для ВУЗов». Ее стихи, проза и литературные эссе печатаются в различных русскоязычных и англоязычных периодических изданиях таких, как «Новый Журнал», «Грани», «Вопросы литературы», «Крещатик», «Гостиная», «Этажи», "World Audience," "The Write Room," "Black Fox Literary Journal,", "Ginosco Literary Journal" и др. В течение десяти лет была в редакционной коллегии альманаха «Встречи». Является главным редактором американских журналов «Поэзия: Russian Poetry Past and Present» и «Зарубежная Россия: Russia Abroad Past and Present». Вела раздел «Культурно-историческая археология» в приложении к «Новому Журналу». Входит в редколлегию «Нового Журнала» и в редакцию журнала «Гостиная». В 2013 году Всемирным Союзом Писателей ей была присуждена национальная литературная премия им. В. Шекспира за высокое мастерство переводов. В 2017 году — диплом финалиста Германского Международного литературного конкурса за лучшую книгу года «Черная луна. Рассказы». Заведует отделом «Литературный архив» журнала «Гостиная».

Михаил ДЫНКИН родился в Ленинграде. Живёт в Ашдоде (Израиль). Работает картографом. Автор шести поэтических книг. Публиковался в «Знамени», «Зарубежных записках», «Волге», «ШО», «Плавучем мосте» и других журналах.

Виктор ЕСИПОВ родился в Москве. В 1961 году окончил Калининградский технический институт, до 2004 года работал в Москве на различных инженерных должностях. С 2006 года – старший научный сотрудник ИМЛИ РАН. Литературовед, историк литературы, поэт, прозаик. Автор пяти книг о Пушкине и поэзии XX века, книги воспоминаний «Об утраченном времени» и трех поэтических книг. Составитель и комментатор книг Василия Аксенова, выходивших после смерти писателя в московских издательствах «Эксмо», «Астрель», «АСТ» в 2012-2017 годах, автор книги «Четыре жизни Василия Аксенова» (М.: «Рипол-Классик»,

Вера ЗУБАРЕВА, Ph.D., Пенсильванский университет. Автор литературоведческих монографий, книг стихов и прозы. Первая книга стихов вышла с предисловием Беллы Ахмадулиной. Публикации в журналах «Арион», «Вопросы литературы», «День и ночь», «Дети Ра», «Дружба народов», «Зарубежные записки», «Нева», «Новый мир», «Новый журнал», «Новая юность» и др. Лауреат международных литературных премий. Главный редактор журнала «Гостиная», президент литобъединения ОРЛИТА. Пишет и публикуется на русском и английском языках.

Александр КАБАНОВ. Украинский поэт, пишущий на русском языке. Родился в г. Херсоне, живет и работает в Киеве. Автор 12 книг стихотворений и многочисленных публикаций в журнальной и газетной периодике «Новый мир», «Знамя», «Дружба нродов», «Радуга», «Октябрь», «Континент», «Арион», «Интерпоэзия», «Новя газета» и др. Стихи переведены на украинский, английский, немецкий, нидерландский, финский, польский, сербский, грузинский и др. языки. Лауреат «Русской премии», премии «Antologia», Международной Волошинской премии, специальной премии «Московский счет», премий журналов «Новый мир», «Интерпоэзия», Международной литературной премии имени Великого князя Юрия Долгорукого и др. Главный редактор украинского журнала о современной культуре «ШО».

Вера КАЛМЫКОВА. Поэт, член Союза писателей г. Москвы, кандидат филологических наук, автор монографий и статей по истории искусства, шеф-редактор журнала «Философические письма. Русско-европейский диалог», куратор художественных выставок. Публиковалась в журналах “Арион”, “Вопросы литературы”, «Дружба народов», «Знамя», «Нева», «Октябрь», «Плавучий мост», «Урал» и др.

Катя КАПОВИЧ. Автор девяти книг на русском языке и двух на английском. Первая английская нига «Gogol in Rome» получила премию Библиотеки Американского Конгресса в 2001 году, вторая книга «Cossacks and Bandits» вошла в шорт-лист Британской национальной премии Jerwood Aldeburgh Prize (UK, 2006). Участница одиннадцати международных литаратурных фестивалей, Капович в 2007 году за мастерство в литературе стала стипендиатом Эмхерстского университета. В 2012 году в издательстве «Аст» вышел сборник рассказов «Вдвоем веселее». получивший Русскую премию 2013 в номинации «малая проза». Рассказы переводились и печатались в американских журналах. В 2015 была лауреатом «Русской премии» в категории «поэзия». Стихи и рассказы поангдийски выходили во многих журналах, антологиях и учебниках для вузов. Капович является редактором англоязычной антологии «Fulcrum», живет в Кембридже (США), преподает мастер-классы прозы и поэзии в MIT. Русские публикации в журналах: «Знамя», «Новый мир», «Звезда», «Арион», «Воздух», «Волга», «Гвидеон», «ШО», «Дружба народов», «Литература", «Новая кожа» и др. Интервью и стихи звучали в программе «Поверх барьеров» (ведущий — И.Померанцев) на радио «Свобода» (2014).

Александр КАРПЕНКО. Поэт, прозаик, композитор, ветеран-афганец. Член Союза писателей России. В 1984 году демобилизовался по состоянию здоровья в звании старшего лейтенанта. За службу Александр был награжден орденом Красной Звезды, афганским орденом Звезды 3-й степени, медалями, почетными знаками. В 1984 году поступил в Литературный институт имени А. М. Горького, тогда же начал публиковаться в литературных журналах. Институт окончил в 1989, в этом же году вышел первый поэтический сборник «Разговоры со смертью». В 1991 году фирмой «Мелодия» был выпущен диск-гигант стихов Александра Карпенко. Гастролировал по городам США, выступая с поэтическими программами на английском языке. Снялся в нескольких художественных и документальных фильмах. Автор семи книг стихов и прозы, а также более ста публикаций в Журнальном и Читальном залах. Телеведущий авторской программы «Книги и люди» на «Диалог-ТВ».

Василий КИЛЯКОВ родился в Кирове. После окончания Московского политехникума работал мастером на заводе, служил в армии. Окончил Литературный институт им. А. М. Горького. Публиковался в журналах «День и ночь», «Гостиный Двор», «Литературная учеба», «Наш современник», «Новый мир», «Огни Кузбасса», «Октябрь», «Подъём», «Юность», в газете «Литературная Россия» и других изданиях. Лауреат Всероссийских литературных премий «Традиция» (1996 год), им. Б. Н. Полевого (1996 год), премии «Умное сердце» 2010 год, премии «Дойче Велле» (Берлин) (1992 год) и др. Обладатель «Бронзового Витязя» (2019 год) Международного славянского литературного форума «Золотой Витязь». Лауреат Открытого конкурса изданий «Просвещение через книгу» Издательского Совета РПЦ (2019 год). Член Союза писателей России с 1996 года. Живет в городе Электросталь Московской области.

Владислав КИТИК. Владислав Китик. Образование высшее: окончил Одесское высшее мореходное училище и заочное отделение филфака Одесского государственного университета им. И. Мечникова. Был моряком, мастером, слесарем, кочегаром, преподавателем. Последние годы - на журналистской работе. Стихи публиковались в местной прессе, коллективном сборнике «Горизонт», журналах «Радуга», «Работница», «Смена». В 1990 году стал одним из трех авторов сборника «Встреча». В 1992 году вышел самостоятельный сборник стихов «Сиреневое ЛЯ», затем «Небесные виноградины» (1994 год), «Иное счастье» (1997 год), «Гречишное поле» (2000 год).

Марина КУДИМОВА. Родилась в Тамбове.Начала печататься в 1969 году в тамбовской газете «Комсомольское знамя». В 1973 году окончила Тамбовский педагогический институт (ТГУ им. Г. Р. Державина). Книги Кудимовой: «Перечень причин» вышла в 1982 году, за ней последовали «Чуть что» (1987), «Область» (1989), «Арысь-поле» (1990). В 90-е годы прошлого века Марина Кудимова публиковала стихи практически во всех выходящих журналах и альманахах. Переводила поэтов Грузии и народов России. Произведения Марины Кудимовой переведены на английский, грузинский, датский языки. С 2001 на протяжении многих лет Марина Кудимова была председателем жюри проекта «Илья-премия». В рамках этого проекта Кудимова «открыла» российским читателям таких поэтов, как Анна Павловская из Минска, Екатерина Цыпаева из Алатыря (Чувашия), Павел Чечёткин из Перми, Вячеслав Тюрин из бамовского поселка в Иркутской области, Иван Клиновой из Красноярска и др. Собрала больше миллиона подписей в защиту величайшего из русских святых — преподобного Сергия Радонежского, и город с 600-летней историей снова стал Сергиевым Посадом. Лауреат премии им. Маяковского (1982), премии журнала «Новый мир» (2000). За интеллектуальную эссеистику, посвящённую острым литературно-эстетическим и социальным проблемам, Марина Кудимова по итогам 2010 удостоена премии имени Антона Дельвига. В 2011 году, после более чем двадцатилетнего перерыва, Марина Кудимова выпустила книгу стихотворений «Черёд» и книгу малых поэм «Целый Божий день».Стихи Кудимовой включены практически во все российские и зарубежные антологии русской поэзии XX века.

Елена ЛИТИНСКАЯ. Родилась и выросла в Москве. Окончила славянское отделение филологического факультета МГУ имени Ломоносова. Занималась поэтическим переводом с чешского. В 1979 эмигрировала в США. В Нью-Йорке получила степень магистра по информатике и библиотечному делу. Проработала 30 лет в Бруклинской публичной библиотеке. Издала 10 книг стихов и прозы: «Монолог последнего снега» (1992), «В поисках себя» (2002), «На канале» (2008), «Сквозь временну́ю отдаленность» (2011), «От Спиридоновки до Шипсхед-Бея» (2013), «Игры с музами» (2015), «Женщина в свободном пространстве» (2016), «Записки библиотекаря» (2016), «Экстрасенсорика любви» (2017), «Семь дней в Харбине и другие истории» (2018). Стихи, рассказы, повести, очерки, переводы и критические статьи Елены можно найти в «Журнальном зале», периодических изданиях, сборниках и альманахах США и Европы. Елена — лауреат и призёр нескольких международных литературных конкурсов. Живет в Нью-Йорке. Она заместитель главного редактора литературного журнала «Гостиная» gostinaya.net и вице-президент Объединения русских литераторов Америки ОРЛИТА.

Вячеслав ЛЮТЫЙ. Родился в городе Легница (Польша) в семье советского офицера. Окончил радиотехнический факультет Воронежского политехнического института и Литературный институт им. А.М. Горького. Автор литературно-критических книг «Русский песнопевец» (2008), «Терпение земли и воды» (2011), «Сны о любви и верности» (2014), многих публикаций в журналах, а также газетах «Литературная Россия», «Российский писатель», «Литературная газета», «День литературы». Лауреат премий «Живые сокровища славянской культуры», «Кольцовский край», «Слово-2017», Всероссийского конкурса литературной критики «Русское эхо», премий журналов «Подъём», «Аргамак», «Русское эхо», «Ковчег». Председатель Совета по критике Союза писателей России. Заместитель главного редактора журнала «Подъём». Живет в Воронеже.

Наталья ЛЯСКОВСКАЯ — поэт, прозаик, переводчик, публицист. Член Союза Писателей России. Работает в пресс-службе Международного Союза православных женщин. Председатель жюри фестиваля для детей и юношества «Таланты Московии». Родилась в 1958 г. в Черкасской обл. г. Умань (Украина). Закончила Литературный институт им. А. М. Горького (семинар Е. Винокурова). Автор многих публикаций в центральной и региональной прессе, автор нескольких книг для взрослых и детей: «Окно в давно забытый сад», «Душа Наташи», «Сильный Ангел», «Ежиная книга», «Сказки о варежках и бабушках» и др. Живёт в Москве.

Юлия МЕЛЬНИК. Поэт, прозаик. Член Одесской областной организации Конгресса литераторов Украины (Южнорусский Союз Писателей). Закончила Южно-Украинский педагогический университет и работает преподавателем английского языка. Публиковалась в Одесской антологии поэзии «Кайнозойские Сумерки» (2008), коллективном поэтическом сборнике «Где небо сливается с морем…», альманахах «Меценат и Мир. Одесские страницы» (Москва), «Дерибасовская – Ришельевская», «ОМК», «Звукоряд», «Провинция», альманахе Международного фестиваля

«Болдинская осень в Одессе» (2008, Лондон), журнале «Октябрь» (2005), интернет-журнале «Пролог» и др. Автор сборников стихотворений «Звонкие акварели» (2000) и «Ангел с саксофоном» (2004).

Дмитрий МИЗГУЛИН. Родился в Мурманске. Окончил Ленинградский финансово-экономический институт имени Н. А. Вознесенского в 1984 году и Литературный институт им. А. М. Горького в 1993 году. Его наставником был поэт-фронтовик Александр Петрович Межиров. Член Союза Писателей России, академик Петровской академии наук и искусств, Российской академии естественных наук, Международной славянской литературной академии наук (Болгария). Президент литературного благотворительного фонда «Дорога жизни». Автор 40 книг поэзии и малой прозы. Стихи переведены на азербайджанский, английский, болгарский, испанский, немецкий, сербский, французский, языки. Лауреат Открытого конкурса издательств «Просвещение через книгу» Издательского Совета РПЦ (2020), Международного Славянского литературного форума «Золотой Витязь» (2019), премий «Русский путь» им. Ф.И. Тютчева (2015), Н.С. Лескова «Очарованный странник» (2014), Правительства РФ в области культуры (2013), Б. П. Корнилова (2008), Д.Н. Мамина-Сибиряка (2004), Всероссийской премии «Традиция» (2007), премии Губернатора Ханты-Мансийского автономного округа в области литературы (2007). Живет и работает в городах Ханты-Мансийск и Санкт-Петербург.

Олеся НИКОЛАЕВА. Родилась в Москве, окончила Литературный институт им. Горького, где сейчас ведет семинар поэзии. Профессор, автор 12 книг стихов, 4 книг эссеистики и 24 книг прозы. Лауреат многих премий – российских и зарубежных, в том числе — Национальной премии «Поэт».

Татьяна ОКОМЕНЮК. Филолог, публицист, прозаик. Автор девятнадцати книг художественной прозы, вышедших в Германии, США и России. Победитель множества международных литературных конкурсов. Обладатель звания «Золотое перо Руси». Публикуется в журналах, сборниках и литературных альманахах Германии, Франции, Бельгии, Греции, США, России, Израиля Чехии, Австрии, Латвии, Украины, Беларуси. Член Союза журналистов Германии. Живёт и работает во Франкфурте-на-Майне (Германия).

Александр ОРЛОВ. Родился в Москве. Окончил Московское медицинское училище №1 имени И. П. Павлова, Литературный институт имени А.М. Горького, и Московский институт открытого образования. Работает учителем истории и обществознания в ГБОУ Школы №1861 «Загорье». Автор трёх стихотворных книг «Московский кочевник» (2012), «Белоснежная пряжа» (2014), и «Время вербы» (2015), сборника малой прозы «Кравотынь» (2015), и книги для дополнительного чтения по истории «Креститель Руси» (2015). Лауреат Всероссийского конкурса малой прозы им. А.П. Платонова 2011 года посвящённого 60-ой годовщине смерти писателя.Лауреат Всероссийского конкурса малой прозы и поэзии им. Ф.Н. Глинки 2012 года, посвящённого победе русского народа в Отечественной войне 1812 года.   Лауреат Всероссийского конкурса поэзии и малой прозы имени Бехтеева. Лауреат Всероссийского конкурса «Литературная перемена» в номинации «Поэзия» журнала «Вестник Образования». Публикации в журналах «День и ночь», «Дети Ра», «Дружба народов»,«Зинзивер», «Литературная учёба», «Наш современник», «Сибирские огни», «Юность», антологии стихотворений выпускников, преподавателей и студентов Литературного института имени А.М. Горького «Поклонимся Великим тем годам», антологии военной поэзии «Ты припомни, Россия, как всё это было!..».

Сергей ПАГЫН. Родился в Молдове, в г. Единцы, где и проживает по сей день. Окончил филфак Бельцкого пединститута. С 2000 г. — главный редактор регионального издания «Норд-инфо». Автор пяти книг стихов. Стихи публиковались в журналах «Знамя», «Дружба народов», «Дети Ра», «День и ночь», «Северная Аврора», «Интерпоэзия», «Москва», «Юность», «Плавучий мост» и других, в сетевых литературных журналах, альманахах и антологиях. Член Ассоциации русских писателей Республики Молдова.

Аман РАХМЕТОВ. Родился в Западной области Республики Казахстан. Окончил Военно-воздушную академию им. Н.Е.Жуковского и Ю.А. Гагарина (г. Воронеж). Публиковался в журналах «Новый берег», «Дружба народов», «Нева», «Подъем», «Простор» и др. Автор книги «Почти». Проживает в городе Шымкент.

Алексей РАЧУНЬ, Россия, г. Пермь. Публиковался в журнале «Эмигрантская лира», газете «Литературная Россия», электронном СМИ Lenta.ru, городской и районной прессе. Лауреат юбилейного литературного конкурса имени В. Каверина 2012 года за очерк «Зачем Соловки»

Елена СЕВРЮГИНА. Родилась в Туле. Живёт и работает в Москве. Кандидат филологических наук, доцент. Автор публикаций в областной и российской периодике, в том числе в журналах «Homo Legens», «Дети Ра», «Москва», «Молодая гвардия», «Южное Сияние»,

«Тропы», «Идель», «Графит», электронном журнале «Formasloff», на интернет-порталах «Сетевая Словесность» и «Textura», в интернет-альманахах «45-я параллель», «Твоя глава», газете «Поэтоград». Автор четырёх книг стихов: «Ожидание чуда» (1995), «Избранное» (2005), «Сказки для взрослых» (2014) и «По страницам моих фантазий» (2017). Выпускающий редактор интернет-альманаха «45-я параллель». Лауреат литературной премии «Эврика» (2006 год). Финалист премии «Поэт Года» (2020).

Елена СКУЛЬСКАЯ. Родилась в семье писателя Григория Скульского. Закончила отделение русской филологии Тартуского университета. Работала в легендарной газете "Советская Эстония" вместе с Сергеем Довлатовым, который описал эту редакцию в романе "Компромисс". Сотрудничала и продолжает сотрудничать со многими изданиями, вела передачи на телевидении, сейчас вместе со студентами ведет на радио передачу "Литературный диксиленд", руководит Театром-студией "Поэтическое содружество"; спектакли студии много лет участвуют в Международных фестивалях. Преподавала в различных университетах как в Эстонии, так и за ее пределами. Замужем. Елена Скульская автор около тридцати книг стихов, переводов, прозы, эссеистики, выходивших как в Москве, так и в Эстонии. Среди них: «"Любовь" и другие рассказы о любви», «Наши мамы покупали вещи, чтобы не было войны», «Стихи на смерть фикуса», «Мраморный лебедь», «Не стой под небом...», «Я – твое стихотворение», «Пограничная любовь», «Любовь в русской литературе», «Компромисс между жизнью и смертью. Довлатов в Таллине и другие встречи», «Самсон выходит из парикмахерской». Е. Скульская участник антологии «Из не забывших меня» посвященной памяти Иосифа Бродского, коллективных сборников памяти Сергея Довлатова и Татьяны Бек. Лауреат ряда престижных литературных премий: Международной Русской Премии, премии журнала «Звезда», финалист Русского Букера, трижды лауреат эстонской национальной премии фонда Капитал культуры. Постоянный автор журнала «Звезда», автор журналов «Знамя» и «Дружба народов». Художественный руководитель Международного фестиваля «Дни Довлатова в Таллине». Автор ряда пьес, поставленных в разных театрах Эстонии. Практически все произведения Е. Скульской переведены на эстонский, есть несколько переводов на финский, украинский и немецкий языки.

Роман СМИРНОВ. Живет в городе Электросталь Московской области. Публикации в журналах и интернет - изданиях "Homo Legens", "Formasloff", "Топос", «Графит», «Фабрика Литературы», «Идель», «Казань», «Тропы», «Образ», «Твоя глава»,«45-я параллель», на международом портале «Текстура» и др.

Шорт-лист третьего Всероссийского литературного конкурса имени Гавриила Каменева «Хижицы-2019» Шорт-лист четвёртого Всероссийского литературного конкурса имени Гавриила Каменева «Хижицы-2020» Лонг-лист поэтического конкурса «Заблудившийся трамвай» (2020)

Людмила ШАРГА (Южнорусский Союз Писателей). Поэт, прозаик, публицист. Родилась в России. Живёт и работает в Одессе. В настоящее время возглавляет отдел поэзии в литературно-художественном журнале «Южное Сияние». Журнал основан в 2011 году и является официальным печатным органом Южнорусского Союза Писателей. Редактор сайта, основатель и ведущая творческой гостиной «Diligans». Публикации: в Одесской антологии поэзии «Кайнозойские Сумерки» (2008), в альманахах «Меценат и Мир. Одесские Страницы» (2008, Москва), «ЛитЭра» (Москва), «Свой вариант» (Луганск), «Провинция» (Запорожье), «ОМК» (Одесса), в журналах «Южное Сияние» (Одесса), «Дон» (Ростов-на-Дону), «Ренессанс» (Киев), «Арт-Шум» (Днепропетровск), «День и Ночь» (Красноярск), в газетах «Литературная газета» (Москва), «Литература и жизнь» (Киев), «Интеллигент», в интернет-журналах «Авророполис», «Гостиная», «45-я параллель», «Ликбез» и др. Автор сборников прозы и поэзии «Адамово Ребро» (2006), «На проталинах памяти» (2008), «Билет в осенний день» (2010), «Рукой подать...» (2011), «Повесть о падающих яблоках» (2013), «Яблоневые сны» (2014), «Ночной сюжет новостей» (2015), «Невыдуманные рассказы о настоящем» (2017).

Валерия ШУБИНА. Прозаик, эссеист, публицист. Автор ряда книг прозы, в том числе «Мода на короля Умберто», «Гербарий огня», «Женщина-катафалк», «Недобитые, праздные», «Портрет из холодного воздуха». Последняя книга «Колыма становится текстом» (2018г.) Публиковалась в журналах «Москва», «Континент» (при В. Максимове), «Литературная учеба» (при А. Михайлове), «Знание-сила», «Предлог» и др. Постоянный автор «Литературной газеты» конца 70-80 годов (вторая тетрадь, раздел «Человек и экономика», тираж 5 млн), а также отдела прозы «Литературной России». Одно время была под запретом ЦК КПСС за публицистический материал об охоте в «ЛГ». В Союз писателей рекомендована Юрием Домбровским.

Михаил ЭПШТЕЙН. Филолог, культуролог, философ, профессор теории культуры и русской словесности университета Эмори (Атланта, США) и Даремского университета (Великобритания). Директор Центра Обновления гуманитарных наук (Даремский

университет). Автор 20 книг и более 600 статей и эссе, переведенных
на 17 иностранных языков, в том числе "Парадоксы новизны" (М.,
1988), "Философия возможного" (СПб, 2001), "Отцовство" (СПб.,
2003), "Знак пробела. О будущем гуманитарных наук" (М., 2004),
"Постмодерн в русской литературе" (М., 2005), "Слово и молчание.
Метафизика русской литературы" (М.,2006), "Философия тела" (СПб,
2006), "Sola amore: Любовь в пяти измерениях" (М, 2011), "Религия
после атеизма: новые возможности теологии" (М., 2013). Лауреат
премий Андрея Белого (1991), Лондонского Института социальных
изобретений (1995), Международного конкурса эссеистики (Берлин-
Веймар, 1999), Liberty (Нью-Йорк, 2000).